Deutsche Texte

Herausgegeben von Gotthart Wunberg

Tübingen 19..

Max Niemeyer Verlag Tübingen

WILHELM BÖLSCHE

Die naturwissenschaftlichen
Grundlagen der Poesie

Prolegomena einer realistischen Ästhetik

Mit zeitgenössischen Rezensionen
und einer Bibliographie der Schriften Wilhelm Bölsches
neu herausgegeben von
JOHANNES J. BRAAKENBURG

Deutscher Taschenbuch
Verlag

Max Niemeyer Verlag
Tübingen

CIP-Kurztitelaufnahme der Deutschen Bibliothek

Bölsche , Wilhelm
Die naturwissenschaftlichen Grundlagen der Poesie : Prolegomena e.
realist. Ästhetik / mit zeitgenöss. Rezensionen u.e. Bibliogr. d. Schriften
Wilhelm Bölsches neu hrsg. von Johannes J. Braakenburg. – 1. Aufl. –
München : Deutscher Taschenbuch-Verlag; Tübingen : Niemeyer 1976.
   (Deutsche Texte ; 40)
   ISBN 3-484-19039-6 (Niemeyer)
   ISBN 3-423-04269-9' (dtv)

© Max Niemeyer Verlag Tübingen 1976
Satz: Setzerei Eisele, Stuttgart

ISBN Niemeyer 3-484-19039-6
ISBN dtv   3-423-04269-9

Inhalt

V

Vorwort.

[S. III] Die nachfolgenden wissenschaftlichen Studien behandeln in selbstständiger Abrundung das, was nach meiner Ueberzeugung im ersten Buche jeder neuen, unserm modernen Streben gerecht werdenden Aesthetik seine Stelle finden müsste. Realistisch nenne ich diese Aesthetik, weil sie unserm gegenwärtigen Denken entsprechend nicht vom metaphysischen Standpuncte, sondern vom realen, durch vorurtheilsfreie Forschung bezeichneten ausgehen soll. Wie ich mir die Rolle des besonnenen Realismus in unserer Literatur denke, ist im ersten Capitel ausführlich entwickelt; die übrigen behandeln einzelne Probleme, an denen der Naturforscher und der Dichter gleich grossen Antheil nehmen. Zurückweisen muss ich im Voraus alle Uebertreibungen, die man von unberufener Seite an das Wort Realismus geknüpft hat. Der Realismus ist nicht gekommen, die bestehende Literatur in wüster Revolution zu zerstören, sondern er bedeutet das einfache Resultat einer langsamen Fortentwickelung, wie die gewaltige Machtstellung der modernen Naturwissenschaften es [S. IV] nicht mehr und nicht minder ist. Jene Utopien von einer Literatur der Kraft und der Leidenschaft, die in jähem Anprall unsere Literatur der Convenienz und der sanften Bemäntelung wegfegen soll, bedeuten mir gar nichts; was ich von dem aufwachsenden Dichtergeschlecht fordere und hoffe, ist eine geschickte Bethätigung besseren Wissens auf psychologischem Gebiete, besserer Beobachtung, gesunderen Empfindens, und die Grundlage dazu ist Fühlung mit den Naturwissenschaften. Leichte Plaudereien, wie sie der Spalte eines Feuilletons ziemen, wird der Leser vergebens auf diesen Blättern suchen, weder unfeines Schmähen noch kritiklose Verhimmelung rechne ich unter die nothwendigen Requisiten der neuen Sache. Die jungen Kräfte, die jetzt so viel Lärm machen, werden schon allein ihren Weg gehen; ich aber möchte durch eine anständige Polemik sowohl wie durch einen anständigen Vortrag überhaupt auch zu denen reden, die im Banne älterer Anschauungen jede Form realistischen Fortschritts mit zweifelndem Auge betrachten.

Berlin, im Winter 1886.   Wilhelm Bölsche

Erstes Capitel.

Die versöhnende Tendenz des Realismus.

[S. 1] Durch die gesammte – und nicht zum Wenigsten die deutsche – Literatur geht seit einiger Zeit eine lebhafte Bewegung. Die Schaufenster der Buchhandlungen wie die Spalten der Journale sind überfüllt mit Streitschriften und Streitartikeln, die bereits durch die Kühnheit der Titel von der Hitze der Kämpfenden Zeugniss ablegen. Aber auch abgesehen von diesen Kundgebungen der eigentlichen Ritter des Tourniers fühlt sich jeder Einzelne im grossen Publicum mehr oder weniger berufen, seinen Wahlzettel in die Urne zu werfen. Denn das Wort ist gefunden, welches in neun Buchstaben die Loosung des Ganzen enthüllen soll. Dieses schicksalsschwere Wort heisst Realismus.

Für die eine Partei ein goldenes Wort, eins aus jener Reihe unvergänglicher Schlagwörter, die mit ihrer prächtigen Kürze gleichsam die Stenographie der Culturgeschichte darstellen, – ist es der andern ein Gräuel, ein Hemmniss aller Fortentwicklung, der Name einer bösen, wenn auch glücklicherweise vergänglichen Krankheit.

[S. 2] Revolution der Literatur für jene, Aufdämmern eines neuen Tages, weit heller und strahlender noch als der junge Morgen, der sich einst in dem klaren Auge Lessing's spiegelte und durch dessen weichende Frühnebel der rasselnde Schritt des eisernen Ritters von Berlichingen erklang, ist dieser die gleiche Erscheinung die hässliche Brandröthe eines Zerstörungskampfes, das Blutmal am Himmel, das über der Stätte des Mordens und Brennens plündernder Vandalenhorden loht, es fehlt nicht an alten Fritzen, die im Sanssouci ihrer unerschütterlichen Kunsttheorieen zweifelnd die schönen, geraden Terrassen und Orangerieen abschreiten und sich kopfschüttelnd fragen: Was soll der Lärm?

Verbrüderung aller nationalen Literaturen durch die Blutsgemeinschaft gleicher Methode für die Schwärmer, erscheint den Skeptikern der ganze Aufstand bei uns in Deutschland nur als der feige Abklatsch einer widerwärtigen Krankheitserscheinung im schlechteren, in alter Sünde absterbenden oder in unwissender Roheit der Halbbildung haltlos hin und her schwankenden Nachbarlande, und, dem Franzosen gleich, der das deutsche Bier als fremdes Gift verbannen möchte, wäre ihnen nichts lieber, als eine literarische Grenzsperre für alle fremden Einflüsse.

Und endlich, was das Seltsamste ist: während die Einen glauben, der Reinheit ihrer Gesinnung und dem Genius poetischer Sittlichkeit nicht besser dienen zu können, als in dem Gewande der neuen Ritterschaft, meinen die Andern das Schwert gegen diese erheben zu müssen zum Schutze der unschuldigen Gemüther in der Welt, zum Schutze ihrer Söhne und Töchter, denen der weihende Tempel des dichterischen Ideals [S. 3] kein Sündenhaus werden soll und keine Schnapsschenke.

Jeder Vernünftige sieht, dass unter dem einen Worte Realismus thatsächlich nicht immer das Gleiche verstanden wird und dass sich hier Begriffe mischen, die strenge Sonderung fordern. Es fehlt denn auch nicht an besonneneren Stimmen, die sich bemühen, Realismus in einer Weise zu definiren, die jeden gröberen Irrthum ausschliesst.

Ich gebe diese Definition zunächst in möglichst allgemeiner Fassung wieder, um später den speciellen Punct herauszugreifen, dem ich eine eingehendere Betrachtung zu widmen gedenke.

Die Basis unseres gesammten modernen Denkens bilden die Naturwissenschaften. Wir hören täglich mehr auf, die Welt und die Menschen nach metaphysischen Gesichtspuncten zu betrachten, die Erscheinungen der Natur selbst haben uns allmählich das Bild einer unerschütterlichen Gesetzmässigkeit alles kosmischen Geschehens eingeprägt, dessen letzte Gründe wir nicht kennen, von dessen lebendiger Bethätigung wir aber unausgesetzt Zeuge sind. Das vornehmste Object naturwissenschaftlicher Forschung ist dabei selbstverständlich der Mensch geblieben, und es ist der fortschreitenden Wissenschaft gelungen, über das Wesen seiner geistigen und körperlichen Existenz ein ausserordentlich grosses Thatsachenmaterial festzustellen, das noch mit jeder Stunde wächst, aber bereits jetzt von einer derartigen beweisenden Kraft ist, dass die gesammten älteren Vorstellungen, die sich die Menschheit von ihrer eigenen Natur auf Grund weniger exacter Forschung gebildet, in den entscheidendsten Puncten über den Haufen geworfen [S. 4] werden. Da, wo diese ältern Ansichten sich während der Dauer ihrer langen Alleinherrschaft mit andern Gebieten menschlicher Geistesthätigkeit eng verknotet hatten, bedeutete dieser Sturz nothwendig eine gänzliche Umbildung und Neugestaltung auch auf diesen verwandten Gebieten. Das bekannteste Beispiel hierfür ist die Religion, deren einseitig dogmatischer Theil durch die Naturwissenschaften zersetzt und zu völliger Umwandlung gezwungen wurde. Ein zweites Gebiet aber, das auch wesentlich in Frage kommt, ist die Poesie. Welche besondern Zwecke diese auch immer verfolgen mag und wie sehr sie in ihrem innersten Wesen sich von den exacten Naturwissenschaften unterscheiden mag, – eine Sonderung, die wir so wenig, wie die Sonderstellung einer vernünftigen Religion, antasten, – ganz unbezweifelbar hat sie unausgesetzt, um zu ihren besondern Zielen zu gelangen, mit Menschen und Naturerscheinungen zu thun und zwar, so fern sie im Geringsten gewissenhafte Poesie, also Poesie im echten und edeln Sinne und nicht ein Fabuliren für Kinder sein will, mit eben denselben Menschen und Naturerscheinungen, von denen die Wissenschaft uns gegenwärtig jenen Schatz sicherer Erkenntnisse darbietet. Nothwendig muss sie auch von letzteren Notiz nehmen und frühere irrige Grundanschauungen fahren lassen. Es kann ihr, was Jedermann einsieht, von dem Puncte ab, wo das Dasein von Gespenstern wissenschaftlich widerlegt ist, nicht mehr gestattet werden, dass sie zum Zwecke irgend welcher Aufklärung einen Geist aus dem Jenseits erscheinen lässt, weil sie sich sonst durchaus lächerlich und verächtlich machen würde. Es kann ihr, was zwar nicht so bekannt, aber ebenso wahr ist, [S. 5] auch nicht mehr ungerügt hingehen, wenn sie eine Psychologie bei den lebendigen Figuren ihrer Erzeugnisse verwerthet, die durch die Fortschritte der modernen wissenschaftlichen Psychologie entschieden als falsch dargethan ist. Eine Anpassung an die neuen Resultate der Forschung ist durchweg das Einfachste, was man verlangen kann. Der gesunde Realismus ermöglicht diese Anpassung. Indem er einerseits die hohen Güter der Poesie wahrt, ersetzt er andererseits die veralteten Grundanschauungen in geschicktem Umtausch durch neue, der exacten Wissenschaft entsprechende. Mit Genugthuung gewahrt er dabei, dass die neuen Stützen nicht nur relativ, sondern auch absolut besser sind, als die alten, und dass er bei Gelegenheit dieser Anpassung der Poesie ein frisches Lebensprincip zuführt, das nach vollkommener Eingewöhnung höchstwahrscheinlich ganz neue Blüthen am edeln Stamme des dichterischen Schaffens zeitigen wird, die vormals Niemand ahnen konnte. Das ist in abstracter Kürze die eigentlich verstandesgemässe Definition des Realismus.

So rund ausgesprochen, hat die Forderung, die darin liegt, alle Eigenschaften, um den Kritiker oder Dichter, dem die Poesie als ein leuchtendes Palladium der Menschheit, das jede Zeit auf den höchsten Platz ihres intellectuellen Könnens zu stellen verpflichtet sein soll, eine wahre Herzenssache ist, zu ernstem, wohlwollendem Nachdenken zu zwingen.

Angesichts der gestellten Wahl muss er die ganze, schwere Verantwortung empfinden, die in einem leichtsinnig heraufbeschworenen Streite zwischen Poesie und Naturwissenschaften läge. Er wird sich nicht stören an die werthlose Phrase, dass ein solcher Conflict [S. 6] nothwendig im Wesen der beiden Geistesgebiete begründet sei. Er wird vielmehr den Blick haften lassen auf den starken Meistern der Vergangenheit, auf dem heldenkühnen Ringen Schiller's, die Wahrheiten der Philosophie, die doch in der speciellen Form auch mit dem Wissen zusammen fiel, dem poetischen Ideal zu vermählen, auf dem unablässigen Forschen Göthe's, der in den Wahlverwandtschaften — fehlerhaft vielleicht, aber doch in sicherem Ahnen der Methode — die Arbeit des Forschers auf dem Gebiete der Seelenkunde im Dichterwerke zu verwerthen suchte, auf dem lichten Bau der physischen Weltbeschreibung des greisen Alexander von Humboldt, in deren kosmischem Rahmen unter der Form der dichterischen Naturanschauung die ganze Poesie mit Leichtigkeit eine Stelle gefunden hätte. Dürfen wir stehen bleiben, wo jene, denen die ganze Fülle unserer Offenbarung im Naturgebiete noch versagt war, unentwegt den Wanderstab zum Vorwärtsschreiten ansetzten? Gewiss steckt in den erhitzten Parteien des Tages die lebhafteste Neigung zu schwerem Kampfe; sollen wir die einzige noch mögliche Gelegenheit zur Versöhnung zurückweisen, — zu einer Versöhnung, die vielleicht zugleich einen Fortschritt für die Poesie bedeutet?

Ich meine, so, wie die Frage gestellt ist, giebt es nur eine Antwort. Es handelt sich nicht um Namen, um Nationalitäten, um Meister und Jünger einer Schule, sondern um zwei Dinge, die vor aller Augen sind: eine Wissenschaft, die energisch vorgeht und neue Begriffe schafft, und eine Literatur, die zurückbleibt, und mit Begriffen arbeitet, die keinen Sinn und Verstand mehr haben. Thatsächlich hat denn auch [S. 7] ein beträchtlicher Theil unserer modernen Dichter die richtige Antwort gefunden, und es kommt hier nicht darauf an, ob Dieser ernste und wohlüberlegte Entschlüsse daran angeknüpft oder Jener bloss in kindlicher Freude ein polizeiwidrig lautes Jubelgeschrei über sein findiges Genie dazu ausgestossen hat. Man hat sich geeinigt über den Satz: Wir müssen uns dem Naturforscher nähern, müssen unsere Ideen auf Grund seiner Resultate durchsehen und das Veraltete ausmerzen.

Das Erste, worauf man im Verfolgen dieses Gedankens kam, war ein Satz, der ebenso einfach und selbstverständlich war, wie er paradox klang. Jede poetische Schöpfung, die sich bemüht, die Linien des Natürlichen und Möglichen nicht zu überschreiten und die Dinge logisch sich entwickeln zu lassen, ist vom Standpuncte der Wissenschaft betrachtet nichts mehr und nichts minder als ein einfaches, in der Phantasie durchgeführtes Experiment, das Wort Experiment im buchstäblichen, wissenschaftlichen Sinne genommen.

Daher der Name »Experimental-Roman«, und daher eine ungeheuerliche Begriffsverwirrung bei allen Kritikern und Poeten, die weder wussten, was man unter einem wissenschaftlichen Experimente, noch was man unter dichterischer Thätigkeit verstand. Der Mann, der das Wort populär gemacht hat, Zola, ist selbst unschuldig an der Verwirrung der Geister. Nur hat auch er den Fehler nebenher begangen, die Definition eines Kunstwerks als Experiment nicht einzuschränken durch die Worte »vom wissenschaftlichen Standpuncte aus«, womit alles klarer und einfacher wird. Vom moralischen Standpuncte beispielsweise will die Definition gar nichts besagen, denn was ist [S. 8] moralisch ein »Experiment«? Aber wissenschaftlich passt die Sache. Sehen wir das unheimliche Wort näher an.

Der Dichter, der Menschen, deren Eigenschaften er sich möglichst genau ausmalt, durch die Macht der Umstände in alle möglichen Conflicte gerathen und unter Bethätigung jener Eigenschaften als Sieger oder Besiegte, umwandelnd oder umgewandelt, daraus hervorgehen oder darin untergehen lässt, ist in seiner Weise ein Experimentator, wie der Chemiker, der allerlei Stoffe mischt, in gewisse Temperaturgrade bringt und den Erfolg beobachtet. Natürlich: der Dichter hat Menschen vor sich, keine Chemikalien. Aber, wie oben ausgesprochen ist, auch diese Menschen fallen in's Gebiet der Naturwissenschaften. Ihre Leidenschaften, ihr Reagiren gegen äussere Umstände, das ganze Spiel ihrer Gedanken folgen gewissen Gesetzen, die der Forscher ergründet hat und die der Dichter bei dem freien Experimente so gut zu beachten hat, wie der Chemiker, wenn er etwas Vernünftiges und keinen werthlosen

Mischmasch herstellen will, die Kräfte und Wirkungen vorher berechnen muss, ehe er an's Werk geht und Stoffe combinirt.

Wer sich die Mühe nehmen will, einen ganz flüchtigen Blick auf das Beste zu werfen, was Shakespeare oder Schiller oder Göthe geschaffen, der wird den Faden des psychologischen Experiments in jeder dieser Dichtungen klar durchschimmern sehen. Bloss jene Voraussetzungen waren vielfach etwas andere, und hier ist denn eben der Punct, wo der Einfluss der modernen Wissenschaft sich als ein neues Element geltend machen und der Realismus, dessen Theorie wir zugegeben haben, practisch werden soll. [S. 9] Es gilt, neue Prämissen für die weitern Experimente, die wir machen wollen, aufzustellen oder besser, sie uns von der Naturwissenschaft aufstellen zu lassen. Hier aber, beim Eintritt in die Praxis, wird die ganze Sache sehr schwierig. Wir haben bisheran einer allgemeinen Erörterung Raum gegeben. Der allgemeine Zustand des Denkens in unserer Zeit und des Verhältnisses von Poesie und Forschung zu einander hat uns ein Geständniss abgezwungen, indem er uns ein Dilemma zeigte, aus dem es nur einen Ausweg gab. Wir haben uns einverstanden erklärt mit der versöhnlichen Richtung eines gesunden Realismus und sind vorgedrungen bis an den Fleck, wo die Berührung der exacten Wissenschaften mit derjenigen Definition der Poesie, die von allen am wissenschaftlichsten klingt, endlich stattfinden soll. Alle Vorfragen sind damit erledigt, und ich trete jetzt an das heran, was eigentlich den Kern des Ganzen ausmacht und zugleich ein solches Gewebe ernster Schwierigkieten aufweist, dass ich eine eingehende Betrachtung derselben für die nothwendige Basis jeder realistischen Dichtung sowohl, wie jeder realistischen Aesthetik halte.

Die Prämissen des poetischen Experiments: das sagt in einem Worte alles. Hier verknoten sich Naturwissenschaft und Poesie.

Wohlverstanden: diese Prämissen umschliessen nicht die Naturgeschichte des poetischen Genius selbst, eine Sache, die ja auch in die Aesthetik hineingehört, die aber mit dem, was ich meine, direct nichts zu schaffen hat. Geniale Anlage muss der Mensch besitzen, um überhaupt als Dichter auftreten zu können, und zwar eine ganz bestimmte Form genialer Anlage, die sich von der für andere Geistesgebiete individuell [S. 10] unterscheidet. Jene andern Prämissen, die erworbenes Wissen darstellen, verhelfen ihm bloss in zweiter Instanz dazu, sein schöpferisches Wollen nach vernünftigen Gesetzen zu regeln und auch andern, nicht dichterisch Beanlagten durch das Medium der Logik einigermassen verständlich zu machen. Aber auch wenn wir alle Missverständnisse ausschliessen, bleibt die Sache immer noch sehr schwierig. Es mangelt zunächst gänzlich an brauchbaren Büchern, die dem Dichter einen vollkommenen Einblick in das verschaffen könnten, was ihm aus dem ungeheuren Bereiche der wissenschaftlichen Forschung über den Menschen zu wissen Noth thut. Die in ihren Resultaten so sehr werthvolle psychologische und physiologische Fachliteratur zeigt den Bestand des Materials nur in seiner äussersten Zersplitterung. Weit entfernt, die Arbeit des einsichtigen Dichters unter der Rubrik des psychologischen Experimentes entsprechend zu würdigen, zieht sich die Fachwissenschaft in den allermeisten Fällen vornehm zurück und überlässt die Verarbeitung ihres Materials für poetische Zwecke dem Philosophen, der unter zehn Fällen neunmal die Thatsachen unter dem Vorwande der Ordnung einfach fälscht. Statt der Wissenschaft Rechnung zu tragen, suchen schaffende Poesie wie Aesthetik dann ihre Prämissen durch Studium philosophischer Systeme zu gewinnen, und der Erfolg ist, dass wir unter dem Vorwande realistischer Annäherung an die Resultate der Forschung allenthalben einer Verherrlichung Hegel'scher Phrasen, Schopenhauer'scher Verbohrtheiten oder Hartmann'scher Willkür begegnen, die mit echter Wissensbasis wenig mehr zu schaffen haben, als die alten religiösen Ideen, [S. 11] so geistvoll sie auch im Einzelnen ersonnen sein mögen.

Eine Anzahl vorsichtiger Geister, besonders ausübender Poeten, verschmäht mit Recht diese schwankende Brücke und stürzt sich kühn in die Detailmasse des exacten Fachwissens. Der Erfolg zeigt eine ernstliche Gefahr auch bei diesem Unterfangen. Die wissenschaftliche Psychologie und Physiologie sind durch Gründe, die Jedermann kennt, gezwungen, ihre Studien überwiegend am erkrankten Organismus zu machen, sie decken sich fast durchweg mit Psychiatrie und Pathologie. Der Dichter nun, der sich in berechtigtem Wissensdrange bei ihnen direct unterrichten will, sieht sich ohne sein Zuthun in die Atmosphäre der Clinic hineingezogen, er beginnt sein Augenmerk mehr und mehr von seinem eigentlichen Gegenstande, dem Gesunden, allgemein Menschlichen hinweg dem Abnormen zuzuwenden, und unversehens füllt er im Bestreben, die Prämissen seiner realistischen Kunst zu beachten, die Seiten seiner Werke mit den Prämissen dieser Prämissen, mit dem Beobachtungsmateriale selbst, aus dem er Schlüsse ziehen sollte, – es entsteht

jene Literatur des kranken Menschen, der Geistesstörungen, der
schwierigen Entbindungen, der Gichtkranken, – kurz, das, was
eine nicht kleine Zahl unwissender Leute sich überhaupt unter
Realismus vorstellt.

Ich habe den Weg gezeigt, wie klar denkende Dichter auf diese
Linie gerathen können, und bin weit davon entfernt, das blöde
Gelächter der Menge bei Beurtheilung derselben zu theilen. Es
sind keineswegs die kleinen, rasch zufriedenen Geister, die in solche
heroischen Irrthümer verfallen, und der still vergnügte [S. 12]
Poet, der im einsamen Kämmerlein von Sinnen und Minnen
träumt, hat für gewöhnlich nur sehr problematische Kenntniss
davon, welcher Riesenarbeit sich gerade der dichtende Genius unterzieht, der im treibenden Banne seiner Gedanken bis zum Unschönsten, was die Welt im gebräuchlichen Sinne hat, dem Krankensaale, vordringt. Ein Irrthum bleibt die Einseitigkeit darum
doch. Die Krankheit kann nicht verlangen, den Raum der Gesundheit für sich in Anspruch nehmen zu wollen, das unausgesetzte
Experimentiren mit dem Pathologischen, also dem ganz ausschliess-
lich Individuellen, das eine Ausnahme vom normalen Allgemein-
zustande bildet, nimmt der Poesie ihren eigentlichsten Charakter
und verführt den Leser zu Irrthümern aller Art, die hinterher den
ganzen Realismus treffen.

Ich halte es angesichts all' dieser Gefahren für durchaus an der
Zeit, in einer übersichtlichen Darstellung diejenigen Puncte her-
auszuheben, die eigentlich in der Gesammtfülle des modernen naturwissenschaftlichen Materials als wahre Prämissen seiner Kunst
den Dichter unmittelbar angehen. Ich möchte dabei ebensoweit
von philosophischer Verwässerung wie von fachwissenschaftlicher
Detailüberlastung entfernt bleiben. Was sich als Resultat der bisherigen objectiven Forschung ergiebt, möchte ich unter dem beständig beibehaltenen Gesichtspuncte der dichterischen Verwerthung klar darlegen. Das Metaphysische kann ich dabei nur strei-
fen als nothwendigen Grenzbegriff des Physischen. Die Erkennt-
nisslehren der modernen Naturwissenschaft sind, wie schon gesagt,
bisher in die weiten Kreise fast stets als Beiwerk in gewissen Sy-
stemen, als Stütze materialistischer oder pessimistischer oder sonst
irgendwie auf einen Glauben getaufter [S. 13] Weltanschauungen
verbreitet worden. All' diesen Bestrebungen stehe ich durchaus
fern. Was der Poet sich über das innerste Wesen der kosmischen
Erscheinungen denkt, ist seine Sache. Die Puncte, um die es sich

für mich handelt, sind als Wissensgrundlagen massgebend für Alle, so gut wie das Wasser das Product zweier Elemente, des Wasserstoffs und des Sauerstoffs, für jeden vernünftigen Menschen bleibt, mag er nun im Puncte des Gemüthes Christ oder Jude oder Mohammedaner sein oder die heilige Materie anbeten.

Es giebt Dinge darunter, die den Dichter stärker machen werden, als seine Vorgänger waren, wenn er sie in der rechten Weise beachtet. Es giebt auch Dinge, die ein zweischneidiges Schwert sind und mit aller Vorsicht behandelt werden wollen. Im Grossen und Ganzen kann ich nur sagen: eine echte realistische Dichtung ist kein leichter Scherz, es ist eine harte Arbeit. Die grossen Dichter vor uns haben das sämmtlich empfunden, die kommende Generation wird es möglicher Weise noch mehr fühlen. Einen Menschen bauen, der naturgeschichtlich echt ausschaut und doch sich so zum Typischen, zum Allgemeinen, zum Idealen erhebt, dass er im Stande ist, uns zu interessiren aus mehr als einem Gesichtspuncte, – das ist zugleich das Höchste und das Schwerste, was der Genius schaffen kann. Wie so der Mensch Gott wird, ist darin enthalten, – aber es wird jederzeit auch darin sich offenbaren, wie so er Gottes Knecht ist. Das Erhebendste dabei ist der Gedanke, dass die Kunst mit der Wissenschaft empor steigt. Wenn das nicht werden sollte, wenn diese Beiden fortan im Kampfe beharren sollten, wenn Ideal und Wirklichkeit sich [S. 14] gegenseitig ermatten sollten in hoffnungslosem, versöhnungslosem Zwiste: dann wären die Gegenwart, wie die Zukunft ein ödes Revier und die Mystiker hätten Recht, die vom Aufleben der Vergangenheit träumen. Es ist in Wahrheit nicht so. Ein gesunder Realismus genügt zur Versöhnung, und er erwächst uns von selbst aus dem Nebeneinanderschreiten der beiden grossen menschlichen Geistesgebiete. Dichtung um Dichtung, ästhetische Arbeit um ästhetische Arbeit, alle nach derselben Richtung gestimmt, müssen den Sieg anbahnen. Die rohe Brutalität, von der hitzige Köpfe träumen, wollen wir dabei gern entbehren, – ich meine, die Wissenschaft ist dazu viel zu ernst und die Kunst viel zu sehr der Liebe und des klaren, blauen, herzerwärmenden Frühlingshimmels bedürftig.

Zweites Capitel.

Willensfreiheit.

[S. 15] Ich will als Dichter einen Menschen, den ich in eine bestimmte Lage des Lebens gebracht habe, eine Handlung begehen lassen und zwar diejenige, welche ein wirklicher Mensch in gleicher Lage wahrscheinlich oder sogar sicher begehen würde.

Ich will als Kritiker einer Dichtung beurtheilen, ob eine bestimmte Handlung, die ein bestimmter Held dieser Dichtung unter bestimmten Umständen begeht, wirklich richtig, das heisst den Gesetzen der Wirklichkeit entsprechend, erfunden ist.

In beiden Fällen werde ich beim geringsten Nachdenken auf die allgemeine Frage der Willensfreiheit geführt.

Diese Frage aber ist weder eine dichterische, noch eine philosophische, sondern eine naturwissenschaftliche. In ihr kreuzen sich die sämmtlichen Grundfragen der wissenschaftlichen Psychologie, und sie ist meiner Ansicht nach die erste und wichtigste Frage, mit der sich die Prämissen der realistischen Poesie und Aesthetik zu befassen haben.

[S. 16] Die oberflächlichste Anschauung der wahren Dinge in der Welt lehrt, dass die menschliche Willensfreiheit nicht ist, was das Wort nahe legt: eine absolute Freiheit. Wir sehen nicht nur die Macht des Willens physikalisch beschränkt, sondern gewahren auch in dem eigenthümlichen Gefüge und Bau der Gedanken, die den Willen zu irgend etwas schliesslich als äussern Act entstehen lassen, beständig sehr eigenthümliche, subjective Factoren, die in uns sofort das Gefühl eines eingeschränkten Laufes der Gedankenketten entstehen lassen. Genau dieselbe Thatsache erweckt im Geiste verschiedener Menschen verschiedene Gedankenreihen, die oft den genau entgegengesetzten Willen hervorrufen. Eine unbewacht gelassene Casse ruft in einem Gewohnheitsdiebe den Gedanken und in directer Fortsetzung die Handlung des Stehlens, in einem seiner bisherigen Lebensbahn nach durchaus rechtlich gesinnten Menschen höchstens den Gedanken an eine Sicherung und Bewachung zur Verhütung eines Diebstahls hervor. Eine grosse Anzahl von Menschen ist zwar geneigt, gerade den Umstand hier für allgemeine Freiheit zu halten, dass der Eine so, der Andere anders handelt. Der Naturforscher wird sich sagen müssen, dass die gleiche äussere Sache nur einen verschiedenen innern Effect haben kann, weil sie offenbar in dem Innern der beiden geistigen Individuen auf eine ungleiche Disposition trifft, etwa wie in der Physik derselbe Funke, je nachdem er in eine Pulvertonne oder in ein Wasserfass fällt, sehr verschiedene Kräfte auslöst.

Damit ist ein erster, roher Anhaltspunct für die Auffassung psychologischer Vorgänge gewonnen. Wenn ich als Dichter Menschen in Berührung mit [S. 17] äusseren Erscheinungen bringe, so wechselt nicht nur der Wille in den Handlungen der Person je nach den äusseren Impulsen, sondern er ist auch subjectiv bei den Einzelnen verschieden je nach der Disposition des Geistes, die der Impuls bei Jedem findet.

Die Physiologie giebt uns nun als nächsten Fortschritt über diesen ersten Punct weg die Thatsache an die Hand, dass jede Disposition des Geistes zugleich eine Disposition des stofflichen Untergrundes, des Gehirns, bedeutet.

Die Frage, in welchem Causalitätsverhältniss diese Doppelerscheinungen der geistigen und stofflichen Disposition unter sich wohl stehen möchten, ob der Geist als solcher existire oder bloss eine subjective Rückansicht desselben Dinges sei, das wir äusserlich als Stoff, respective mechanische Kraft uns gegenüber stellen, geht uns hier als eine erkenntniss-theoretische, wissenschaftlich nicht lösbare gar nichts an. Was wir mit Händen greifen können, ist das Zusammenfallen jeder psychischen Erscheinung mit einer molecularen, jedes Gedankens mit einem ganz bestimmten physiologischen Ereignisse innerhalb des nervösen Centralorgans. Dieses leugnen, hiesse rundweg das Gehirn leugnen und die ganze überwältigende Masse künstlicher wie unfreiwilliger Beeinflussungen des psychischen Apparats, die man bei vivisecirten Thieren und verwundeten oder gehirnkranken Menschen durch stoffliche Umwandlungen in der Gehirnmasse hat entstehen sehen. Die Thatsache steht also unbezweifelbar fest: wir können behaupten, wenn bei einer bestimmten Person ein bestimmter äusserer Impuls eine bestimmte Disposition im Gedankengange des Betreffenden vorfindet, so ist diese Disposition zugleich etwas Stoff-[S. 18]liches, eine Curve, Furche, reihenweise Gruppirung kleiner Theilchen, Schwingung der Molecüle nach einer bestimmten Richtung oder was man sich sonst denken will in der greifbaren Masse des Gehirns. Das oben gebrauchte Beispiel mag das zur Deutlichkeit nochmals illustriren. Gleicher äusserer Impuls: eine offene Casse. Erfolg bei dem einen Menschen unmittelbar und ohne Wahl eine moralisch verwerfliche Gedankenkette, die endigt mit der Handlung des Stehlens, bei dem andern ebenso unmittelbar eine gute, die ausläuft in die Handlung des Bewachens. Grund: der erste Mensch ist gewöhnt, schlecht zu handeln, seine Gedankenkette schlägt sofort eine bestimmte Richtung ein, die körperlich einem durch Gewohnheit tief ausgefahrenen Geleise entspricht, in das ein neu ankommender Wagen stets mit mechanischer Nothwendigkeit wieder hineinrollt; umgekehrt bei dem gewohnheitsmässig moralischen Menschen geräth die Ideenverbindung unmittelbar in eine ganz entgegengesetzte Linie, die schliesslich den umgekehrten Effect auslöst.

Ich habe das Beispiel so nackt gewählt, wie möglich, – ohne jeden Conflict, was nicht ausschliesst, dass es täglich so vorkäme. Wer oft gestohlen hat, stiehlt wieder; wer in moralischem Denken aufgewachsen ist, kommt für gewöhnlich gar nicht auf den Gedanken, zu stehlen; die Ideenkette lenkt ohne Ablenkungen besonderer Art, die ich hier vernachlässige, stets in dieselben Geleise ein. Das Wort Geleise dürfen wir unbedenklich anwenden, da ja ein stofflicher Vorgang stets mit unterläuft. Geschaffen hat die Geleise, wie sich Jeder schon zur einfachsten Erläuterung dazu sagt: die Gewohnheit. Jede Minute unseres Lebens [S. 19] bringt uns Beweise dafür, – das Wort Gewohnheit, das uns beständig auf der Zunge schwebt, ist eben nur der Ausdruck des Factums, dass die mehrmals aufgestellten Gedankenketten sich ein derartig festes Bett in unserm Denkorgane graben, dass gewisse, nur entfernt daran gemahnende Impulse sie jedesmal mit zwingender Nothwendigkeit wieder hervorrufen und dieselbe Handlung als schliesslichen Effect daraus entstehen lassen. Je ausgefahrener die Geleise nach und nach werden, desto rascher und damit dem Bewusstsein desto undeutlicher saust der Gedanke hindurch, desto unmittelbarer lösen sich Impuls und Willenseffect ab, bis schliesslich der Gedanke gar nicht mehr bewusst wahrgenommen wird und die Handlung sich als rein mechanischer Reflex des Impulses darstellt, – Erscheinungen, die wir täglich am Menschen beobachten können und die beim Thiere, dem die wenigen Eindrücke seines Lebens durch ihre regelmässige Wiederkehr fast alle in der genannten Weise constant und zur Quelle reiner Reflexhandlungen werden, die Regel bilden.

Wenn es auf Grund eines ungeheuren Fortschrittes mikroskopischer Forschung möglich wäre, ein vollkommenes Bild eines beliebigen menschlichen Gehirns, das zu seinen Lebzeiten Gedanken gehegt hat, zu entwerfen, so würde man, wie immer das wahre Antlitz der Sache sich gestaltete, stets auf das schematische Bild einer Ebene kommen, die von Linien ungleicher Dicke durchkreuzt wird, von denen eine Anzahl nur matt angedeutet und halbverwischt, eine gewisse Zahl dagegen äusserst scharf und deutlich erschiene, und der Beschauer würde unmittelbar das Gefühl haben, dass es sich hier um ein Strassensystem handle, bei [S. 20] dem dasselbe obgewaltet, wie bei menschlichen Verkehrswegen: irgend ein äusserer Umstand hat mehrmals die Verkehrenden auf dieselbe Strasse geführt und, einmal ausgetreten, hat diese nun Alle, die nur entfernt nach derselben Richtung wollten, veranlasst, ihrer Linie und keiner andern zu folgen.

Thatsächlich sind wir ja so weit nicht. Das Gehirn, welches wir kennen, bietet uns, was das unmittelbare Sehen anbelangt, ungefähr so viel Anhaltspuncte zur Kenntniss seiner innern Processe, wie dem Astronomen die Oberfläche des Planeten Mars. Wir erkennen auf dieser Länder und Meere, Canäle, die das Festland durchschneiden, atmosphärische Vorgänge, Wolken, Schnee, Eismassen am Pol; das Alles aber kommt so wenig über den groben Umriss hinaus, dass Objecte von der Grösse der Victoria-Nyanza noch gerade als Puncte wahrnehmbar sind.

Unsere Anschauungen vom Wesen der ganzen Gedankenthätigkeit müssen wir, unfähig, die Maschine in ihre Rädchen auseinander zu nehmen und im todten Material zu studiren, abstrahiren aus dem Erfolge, aus der regelmässigen, positiv zu beobachtenden Wiederkehr gewisser gewohnheitsmässiger Gedankenreihen in uns selbst und den Handlungen, die wir täglich bei uns als Folgen dieser zwangsweisen Ideenketten wahrnehmen und bei Andern als solche voraussetzen dürfen. Immerhin ist diese Art der Beobachtung ein vollkommen guter Ersatz für jene.

Für die Freiheit des Willens, von der wir ausgegangen sind, ist jedenfalls – mögen wir nun physiologisch oder psychologisch zu unsern Resultaten gekommen sein – in dem Bestehen der durch Gewohnheit gegrabenen Gedankenstrassen ein bedenkliches Hinder-[S. 21]niss gegeben. Der Wille ist Endergebniss eines nicht gestörten, bis zu einer gewissen Intensität angeschwollenen Gedankens, – wenn der Gedanke aber in seinem Flusse sich in den meisten Fällen einem gegrabenen Bette anschmiegen muss, so kann in allen diesen von einer Freiheit des endlichen Willens keine Rede mehr sein, und man braucht noch gar nicht auf jene oben erwähnten, ganz reflectorisch gewordenen Willensacte zurückzugehen, um auf Schritt und Tritt diesen einfacheren hemmenden Einflüssen zu begegnen.

Die wichtigste Frage scheint also, um hier Klarheit zu schaffen, die nach der Natur der Gewohnheit zu sein. Es gilt festzustellen, was sich unter diesem Begriffe, der die Willensfreiheit in so frappanter Weise bedroht, für einzelne Factoren verstecken und ob in dem einen Worte, das der Gebrauch selbst geschaffen, nicht Verschiedenartiges sich birgt. Gewohnheit ist, so haben wir physiologisch definirt, langsame Einprägung einer bestimmten Furche (psychologisch: Denkrichtung) im Gehirn, die durch eine längere Folge gleichartiger Wahrnehmungen erzeugt wird. Woher kommt eine derartige Gleichartigkeit der Wahrnehmungen? Zunächst aus der Einrichtung der Natur, die uns trotz der unendlichen Fülle ihrer Erscheinungen doch gewisse Phänomene in ewiger Regelmässigkeit wiederkehren lässt, die beständig gleiche Wahrnehmungen in uns hervorrufen. In zweiter Linie aber aus einem Umstande, der den Culturmenschen mit verschwindenden Ausnahmen fest und unerbittlich umklammert hält: der Erziehung. Wir sind nicht neu geschaffene Wesen, die bloss die Natur sich gegenüber haben. Wir gehören einer Gesellschaft an, die ebenfalls aus Menschen mit einem, dem unsern ähn-[S. 22]lichen Denkapparate besteht. Wir sind jung, die Tafel unseres Gehirnes ist noch kaum beschrieben. Jene Menschen, die vielleicht unsere Erzeuger, jedenfalls als Erwachsene unsere Meister sind, sind in ihrem Denken bereits erfüllt mit jenen festen Linien, jenen Geleisen des Gewohnten, und sie fühlen sich wohl dabei. Ihr Bemühen geht dahin, in unser Gehirn dieselben Linien zu prägen. Unfähig, unmittelbar zu wirken, beschreiten sie den Umweg durch die wiederholten Wahrnehmungen, aber in der Weise, dass sie bestimmte Wahrnehmungen – eben jene, die ihren Gedankenlinien die bequemen sind – auswählen und uns so lange einseitig vorführen, bis sich in unserm Gehirn die gleiche Linie, wie bei ihnen, gebildet hat und wir ihre wahren geistigen Kinder sind. Mit andern Worten heisst das: wir erhalten die grosse Masse unserer gewohnheitsmässigen Gedanken durch Unterricht, durch Schulung. Der Werth dessen, was uns vermittelst derselben im Gehirn eingeritzt wird, ist dabei ganz gleichgiltig, es kann die höchste Moral oder die äusserste Unmoral sein: von einem gewissen Puncte ab ist die Gedankenübertragung gelungen, die Linie angelegt, und es bedarf fortan nur der leisesten Aehnlichkeit in einer Wahrnehmung mit jenen früheren, um sofort den ganzen Gedankenapparat nach der eingeprägten Richtung hin in Thätigkeit zu setzen.*)

[S. 23] Je tiefer diese Schulung geht, je reflectorischer die Ideenlinien arbeiten, desto mehr scheinen sie später ursprünglich mit dem Individuellen verwachsen und erlangen in Wörtern, wie Gewissen, Tact und ähnlichen, Bezeichnungen, die uns im Leben sehr oft geneigt machen, sie angeborene zu nennen, obwohl sie allem Anscheine nach durchweg erworbene, von aussen eingeprägte sind.

Das Adjectivum »angeboren« aber, welches sich uns hier zwanglos in die Erörterung einmischt, führt uns unwillkürlich auf ein Zweites, das im Begriffe der Gewohnheit, wenn auch wahrscheinlich nicht dort, wo man es vermuthete, so doch anderswo steckt.

Ein Vogel, den man im Zimmer fern von Seinesgleichen aufgezogen, zeigt bei nahendem Winter ein Bestreben, zu wandern. Hier kann nicht mehr von individueller Aneignung, von einer durch Gewohnheit erzielten Gedankenlinie, in die jedesmal beim Anblick fallenden Laubes oder sonstiger Erscheinungen des Wechsels der Jahreszeiten der Gedanke einlenkt, um schliesslich den Willen des Wanderns auszulösen, die Rede sein. Eben haben wir gesehen, dass die Function, das beständige Wahrnehmen gleicher Dinge allmählich eine körperliche und geistige Disposition, ein Geleise gewissermassen, schafft, das dann beim Nachfolgenden wie ein Organ die Function bestimmt; bei diesem geborenen Zugvogel ist offenbar

---

*) Sehr lehrreich für das ganze Gebiet der Gedankenübertragung sind die *hypnotischen* Experimente, die gewiss auch für den Dichter ein gewisses Interesse haben müssen. Ganz energisch aber ist zu verlangen, dass jeder Verwerthung derartiger Erscheinungen ein kritisches Verständniss und Studium vorausgehe. Es handelt sich hier durchaus nicht um ein Stück jener behaglichen Mystik, bei der alle Menschen, denen einmal etwas Unerklärliches vorgekommen, den Beruf fühlen, mitzusprechen, sondern um [S. 23] exacte wissenschaftliche Gegenstände, die, eben weil sie von der grössten Tragweite sind, auch die vorsichtigste Behandlung erfordern. Wen der Schleier des Unbegreiflichen allein verlocken sollte, der wird bei sorgfältiger Kenntnissnahme dann schon von selbst merken, wie wenig seine Neugier belohnt wird.

die Umwandlung einer bestimmten Stelle des Denkapparates schon [S. 24] bei der Geburt mit allen andern Organen, die im embryonalen Leben nicht durch, sondern für die Function entstehen, angelegt worden und tritt jetzt beim geringsten dahin zielenden Impuls mit voller Kraft in Thätigkeit, indem sie den Vogel zwingt, beim ersten Anzeichen des Herbstes – und sei es auch sein allererster, den er im individuellen Leben mitmacht – eine Gedankenreihe zu verfolgen, die ihm bei menschlich klarem Bewusstsein wie eine Vision vorkommen würde, indem er Bilder von einem warmen Lande, wohin er wandern soll, denkt, die keine eigene Erfahrung ihm eingeben kann.

Wir haben es hier mit einer Gewohnheit secundärer Art zu thun: – mit vererbten geistigen Linien. Jede geistige Gewohnheit bedingt etwas körperliches, einerlei, ob als Ursache oder als unvermeidliche Parallelerscheinung; dass körperliche Veränderungen sich vererben, wissen wir alle; es kann in Fällen wie dem genannten nicht anders sein, als dass sich hier eine Structurverschiebung des Gehirns, eine moleculare Disposition vererbt hat, deren unzertrennliche Begleiterin die psychische Erscheinung ist, die wir sehen. Zwischen dem Gehirn jenes Vogels und dem gewaltigen Verstandesapparate des Menschen aber besteht physiologisch wie psychologisch lediglich ein Unterschied des Grades, nicht der Art, – es fragt sich: spielen auch beim Menschen ererbte Gedankenreihen eine Rolle, die sich unter dem allgemeinen Worte »Gewohnheit des Denkens« verbirgt? Bei der ungeheuren Masse von Eindrücken, die der Mensch im Gegensatz zu den meisten Thieren während der Dauer seiner individuellen Existenz empfängt und die trotz aller Macht der Gewohnheit gerade auf den höheren [S. 25] geistigen Gebieten durchweg nicht reflectorisch werden, nicht ganz aus dem Bewusstsein verschwinden, scheint es von vornherein nicht wahrscheinlich, dass hier sehr viel vererbt werden sollte. Jedenfalls bestätigt die Erfahrung, dass Vererbung überwiegend dann stattfindet, wenn gewisse Gedankenketten über das gewöhnliche Mass hinaus sich eingebohrt haben, also beispielsweise bei einseitigem Genie, bei krankhaft eingewurzelten fixen Ideen, also fast oder ganz abnormen Zuständen, – und es scheint selbst hier, als vererbten sich nicht eigentliche Gedankenlinien, sondern nur gewisse Stimmungen des Untergrundes, wenn ich so sagen soll, gewisse Weichheiten oder Härten der Fläche, die den später durch Erziehung herantretenden Geleisen einen ungewöhnlichen Widerstand

oder ein ungewöhnliches Entgegenkommen bewiesen. In der Emp-
fänglichkeit des Gehirns für einzugrabende Linien überhaupt liegt
ganz unbezweifelbar die eigentliche grosse Erbschaft, die der
Mensch, der als solcher geboren wird, vor dem Thiere voraus hat;
wer das exact beobachten will, vergleiche ein lernendes Kind mit
einem lernenden Papageien. Wahrscheinlich ist dem Vogel der
absolute Fortschritt gerade deshalb so erschwert, weil sein Gehirn
von Jugend auf mit einer Reihe ererbter Linien (Instincte nennt
es ein geläufiges Wort) durchsetzt ist, die den Boden hart gemacht
haben für alles Neue; die wenigen ererbten Geisteslinien des Menschen, der Mangel an Instincten, wäre im Lichte dieser Anschauung
dann vielleicht die Wiege seiner geistigen Entwicklungsfähigkeit,
indem es ihm die Tafel für das Lernen frei hielte. Dass darum gewisse Instincte, ganz oder beinah reflectorische Geisteslinien, auch
beim Menschen und zwar bei allen ohne [S. 26] Ausnahme als
Erbe früherer, mehr thierischer Verhältnisse sich – wenn auch
bisweilen gleichsam verschüttet und von den tausend Erziehungs-
linien überdeckt – vorfinden, ist nicht zu leugnen. Stark erregte
Momente, Revolutionen, Hungersnoth, beständiger Anblick von
Blut, sexuelle Ueberreizung lassen diese Instincte gelegentlich
in roher und erschreckender Weise durchbrechen, und der
Mensch handelt in solchen Momenten im Banne einer dämo-
nischen Gehirnmacht, einer entfesselten psychisch-molecularen
Bewegungswelle, die unvergleichlich mächtiger fortreisst, als
alle individuell durch Erziehung erworbenen Moral- oder Unmo-
rallinien, er handelt mit dem Instincte von Thierformen, die weit
unten an der Schwelle des Menschlichen stehen und für uns nur
noch in analogen Erscheinungen der jetzigen höheren Säugethier-
welt zu studiren sind. Der Dichter, wie der Historiker müssen gerade diesen geheimnissvollen Vererbungslinien, deren Rolle im einzelnen Leben wie in der Geschichte sehr gross ist, mit Interesse
nachgehen. Wünschen möchte man, dass gewisse dauernde Errun-
genschaften der menschlichen Cultur – beispielsweise die Basis der
Moral, das Mitleid – mit der Zeit bereits reine Instincte geworden
wären, die der Einzelne mit auf die Welt brächte. Man ist mitunter
versucht, dergleichen zu glauben. Wenn ein Mensch, ohne eine
Secunde zu zögern, einem Kinde, das in's Wasser gefallen ist, nach-
springt und es rettet, so scheint hier eine Geisteskette vorzuliegen,
die bereits ganz reflectorisch wirkt und wohl als solche vererbt
werden könnte.

Die Erfahrungen, die man andererseits an Kindern macht, die aus besten Bildungskreisen entspringen und doch, ehe sie durch Zucht selbst gebildet sind, nichts [S. 27] bethätigen als die alten thierischen Instincte, die mit ihrem roheren Egoismus dem Mitleid gerade zuwider laufen, verhindern alle derartigen optimistisch gefärbten Schlüsse.

Beschränkt, wie unsere Kenntnisse von dem ganzen Gewebe der Vererbungsfragen gegenwärtig noch sind, müssen sie dem Dichter, der in ihnen das Material tragischer oder versöhnender Verknotungen sucht, eine starke Resignation und scharfe Kritik als Grundbedingung an's Herz legen. Rechnen soll er mit der Vererbungsfrage als Ganzem, das ist sicher. Aber er soll nicht spielen damit, sich nicht muthwillig auf Gebiete begeben, die der Fackel des Forschers selbst noch verschlossen sind. Die Zukunft wird erst zeigen können, wie eigentlich diese Dinge eingreifen in's Leben des Einzelnen, wie die Sünden und Vorzüge der Ahnen sich unmittelbar im Gehirne des Enkels rächen. Immerhin mag heute schon der grandiose Romancyklus von Zola eine durchdachte Vorahnung für das Kommende darstellen. Wenn man sich aber vergegenwärtigen will, welche zahllosen dichterischen Vorwürfe in dem Spiel der Ideenketten, an die Schule und erste Bildung uns schmieden, enthalten sind, so kann man im Grunde nur warnen vor dem einseitigen Betonen der Vererbungsconflicte, so lange die Physiologie noch nicht in festen Gesetzen die nöthigen Prämissen aufgestellt. Man soll sie beachten, wo man durch den Stoff nothwendig auf sie geführt wird, aber sie noch nicht in den Vordergrund drängen, wo es nicht durchaus nöthig ist.

Die indirecte Vererbung, das unbrauchbare Alte, das uns in unserer Bildung, durch unsere Umgebung allenthalben belastend in's Gehirn gegraben wird, [S. 28] tausend begabte Köpfe im Kampfe mit dem lebendigen Neuen zu Tode hetzt, uns als unechte Religion, veraltete Moral, conventioneller Humbug, historische Entartung und was sonst noch alles, den Geist trübt und für die Ziele der Gegenwart blind macht: das ist durchschnittlich weit gefährlicher, als die dunklen chemischen und physikalischen Mächte, die hier oder dort eine Familie in allen Phasen des Wahnsinns untergehen lassen oder an den geschlechtlichen Fähigkeiten eines unschuldigen Nachkommen die sexuellen Verrücktheiten des Urgrossvaters rächen. Es sind harte, unerbittliche Gesetze im Einen, wie im Andern, aber im letzteren Falle haben sie mehr von jener dunklen Tragik, die allem Geschehen der Natur geheimnissvoll zu Grunde liegt, im ersteren sehen wir den Kampf menschlich lebhafter und näher vor Augen, wir fühlen die Schmerzen, wie die Triumphe innerlich blutiger und siegesstolzer mit, weil wir mehr verstehen und stärker durchfühlen, dass die Sache auch einmal anders werden könnte durch unser Zuthun.

Ich kehre zur eigentlichen Frage zurück. Gewohnheit umschliesst, so haben wir jetzt gesehen, zweierlei: Ererbtes und Erworbenes. Da das Letztere wenigstens beim normalen Culturmenschen mit zunehmendem Alter unausgesetzt wächst, so gleicht das Gehirn dieses Menschen schliesslich einer über und über beschriebenen Tafel, auf der sich gewisse Striche mehr und mehr verdickt haben, und die am Ende gar nichts ganz Neues mehr aufzunehmen im Stande ist, so dass der Geist wie ein geschickter Seiltänzer mehr oder weniger nur noch die vorgeschriebenen Stangen abklettert, je nachdem dieser oder jener äussere Anlass bei einer der ewig bereiten Endstationen anklopft.

[S. 29] Eigentliches Leben in dieses an und für sich sehr einfache Gedankenspiel bringt aber nun eine Thatsache, die ich bisheran absichtlich vernachlässigt habe. Was wir durch Unterricht (sei es nun unmittelbarer durch das Leben oder mittelbarer in der Schule) an festen Gedankenlinien eingeprägt bekommen, steht weder immer im Einklange untereinander, noch mit dem, was durch die Vererbung an allgemeinen Instincten oder individuellen Neigungen in uns bereits bei der Geburt befestigt ist. Mit andern Worten: jene constanten Linien im Denkorgan kreuzen, hemmen, verwickeln sich vielfach, wodurch die einfachen Denkprocesse, die durch die Möglichkeit des Eingrabens fester Linien so bequem und bis zur Grenze des Reflectorischen glatt gemacht wurden, wiederum recht erschwert werden. Ich sehe ab von ganz krankhaften Erscheinungen. Man hat Fälle, wo eine Gedankenlinie eines Menschen von einem gewissen Puncte ab, ohne dass er sich dessen bewusst wurde, in eine ganz andere überging, so dass beim Versuche, den Gedankengang wieder zu geben, von einer Ecke ab jedesmal die Begriffe wie vertauscht waren. Hier waren offenbar zwei Linien in abnormer Weise verschmolzen, ein hochinteressanter, aber lediglich psychiatrischer Fall.

Ich will jetzt versuchen, an einem consequent durchgeführten Beispiele genau den normalen Fall von sich widersprechenden Gedankenlinien aufzudecken. Es ist das um so wichtiger, als man gerade hier, im Widerstreite der Gedankenlinien, den schärfsten Beweis für eine metaphysisch beeinflusste Willensfreiheit zu finden geglaubt hat.

Ich nehme an, einen Menschen trifft ein äusserer [S. 30] Sinneseindruck, – etwa der Anblick einer schönen Frau, die das Weib eines Andern ist, also ein Sinneseindruck, den das Auge in's Gehirn übermittelt, der dort zur geistigen Wahrnehmung wird und als solche gewisse Gedanken erregen muss, deren Lauf durch die vorhandenen Gewohnheitslinien bestimmt wird und deren endliches Resultat bei genügend starker Erregung ein Willensact, eine Handlung ist. Der Anblick einer körperlich reizenden Frau erweckt im Manne nothwendig zunächst die Gedankenketten, die um das Geschlechtliche gelagert sind. Diese können aber sehr verschiedener Art sein, von dem einen örtlichen Centrum können Furchen ganz entgegengesetzter Richtung und Tiefe ausstrahlen. Nehmen wir den Fall eines Menschen, der gar keine Bildung genossen hat, aber auch, vielleicht weil er eben erst geschlechtsreif geworden ist, im Bezug auf das Geschlechtliche noch durchaus keine feste Gewohnheitsfurche im Gehirn trägt. Bei ihm wird der erste Gedanke höchstwahrscheinlich die Vererbungsfurche, die den instinctiven Fortpflanzungstrieb als uraltes Erbe stets neu zeitigt, einschlagen, ein Kampf ist ausgeschlossen, da nur diese einzige Linie vorhanden ist, aber der aus der angeregten Gedankenkette hervorgehende Wille wird etwas Unklares, Reflectorisches haben, das sich dämonisch Bahn bricht, aber dem Bewusstsein selbst fast ganz entzogen ist.

Zweiter Fall: der Mensch ist ein geübter und geriebener Don Juan. Im Worte liegt schon enthalten, dass bei diesem Typus sich in der für das Geschlechtliche reservirten Gegend des Gehirns nicht bloss die instinctive Vererbungs-Furche, sondern daneben noch eine sehr tief ausgefahrene Aneignungs-Furche, ein [S. 31] durch Gewohnheit individuell scharf eingepflügtes Geleise findet, das beim Anblick des schönen Weibes eine grosse, aber dem Bewusstsein noch durchweg zugängliche Gedankenkette durchpassiren lässt, als deren Resultat ein sicherer, auf hundert Erfahrungen gestützter Wille entsteht, – der Wille zur Verführung, der Wille zum geschlechtlichen Genuss, – im Princip derselbe Wille, wie bei dem ersten Menschen, nur unendlich bewusster und dauernder. Ein Conflict findet – moralische Bildung bei dem Typus des Don Juan ausgeschlossen – auch hier nicht statt, die Wahrnehmung erregt nur eine einzige Ideenkette, die als Endresultat nur einen Willen kennt.

Der dritte Fall aber, an den ich jetzt herantrete, ist der weitaus interessanteste, dichterisch jedenfalls der werthvollste. Ein Mensch soll eine ordentliche moralische Bildung genossen haben, dabei aber dem Geschlechtlichen nicht so fern geblieben sein, dass es nicht auch, abgesehen von der stets vorhandenen ererbten Linie, eine gewisse Spur in seinem Gehirn zurückgelassen hätte, die im Stande wäre, den Gedanken bei völliger Unbeeinflussung in Don Juanartige Gelüste zu treiben. Eine Disposition, wie diese, ist unter allen die verbreitetste. Ihr Ergebniss ist im vorliegenden Falle ein innerer Kampf. Die Wahrnehmung erweckt zwei Gedankenlinien, die moralische und die schlechthin sexuelle, von denen die eine als Endergebniss einen Willen erzeugen muss, der dem der andern durchaus entgegengesetzt ist. Die Moral verbietet, was die geschlechtliche Neigung verlangt. Beide Gedankenketten erscheinen vor dem Bewusstsein, – eine freie Wahl ist diesem aber absolut versagt; es steht als indifferenter Zuschauer vor dem Kampfe der [S. 32] Gedanken um den Willen. Nur ein Wille kann als Endresultat hervortreten. So lange beide Ideenketten vollkommen gleich stark sind, heben sie sich gegenseitig im Puncte des Willens auf wie Plus und Minus. Rollt der eine Gedankenzug glatt durch sein Geleise bis zur Willensstation, so ist inzwischen der andere ebenso glatt dort angekommen und die Beiden verschliessen sich gegenseitig den Ausgang. Die Entscheidung, welche Linie siegt, kann sehr lange ausstehen. Ueber ihre Veranlassung herrschen vielfach die irrigsten Vorstellungen. Man denkt sich unwillkürlich, das Bewusstsein selbst, welches doch keinerlei mechanische Macht besitzt, könne durch einen metaphysischen Druck diesen oder jenen Willen zum Durchschlag bringen. Das wäre die reinste Hexerei. Die Entscheidung kommt vielmehr daher, von wo überhaupt alles Motorische nur kommen kann: von aussen, durch neue Wahrnehmungen, die während der Hemmung jener beiden Ketten in's Gehirn eintreten. Es fragt sich bei diesen, in welche der beiden Linien sie einlenken. Sind es zufällig sexuelle Eindrücke, die mit dem Streite sonst nichts zu schaffen haben, aber nothwendig in die geschlechtliche Linie gerathen, so graben sie dort die Furche ebenso nothwendig ein Minimum tiefer, und dieses Minimum genügt, grob sinnlich gesprochen, um dem sexuellen Gedankenzuge im Wettlaufe zum Willensziel einen Vorsprung zu geben und damit das

Resultat zu entscheiden. Umgekehrt: nahen sich zufällig bei schwebendem Streite neue, moralische Wahrnehmungen, so siegt die Moral auch in jenem offenen Falle. Unendlich geringe Factoren haben hier die weittragendste Bedeutung. Ein zufälliges Wort, ein lebhaftes Erinnerungsbild, der An-[S. 33]blick irgend einer Situation, die unmittelbar alle nicht das Mindeste mit dem obwaltenden Gedankenzwist in der kritischen Sache zu thun haben, entscheidet mit mathematischer Gewissheit über den Sieg. In mancher bedeutenden Dichtung will es uns bei oberflächlicher Betrachtung fast störend und unlogisch erscheinen, dass lange Seelenkämpfe plötzlich durch einen vielleicht sehr geringfügigen äusserlichen Umstand zur jähen Entscheidung gebracht werden. Wer sicherer beobachtet hat, sieht gerade hierin den echten Spiegel des Wahren, und er wird in der Wahl jenes scheinbar geringfügigen Umstandes bei schärferem Hinblick stets etwas entdecken, was indirect einem der streitenden Gedanken des Helden nicht zufällig, sondern nothwendig den Sieg verleihen musste, selbst wenn es gar nicht direct an die Objecte des Seelenkampfes heranreichte. Es ist nichts weiter als der Tropfen Oel, der die eine Wagenaxe in der Arena geschmeidiger macht; aber dieser Tropfen ist die weihende Spende der Nike.

Von diesem dritten Menschen giebt es tausend und abertausend Varianten. Die gegenseitige Hemmung und Beeinflussung der Gedankenketten ist es, die uns erst eigentlich das geistige Werden unserer Handlungen zum Bewusstsein bringt und verhindert, dass Impuls und Effect sich bloss reflectorisch auslösen. Man kann sagen, dass wir unserer Gedanken erst recht bewusst werden, wenn sie gehemmt sind und einander bekämpfen, etwa so, wie die Meeresfläche uns erst charakteristische Form gewinnt, wenn wir sie uns als ein Spiel sich brechender Wogen denken. Von einer freien Beeinflussung des Willens aber durch das Bewusstsein kann im buchstäblichen Sinne keine Rede sein. Wir erhalten äussere Eindrücke, wir [S. 34] denken in gewissen vorgezogenen Linien, dieses Denken wird uns unter gewissen Bedingungen durch einen Act, dessen innerste Natur wir nicht ergründen können, bewusst: das ist alles. In diesen Verhältnissen liegen die Wurzeln unseres Glükkes und unserer Schmerzen, unserer Fortschritte und unserer Rückschritte. Naturwissenschaftlich sind wir als ehrliche Beobachter gezwungen, die Bedingtheit aller menschlichen Willensacte der Art des geistigen Apparates gemäss als eine Thatsache auszusprechen, die weder juristische noch theologische Forderungen irgendwie erschüttern können.

Diese Forderungen müssen sich mit der Thatsache abfinden. Die Genesis seiner Gedanken und Handlungen zugestanden, bleibt ja praktisch der Mensch mit lauter Gedankenketten, die im Verbrechen gipfeln, schlecht und strafbar und der Mensch, der durch den Zwang seiner Gehirnfurchen zu moralischem Denken und Thun gezwungen wird, gut.

Für den Dichter aber scheint mir in der Thatsache der Willensunfreiheit der höchste Gewinn zu liegen. Ich wage es auszusprechen: wenn sie nicht bestände, wäre eine wahre realistische Dichtung überhaupt unmöglich. Erst indem wir uns dazu aufschwingen, im menschlichen Denken Gesetze zu ergründen, erst indem wir einsehen, dass eine menschliche Handlung, wie immer sie beschaffen sei, das restlose Ergebniss gewisser Factoren, einer äussern Veranlassung und einer innern Disposition, sein müsse und dass auch diese Disposition sich aus gegebenen Grössen ableiten lasse, – erst so können wir hoffen, jemals zu einer wahren mathematischen Durchdringung der ganzen Handlungsweise eines Menschen zu gelangen und Gestalten vor [S. 35] unserm Auge aufwachsen zu lassen, die logisch sind, wie die Natur.

Im Angesicht von Gesetzen können wir die Frage aufwerfen: Wie wird der Held meiner Dichtung unter diesen oder jenen Umständen handeln? Wir fragen zuerst: Wie wird er denken? Hier habe ich die äussere Ursache: was findet sie in ihm vor? Was liegt als Erbe in seinem Geistesapparate, was hat die Bildung und Uebung des Lebens darin angebahnt, welche fertigen Gedankenlinien wird jene äussere Thatsache erregen, wie werden diese sich hemmen oder befördern, welche wird siegen und den Willen schaffen, der die Handlung macht? Ich habe das Wort »mathematisch« gebraucht. Ja, eine derartige Dichtung wäre in der That eine Art von Mathematik, und indem sie es wäre, hätte sie ein Recht, ihr Phantasiewerk mit dem stolzen Namen eines psychologischen Experimentes zu bezeichnen.

Ich glaube gezeigt zu haben, wie gross unsere Unkenntniss im Einzelnen besonders bei der Vererbungsfrage noch ist. Jene Dichtung, von der ich rede, ist in ihrer Vollendung noch ein Traum. Aber das soll uns nicht hindern, rüstig am grossen Bau mitzuschaffen. Einstweilen möge sich vor allem die Klarheit über die Hauptprobleme Bahn brechen. Der Dichter soll anfangen, sich bei der Unzahl von Phrasen etwas zu denken, die auf seinem Gebiete umherschwirren, die Sätze wie: »Es lag in ihm so zu handeln«, »Die Natur brach sich gewaltsam Bahn«, »Er fühlte etwas, was seinen Gedanken blitzschnell eine andere Richtung gab« und ähnliches, sollen ihm einen Inhalt bekommen, er soll einsehen, dass es im Geiste so wenig Sprünge giebt, wie bei einem festen Verkehrsnetz, wo jede alte [S. 36] Strasse so lange wie möglich benutzt wird und eine neue nicht von heute auf morgen gebaut wird, er soll endlich alle die grossen Namen: Schicksal, Erbsünde, Zufall und wie sie heissen mögen, im Einzelnen neu prüfen und auf die Principien hin modificiren, wo es Noth thut. Ich gebe hier keine Aesthetik, sondern beschränke mich auf die naturwissenschaftlichen Grundlagen, es liegt mir fern, in jene Fragen näher einzutreten, die sich daran anknüpfen. Man sagt wohl, die Poesie werde roh und alltäglich, wenn sie sich an die Fragen der Physiologie um Auskunft wende. Wenn ich die Probleme überblicke, auf die der Gang dieser Studie mich geführt hat, so weiss ich nicht, was das heissen soll. Diese Probleme sind die höchsten, die ich mir denken kann. Wir stehen dicht vor der Schwelle des Ewigen, des Unerreichten, und wandeln doch noch auf dem sicheren Boden der Wirklichkeit. Giebt es einen höheren Genuss?

Drittes Capitel.

Unsterblichkeit.

[S. 37] Geheimnissvolles Wort, – Unsterblichkeit! Wer die Geschichte der Menschheit anknüpfen wollte an die Geschichte ihrer tiefsten Träume, ihres bangesten, herzbewegtesten Sehnens, der müsste sie anknüpfen an dieses Wort.

Es ist nicht wahr, dass dieses Wort nicht auch uns noch immer im Grunde all' unseres Denkens fortzitterte: – die uralten Phantasieen des Volkes vom Nilstrande, in denen der Zauber desselben zuerst eine dämonische Macht geworden, sind von all' dem Alten, Verklungenen vielleicht noch das Lebendigste und greifbar Deutlichste, was mitten durch unsere junge Welt wandelt. Wir sind anders geworden, besser, freier, wir stehen nicht mehr im Morgenschein der Jahrtausende, der helle Mittag wölbt sich über uns, der grosse, helle Mittag, von dem wir noch kein Ende sehen, – und doch – und doch. Das Wort Unsterblichkeit ist nach wie vor eine zwingende Gewalt. Es ist die Basis aller Metaphysik in der Religion. Die Zeiten sind herum, wo die Menschheit einen Gott in [S. 38] Donnerwolken oder Knechtsgestalt zur Erklärung ihrer Sittengesetze brauchte: die Frage des ewigen Looses nach aller Zeitlichkeit fordert auch heute noch den kühnen Flug über die Grenzen des Erkannten, und wenn alle dogmatische Religion sich sonst zersetzen sollte, so wird ihre letzte lebenskräftige Ranke sich immer wieder emporwinden an der festen Säule des Trostes am Grabe unserer Todten. Aber wie die meisten Fragen, die eine religiöse Bedeutung besitzen, ist auch diese zugleich auf's Engste verwachsen mit der Dichtung. Ihre Behandlung unter den Prämissen realistischer Aesthetik und Poesie scheint mir um so dringender geboten, als die allgemeine Ansicht von der Stellung der exakten Naturwissenschaft zu ihr vielfach eine einseitige oder geradezu falsche ist. Dank einer gewissen Sorte von voreiligem und bei bestem Willen hochgradig ungeschicktem Popularisiren physiologischer Erkenntniss, hat man sich daran gewöhnt, ein Dilemma aufzustellen, das thatsächlich nicht stichhaltig ist. Man wiederholt unaufhörlich die beiden Sätze: Entweder unsere Seelen sind unsterblich, – – oder mit dem Tode ist alles aus für ewige Zeiten und in jeder Bedeutung, – wobei es dann als Folgerung der Wissenschaft nahe gelegt wird, dass die erste Möglichkeit in Wahrheit keine sei und die zweite als Kehrseite der andern die nothwendig richtige sein müsse. Der Fehler liegt in dem »entweder – oder«. Ich will versuchen, das exact zu entwickeln. Die moderne Physiologie ist, um den ersten Punct zunächst allein in's Auge zu fassen, allerdings, sobald sie ehrlich sein will, gezwungen, die gewöhnlichen Vorstellungen von Unsterblichkeit sämmtlich zu vernichten. Die Seele im Volkssinne ist für sie lebend wie todt ganz gleichmässig ein Gespenst. [S. 39] Das, was wir so nennen, ist ein Complex von Erscheinungen höchst verwickelter Art, die wir unabänderlich als Parallelphänomene gewisser molecularer Vorgänge finden und zwar so parallel, dass jeder molecularen Verschiebung auch eine Verschiebung des Psychischen entspricht und das so genau, dass, wie ich es im vorigen Capitel für ein bestimmtes Gebiet durchgeführt habe, schematische Bilder des psychischen Mechanismus auf den molecularen passen und umgekehrt. Möglicherweise ist jede moleculare Erscheinung in der Welt von entsprechenden psychischen begleitet, doch werden letztere uns erst bemerkbar bei einer gewissen Summirung und Ordnung der Molecularphänomene, wie sie in der organischen und hier vor allem der höheren organischen, der thierischen und schliesslich der menschlichen Molecularstructur sich finden. Diese höhere Structur ist lediglich ein Anordnungsproblem, eine Constructionsaufgabe, bei der einfachste Bestandtheile schliesslich den complicirtesten Bau liefern. Obwohl durch gewisse, uns zur Zeit noch verschlossene Zeugungs- und Vererbungsgesetze mit der nächsten Generation ähnlicher Gebilde verknüpft, hat die einzelne Molecularpyramide, die in ihrer ungeheuren Massenanhäufung für bestimmte Zwecke auch die erstaunlichsten psychischen Parallelerscheinungen aufwies, die je geleistet worden waren, doch eine endliche Dauer und zerfällt nach einer gewissen Zeit wieder in ihre kleinen molecularen Bausteine. Letzteren Vorgang nennen wir Tod. Dass die psychischen Phänomene, die sich parallel mit den molecularen zu einer colossalen Gesammtleistung für die Dauer der molecularen Massenordnung vereinigt, im Momente des Zusammenbruchs der molecularen Pyramide ebenfalls als Ganzes [S. 40] verschwinden und sich in die problematischen geringsten Procentsätze auflösen, die möglicherweise an jedem Einzelmolecül haften, ist vollkommen selbstverständlich. Das Schema des physiologischen Todes: Zerfallen einer kunstvollen mathematischen Figur in lose, durch das Spiel neuer Kräfte bald nach allen Richtungen verschobene Puncte, muss sich nothwendig auch decken mit dem Schema des psychologischen Todes. Der Naturforscher muss als absolut sichere Thatsache constatiren, dass noch niemals an irgend einem Puncte der bekannten Welt psychische Erscheinungen ohne entsprechende moleculare beobachtet worden sind, und der Inductionsschluss vom Bekannten auf das Unbekannte tritt mit allem Rechte in Kraft. Das Suchen nach körperlosen Seelen, wie es in spiritistischen Kreisen als angebliches Problem behandelt wird, kann gerade vom methodologischen Standpuncte aus nur mit dem Eifer verglichen werden, mit dem jener berühmte Bürger der guten Stadt Schilda das Tageslicht vermittelst einer Mausefalle zu fangen versuchte, um es in das fensterlose Rathhaus zu überführen. Alles was in's Gebiet dieser theoretischen wie practischen Narrheiten gehört, kann physiologisch nicht scharf genug zurückgewiesen werden. Der Dichter, der hier pikante Stoffe zu finden glaubt, ist zu bedauern. Ich bin sogar der Ansicht, dass, abgesehen von den Geistererscheinungen, die keine Dichtung uns mehr im Ernste auftischen kann, der rechte Poet auf so manche kleinen Effecte verzichten soll, die man sich im Banne älterer Anschauungen noch gefallen liess. Wenn er einen Todten schildert, soll er nicht mehr die Reporterphrase verwenden: »Die Mienen des Entschlafenen bezeugten den tiefen Frieden, zu dem er eingegangen.« Die Ge-[S. 41]sichtsmuskeln werden nach eingetretenem Tode meist schlaff und geben den Zügen etwas Lächelndes. Aber man sollte das nicht mehr als Anhaltspunct benutzen, nachdem man weiss, dass es in Wahrheit nichts besagt und eine körperliche Erscheinung ganz gleicher Natur wie die nachfolgenden der Verwesung ist, die kein Mensch als Effecte ausspielen möchte.

Die strenge Wissenschaft geht übrigens noch weiter. Sie verneint nicht nur die individuelle Fortdauer der psychischen Processe über den Tod hinaus, sondern sie bedroht auch ernstlich die letzte Zuflucht der Unsterblichkeitsträume, die bedingte Fortdauer der Väter in den Nachkommen. Es giebt gewisse nicht wohl anfechtbare Schlüsse, die das ewige Bestehen des Menschengeschlechts für die Zukunft ebenso unsicher machen, wie es auf Grund der paläontologischen Forschung für die Vergangenheit ist.

Cosmologische Erscheinungen, die theils als Ergebniss unendlich kleiner, aber unablässig anwachsender Störungen, theils in Form gröberer Catastrophen eintreten können, sind möglich, die den Planeten, an dessen Existenz und Temperaturhöhe das organische Leben gebunden ist, gänzlich vernichten oder doch zum Bewohnen untauglich machen können. Auch jener Fortdauer durch Zeugung ähnlicher Nachkommen wäre damit ein Ziel gesetzt.

Das ist mit runden Worten die eine Seite der Frage. Die Antwort der Wissenschaft ist bei aller Mangelhaftigkeit unserer physiologischen Erkenntniss in diesem Falle decidirt genug, um alle leichtfertigen Träumereien auszuschliessen. Die Dichtung kann nichts thun, als die Thatsache annehmen, wie sie ist. Wir dürfen weder poetisch darstellen, wie ein verstorbener [S. 42] Mensch aus dem Jenseits zurückgekommen, noch dürfen wir überhaupt den Anschein erwecken, als hielten wir die psychische Existenz eines lebenden Wesens für etwas, was von der physiologischen Erscheinungsform so unabhängig wäre, dass es beim Zerfallen der Letzteren selbstständig weiter existiren könne.

Mit Entschiedenheit muss ich mich nun aber gegen die zweite Hälfte jenes Doppelsatzes wenden. Ich frage: was will der Satz »mit dem Tode ist Alles aus«? In dem »Alles« steckt eine Vermessenheit, die derselbe Naturforscher, der eben die bestimmte, positive Einzelannahme eines Fortlebens der individuellen Seele zurückweisen musste, darum noch lange nicht kritiklos nachzusprechen gezwungen ist. In jenem »Alles« wäre enthalten, dass wir eine factische Kenntniss vom Wesen der ganzen Welt, wie des Individuums hätten. Das ist nicht der Fall. Es muss ganz scharf unterschieden werden: die bestimmte psychisch-physiologische Weltansicht des Naturforschers und die Welt an sich, die Welt, die sich hinter dem Bilde verbirgt, das wir sehen. Der Naturforscher ist ein Mensch. Er sieht Dinge um sich her, so weit seine Sinnesorgane und sein Gehirn ihm das erlauben – nicht mehr. Die schärfsten Beweise sprechen dafür, dass diese Sinnesorgane und dieses Gehirn ihm nur einen ganz beschränkten Theil der wirklichen Welt zeigen, und es giebt eine Reihe von Puncten, die nahe zu legen scheinen, dass sogar dieser kleine Theil beeinflusst und möglicherweise gefälscht ist durch die feste Form seines beobachtenden und reflectirenden Organes. Da Alles, was wir gewahren, erst in unserm Centralorgan zum Bilde wird, so kann die Vermuthung nicht wohl widerlegt werden, dass die Structur dieses Organs auf die Form dieses [S. 43] Bildes einen Druck ausübt; man hat mit einiger Wahrscheinlichkeit bereits ausgesprochen, dass die Begriffe des Raumes, der Zeit und der Causalität in unserm subjectiven Weltbilde erst Wirkungen dieses Druckes wären und somit überhaupt nur in uns, nicht in der Aussenwelt existirten; man hat mit ziemlicher Sicherheit den Begriff des Stoffes in uns selbst verlegt, während von Aussen nur Krafteindrücke kommen. Und es wird für den Laien am Besten ermöglicht, sich in diese kühnen, aber nicht unbegründeten Hypothesen hineinzudenken, wenn er sich an rohe Facta der Sinnenwelt hält (beispielsweise die Farben, welche bekanntlich nicht an den Gegenständen haften, die wir roth, blau oder grün sehen, sondern in unserm Auge sind) und sich mit ihrer Hilfe die Möglichkeit vergegenwärtigt. Während diese Ideenkreise die Fälschung unseres Weltbildes durch unser eigenes Denkorgan als wahrscheinlich hinstellen, zwingt andererseits die Forschung selbst zur Erkenntniss fester Grenzen. Wir sind nicht im Stande, jenen Parallelismus von Psychischem und Molecularem, von dem auf diesen Blättern bereits so oft die Rede gewesen ist, irgendwie zu verstehen. Wenn eine Molecülreihe rechts schwingt beim Gefühl des Schmerzes, links bei dem des Angenehmen, so ist damit noch keine Brücke geschlagen von der Schwingung zum Gefühl und wir können lediglich den nie wechselnden Parallelismus constatiren. Wenn wir den Begriff des Molecüls zerlegen und die tieferen Geheimnisse dessen aufzudecken versuchen, was wir mechanische Kraft nennen, so verwickeln wir uns nicht aus Unkenntniss der Sachen, sondern durch offenkundiges Versagen der Logik in unlösbare Widersprüche. Wir können nicht umhin, ein derartiges Auf-[S. 44]hören aller wissenschaftlich gangbaren Strassen als Grenze zu bezeichnen. Wir fühlen sehr wohl, dass jenseits derselben noch sehr Viel liegt, ja, die fundamentale Kenntniss des Daseins eigentlich erst ihren Anfang nehmen würde, aber es ist nichts zu machen, wir können mit dem Gehirn, das wir haben, einfach nicht weiter. Ob unsere Urenkel mehr vermögen werden, muss ihnen ihr vielleicht weiter entwickeltes Gehirn sagen, es geht uns gegenwärtig nichts an.

Eine Wissenschaft aber, die von Grenzen, von Fälschungen ihres Weltbildes zu reden gezwungen ist, kann zwar innerhalb ihres Gebietes sehr wohl diese oder jene Thatsache als sicheres Resultat aufstellen, sie hat aber kein Recht, ihre Urtheile in der Weise zu verallgemeinern, dass sie sich für competent in Fragen der absoluten Welt, der Welt an sich, erklären darf. Die Wissenschaft ist nicht nur berechtigt, sondern genöthigt, ausdrücklich festzustellen, dass so, wie sich die Welt in unsern Menschenaugen deutlich erkennbar spiegelt, ein isolirtes Fortleben der Seele einfach unmöglich ist. Mit dem Tode ist eine Kette von Ereignissen der sichtbaren Welt zu Ende. Was beweist das für die wirkliche Welt, jene Welt, die sich noch unabsehbar hinter unsern Erkenntnissgrenzen dehnt und von der ein ganz kleines, getrübtes Endchen in unser Sehfeld sich erstreckt? Gar nichts. Wir, die wir weder wissen, was psychische und moleculare Vorgänge ihrem innersten Wesen nach sind, noch wie sie zusammen kommen, wir, die wir von Zielen, Zwecken, Sittlichkeit, Gesetzmässigkeit, Anfang, Ende, Schönheit oder Hässlichkeit der wahren Welt auch nicht das Geringste ahnen, wir sollten von etwas sagen, es sei zu Ende? Wir, die wir in einer Welt voll unendlicher, sich im [S. 45] Raum verlierender Linien, voll unendlicher Decimalbrüche, voll unendlich theilbarer Körper leben, wir sollen von irgend einem Ding sagen: Hier ist alles aus? Eine wohlfeile Philosophie, die aus dem schwankendsten unserer Begriffe, der Materie, etwas absolutes macht, mag sich dabei beruhigen; Naturwissenschaft ist das nicht.

Ich hoffe, dass man mich richtig verstanden hat. Alles was wir Menschen sehen, ist Physisches, auch das Psychische, in so fern es stets an ein Physisches geknüpft ist. Innerhalb dieses Physischen giebt es keine Unsterblichkeit. Aber wir haben Grund zu glauben, dass dieses Physische vor unsern Augen nicht das echte Cosmische, das eigentlich Wahre und Seiende ist, sondern bloss ein mattes und lückenhaftes Gleichniss desselben. Innerhalb dieses eigentlich Seienden ist allem Anschein nach das Leben, das psychische wie das moleculare, selbst etwas ganz anderes, und dort mag es Verhältnisse geben, die alle irdischen Conflicte lösen, alles Schiefe versöhnen; die Annahme kann uns nicht bestritten werden, der Naturforscher hat hier nichts mehr zu sagen. Freilich: Wissen thun wir von jener Welt an sich gar nichts, als dass sie besteht. Aber darin liegt viel. Mit ihrer Existenz haben wir einen ruhenden Punct gefunden, der ausserhalb des Irdischen liegt. Mit dem Bewusstsein eines solchen Punctes weicht die drückende Schwere des Vernichtungsgedankens sowohl im Individuellen, wie im allgemeinen Erdenloos. Mag unsere Laufbahn immerhin um sein für die Augen, für das enge Gehirn der verschwindenden Menschenwelle auf dem einsamen Planeten der Sonne. *Alles* ist damit nicht aus. Hinter dem ewig verschlossenen Vorhang wan-[S. 46]delt ein Anderes, ein Grösseres, als wir. Indem der Forscher uns unerbittlich versagt, unsere Unsterblichkeitsträume in Bilder der sichtbaren Welt zu kleiden, eröffnet er uns zugleich durch die Feststellung von Grenzen die Ahnung einer Welt, an die jene Träume sich ungestört heften dürfen. In dem Versagen jenes ersten Punctes muss er denn allerdings seine ganze Strenge walten lassen.

Wohl eröffnet sich uns der tiefe Gedanke, dass unser Leben nicht das Absolute, nicht Leben im eigentlicheren Sinne sei, sondern nur ein seltsamer Traum, ein Wandelbild, das an uns vorüberzieht, wohl mögen wir zugeben, dass der Tod nur eine Episode in diesem Bilde, kein wirklicher Abschluss sei. Aber das ist auch nun von der andern Seite wieder alles. Jene wahre Welt greift nicht als fremder Gott in unsere Welt ein, weder in den Offenbarungen der Religion, noch den Geheimnissen des innersten Seelenlebens, noch auch in den Idealen der menschlichen Kunst. Es giebt keine Puncte im physischen Weltbilde, das wir vor uns sehen, wo wir der Welt an sich näher oder ferner wären; überall stossen wir bei einiger Durchdringung der Erscheinungen auf die ewige Schranke.

Gleichwohl – selbst mit all' diesem Vorbehalt – scheint mir der Poesie vor allem eine mächtige Stütze in dieser Fassung des Unsterblichkeitsgedankens zu liegen. Für sie, die stets das Ganze, das Allgemeine im Auge hat, ist das Resultat des Naturforschers, das hinter der physischen Welt eine andere, wenn auch unbekannte, nachweist, ein gewaltiger Gewinn. Dem Irdischen, das in ungelösten Conflicten auseinandergeht, wahrt sie die Fernsicht in ein Zweites, das dahinter liegt und das zugleich unsere Erkenntnissschwäche, [S. 47] wie unsere Hoffnung einschliesst. Nur wenn sich die Poesie frei macht von dem gewöhnlichen, physischen Unsterblichkeitsglauben und, der Wissenschaft folgend, sich zu dem wahrhaft philosophischen Gedanken erhebt, dass diese Erscheinungen des Lebens, wie des Todes überhaupt nicht das wahre Wesen der Sache, sondern nur das getrübte Bild, wie es unser Gehirn im Zwange fester Ursachen schafft, darstellen – nur dann kann sie mit gutem Gewissen wieder gelegentlich den Schmerz der Tragödie mildern durch ein weises Betonen des tröstenden Gedankens, dass weder mit dem Leben, noch mit dem Tode, weder mit menschlichem Glücke noch menschlichem Unglücke »Alles aus sei.« Und es ist dann sehr einerlei, ob sie mit Hamlet bloss unser Nichtwissen in die geheimnissschweren Worte kleidet: »Der Rest ist Schweigen,« oder ob sie in sieghaftem Vertrauen emporjubelt mit dem Götheschen Chor: »Alles Vergängliche ist nur ein Gleichniss!«

Viertes Capitel.

Liebe.

[S. 48] Weit ab von jenen geheimnissvollen Schranken des irdischen Geschehens, die wir im letzten Capitel berührten, liegt mitten im Centrum der molecularen Welt der unscheinbare Ursprung dessen, was unter dem Flammenzeichen des stolzen Namens »Liebe« sich zum mächtigsten Herrscher im Gesammtbereiche der Poesie aufgerungen hat. Das Wort Unsterblichkeit mit seinem Echo in den Gründen, »von wo kein Wandrer wiederkehrt,« muss seiner Natur nach den menschlichen Gedanken bis zu jenen Grenzen führen, die dem Forscher gestellt sind; das Wort Liebe, und mag das noch so hart hineintönen in alle unklaren Träumerseelen, bedeutet in seiner Quelle, seinem Verlauf und seinen Zielen eine durchaus irdische Erscheinung.

Der Naturforscher, von dem der gewissenhafte Dichter Aufschluss verlangt über die Resultate seiner unbefangenen Forschung nach der Natur der Liebesempfindung, ist gezwungen, den Fragenden vor die Anfänge jener ungeheuren Kette zu stellen, die wir [S. 49] zusammenfassend die organische Welt nennen. Tief unten an den Wurzeln dieses riesigen Lebensbaumes zeigt er ihm die einfache Zelle, ein selbstständiges Wesen, nicht Thier noch Pflanze – einen Crystall aus gleichem Stoffe geformt wie alle andern, aber von allen ewig geschieden durch die Besonderheit seiner molecularen Zusammensetzung. Gesetze, ihrem Wesen nach unbekannt, wie jene, die den crystallinischen Sprösslingen irgend einer Mutterlauge alltäglich vor unsern Augen jenes mathematisch starre Gefüge geben, das jeder Mineraliensammlung den allgemein bekannten Charakter verleiht, ermöglichen dieser organischen Zelle eine bestimmte Art von Aufnahme fremder Stoffe, die sie wachsen lassen, und eine Zertheilung in zwei oder mehrere Individuen vom Puncte an, wo dieses Wachsthum einen gewissen, nicht näher definirbaren Zustand der Reife erlangt hat. Wir kennen heute noch Geschöpfe solcher einfachsten Art, deren Leben in den beiden Processen des Wachsens durch Nahrungsaufnahme, das durch das Vermögen der Ortsbewegung unterstützt werden kann, und des Zerfallens in eine Anzahl neuer, kleiner Individuen, bei denen sich dasselbe wiederholt, erschöpft zu sein scheint. Die höchste Wahrscheinlichkeit spricht dafür, dass sie unveränderte Nachkommen uralter Formen sind, aus denen sich an andern Stellen durch Umwandlung die gesammte Linie der höheren Organismen entwickelt hat. Der Begriff der Fortpflanzung bedeutet hier einfach, wie bei Mutter und Kind: Trennung. Von Liebe, von einer Vereinigung zweier Individuen ist noch keine Rede. Aber in dieser Trennung liegt bereits der erste Schritt zum Kommenden. Gewisse äussere Ursachen, die im Princip jedenfalls am Besten in dem Darwin'schen Ge-[S. 50]danken von der umwandelnden Macht des Kampfes um's Dasein, der kleinste chemisch und physicalisch bedingte individuelle Neigungen im bestehenden Typus zu grossen Verwandlungen heraufzüchtet, ausgesprochen sind, führten nämlich im Laufe der Zeit eine Fortentwickelung unter den einzelligen Wesen herbei. Die einfache Zelle zerfiel unter Umständen in ein Dutzend Tochterzellen. Anstatt sich nun nach allen Richtungen zu zerstreuen, konnte es für diese nützlich werden, beisammen zu bleiben. Wir sehen ein Conglomerat von Zellen einer einzigen Generation, die sich wie die Haut einer Blase um einen hohlen Mittelraum gruppiren und als Ganzes in einfachster Form das Schema eines thierischen Körpers bilden. Zwischen den Zellen entwickelt sich ein Gefühl der Gemeinschaft – der Freundschaft, wenn man so will. Aus der Generation von Zellen wird ein Zellenstaat, in dem die Mitglieder, selbst Sprösslinge einer Einheit, sich gewissermassen zu einer neuen, höheren Einheit zusammenthun. Sehr bald entwickelt sich Arbeitstheilung. Da die Nahrungssäfte durch die dünnen Zellwände hindurch bei näherem Aneinanderschliessen auf Grund physikalischer Gesetze frei circuliren, können sich einige wenige Zellen, indem sie alle Kraft darauf verwenden, ganz der Nahrungsaufnahme widmen und den übrigen die motorischen und sensitiven Eigenschaften überlassen. Durch diese Theilung der Functionen entstehen Organe, das heisst bestimmte Ecken des Zellenstaates, wo Zellen bloss noch für eine einzige Function thätig sind, diese aber so intensiv betreiben, dass sie für alle andern mit genügt. Am Ende ist ein höchst verwickelter Organismus geschaffen, dessen Theile nur mehr in der Gesammtmasse existiren können, so dass [S. 51] der Zellenstaat ein einheitliches Wesen, ein wahres Individuum wird. Die Frage ist: wie wird die Fortpflanzung dieser complicirten Maschine vor sich gehen? Das Zerfallen in neue Individuen war eine Function der Einzelzelle. Im Zellenstaat hat diese sich bei der allgemeinen Arbeitstheilung ebenfalls derartig in gewissen Zellen localisirt, dass nur noch diese zerfallen und Abkömmlinge des Ganzen in Gestalt einzelner Zellen entsenden. Von diesen Tochterzellen gründet später jede ihren neuen Staat für sich, indem sie den alten Weg der Selbsttheilung einschlägt und aus den Theilchen den Staat hervorgehen lässt. Der Vorgang ist jetzt complicirter, aber noch immer behauptet die Trennung allein ihr Recht, wo es sich um Fortpflanzung handelt. Erst die nächste Stufe erweitert sie zu etwas Neuem. Allenthalben bestehen Zellengemeinden, die kleine Einzelzellchen als Sprösslinge aussenden. Es ereignet sich, dass zwei dieser Sprösslinge – zwei von verschiedenen Gemeinden – auf einander stossen, sich vermischen. Jeder trägt das Bestreben in sich, durch Selbsttheilung einen neuen Staat zu gründen. Indem das Bestreben der Beiden sich vermischt, entsteht ein gemeinsamer Bau von doppelt starken Dimensionen. Wieder treten Gesetze in Kraft, die den Vortheil nicht verloren gehen lassen, es bildet sich bei einem grossen Theile der Zellenstaaten allmählich das Bestreben aus, seine Sprösslinge alle sich mit je einem Sprössling eines andern vermischen zu lassen, um dem künftigen Neubau eine Doppelbasis von verstärkter Kraft zu geben. Die Trennung des Keims vom Mutterorganismus bleibt nach wie vor; aber es folgt ihr eine Mischung, eine Vereinigung, ehe ein neuer Organismus entstehen kann.

[S. 52] Inzwischen, während dieser letzte Fortschritt sich anbahnte, hat die Arbeitstheilung und Organisation in den einzelnen Zellenstaaten colossale Entwickelungen durchgemacht. Es giebt Zellstaaten, die aus Millionen einzelner Zellen bestehen, welche sich um die verschiedensten Hohlräume in mehrschichtigen Blasen gruppiren, und jeder Keimzelle wird durch bestimmte Vererbungsgesetze auferlegt, nach Verschmelzung mit einer solchen eines andern gleichartigen Staates ein Gebäude aufzuführen, das nach Kräften dem Mutterstaate gleichen muss. Indessen: die Welt ist gross, die gleichartigen Staaten sind oft weit von einander entfernt, die frei ausschwärmenden Keimzellen finden sich oft nicht zueinander. Es bahnt sich ein neuer Fortschritt an. Wie einst jene ersten Tochterzellen in einem Gefühle von Zugehörigkeit, von Freundschaft beisammen blieben und den Zellenstaat gründeten, so vereinigen sich jetzt je zwei Zellenstaaten – nicht um ganz zu verwachsen, sondern bloss, um ihren Keimzellen durch möglichst günstige locale Bedingungen das Verschmelzen zu erleichtern. Sie treten von Zeit zu Zeit nahe zusammen, und der eine entsendet seine Fortpflanzungszellen in einen der geschützten Hohlräume im Innern des andern, wo sie sich ungestört mit den Keimzellen dieses letztern verbinden können, um ihr Verschmelzungsproduct nachher von dort aus in's Freie treten zu lassen.

Der Laie, dem diese Dinge neu sind, denkt vielleicht, der Naturforscher, indem er die letzte Stufe der Zellenentwicklung schildert, stehe noch immer bei grauen Urzeiten. In Wahrheit sind wir bereits am Ziel. Der Mensch ist der höchste und vollendetste Zellenstaat der zuletzt besprochenen Art; und zwar [S. 53] ist der Mann der eine, das Weib der andere. Indem sie sich geschlechtlich nähern, vermischt sich eine Keimzelle des Mannes, die Samenzelle, mit einer Keimzelle des Weibes, der Eizelle, in geschütztem Hohlraum des weiblichen Körpers, aus der Mischung der beiden Zellen entsteht der neue Zellenstaat des kindlichen Organismus, der später aus dem bergenden Leibe des Mutterstaates an's Licht des Tages tritt, um sich hier fertig auszugestalten. Bei allen Verwickelungen des Details geht durch den ganzen Zeugungsprocess ein Athem staunenswerthester Einfachheit, ein Zurückgehen auf die ursprünglichsten Erscheinungen des organischen Lebens. In jenen beiden Keimzellen, der Samen- und der Eizelle, wird der werdende Organismus unter dem Bilde der anfänglichen Einzelzelle, des Urwesens, von dem die ganze Kette abstammt, wieder angelegt, und indem der wachsende Embryo sich aus ihnen formt, durchläuft er noch einmal die wichtigsten Stufen der ganzen Ahnenreihe in traumhaft verschwommenem Fluge. Noch einmal scheint die Natur sich durchzutasten durch die unzähligen Erinnerungen des organischen Stammbaums, über dessen einstigen lebenden Vertretern jetzt bereits der Sedimentärschutt vieler Jahrmillionen versteinernd lastet. Endlich wird der Mensch. Aber auch in ihm mischen sich Vater und Mutter noch immer so seltsam, dass man den doppelten Ursprung ahnen kann, selbst wenn wir vom Zeugungsacte gar keine Vorstellung hätten, die Eizelle des Weibes und die Samenzelle des Mannes nie im Lichtfelde unseres Mikroskops erschienen wären.

Geheimnisse für den gegenwärtigen Stand der Wissenschaft giebt es hier im Einzelnen die Menge, Metaphysik gar nicht. Der Parallelismus des Psychi-[S. 54]schen und Molecularen wahrt seine gewöhnliche Rolle, das Geistige zeigt sich durchaus in stufenweisem Aufbau, je nach der Entwicklungshöhe des Körperlichen, und die menschlichen Seelenregungen äussern sich folgerichtig erst mit Vollendung des menschlichen Gehirns. Wer geneigt ist, den Schauer des Erhabenen besonders stark vor den Momenten der höchsten Vereinigung des Universellen und Geschichtlichen mit dem Individuellen und Vorübergehenden zu empfinden und dem Idealen die wissenschaftlich allein zulässige Bedeutung des Allgemeinen, über das Einzelne als höhere Einheit Hervorragenden zu geben, der wird in den gesammten Erscheinungen des Zeugungsprocesses eine hohe, vielleicht die allerhöchste ideale Erhebung des individuell Menschlichen erblicken müssen und ihnen gegenüber jene Regung stärker als irgendwo anders empfinden. Wir verdanken den Begleitungsphänomenen des Zeugungsgesetzes überhaupt, wenn nicht sogar den Sinn für Schönheit, so doch das Wichtigste, was wir schön nennen: die edeln Formen des Weibes in ihrer künstlerischen Gegensätzlichkeit zum Manne, die Farbenpracht der organischen Natur, deren Blüthen, Federn, Düfte in ihrer höchsten Entfaltung sämmtlich auf geschlechtlichen Beziehungen beruhen, die reichen Gaben des Gemüthes, die sich in der Gatten- und Elternliebe durch die höhere Tierwelt ziehen, um schliesslich in den verallgemeinernden Regungen des menschlichen Mitleids ihre höchsten Triumphe zu feiern.

Unsere grossen Dichter haben sich dementsprechend auch niemals gescheut, von den natürlichen Acten der Zeugung als etwas Grossartigem und im eminenten Sinne Idealem unbefangen zu reden und den Satz aufrecht zu erhalten, dass wir es in ihnen [S. 55] keineswegs mit einem der Sittlichkeit als »Sinnlichkeit« feindselig gegenübergestellten Principe, sondern vielmehr mit der Basis aller Sittlichkeit zu thun haben. Ohne eine solche naturgemässe Grundidee wäre beispielsweise die Gretchentragödie des Faust, in der gerade die Tiefe und Wahrheit der Neigung bei dem Weibe, das geschlechtlich »Echte« das versöhnende Element für alle Verletzung der Sitte abgiebt, vollkommen widersinnig. Hier wie in andern poetischen Meisterwerken liegt der Nachdruck auf dem Satze: die Liebe *muss* auf enge geschlechtliche Vereinigung als ihr natürliches Ziel hinauslaufen, wenn sie wahr sein soll – und wenn äussere Umstände gerade diese Wahrheit des Gefühls zur Tragödie gestalten, so ist sie selbst dann noch immer grösser als eine Unwahrheit im gleichen Falle wäre, so gut wie Wallenstein, obwohl er tragisch endet, grösser bleibt, als Einer, der in seiner

Lage anders handelte; der ganze Begriff der Tragödie rankt sich eben um die Wahrheit auf.

Diese Anschauungen unserer grossen Dichter, die viel genannt, aber weniger gelesen werden, sind jedoch keineswegs die gleichen wie die einer ungeheuren Masse kleiner Dichter, die weniger genannt, aber vermöge ihrer colossalen Menge weit mehr gelesen werden. Die Begriffe, die unser Publicum sich seit Jahrhunderten von der Bedeutung der geschlechtlichen Dinge für das unausgesetzt behandelte Thema der Liebe bildet, sind unter dem Einflusse dieser zweiten Sorte von Dichtern nach und nach ganz eigenthümliche geworden.

Ich halte diesen Punct für lehrreich genug, um ein deutliches Beispiel für jene eigenartige Krankheitsgeschichte abzugeben, die sich unter dem Titel der [S. 56] sogenannten »rein idealistischen« Richtung durch die erotische Weltliteratur und wohl mit am ärgsten durch unsere neuere erotische Poesie zieht, eine Krankheitsgeschichte, die sich freilich, wie schon gesagt, zumeist nur an der breiten Masse der Dichterwerke bemerkbar macht, aber von hier aus schwere Ansteckungsstoffe in's Publicum verbreitet hat. Man wirft der modernen realistischen Richtung die Vorliebe für pathologische Probleme vor. Ich erlaube mir im Nachfolgenden, ein solches an einem ganzen Kreise poetischer Bestrebungen zu entwickeln, auf die Gefahr hin, jenem Vorwurfe zu verfallen. Ich schicke dabei voraus, dass ich keineswegs der Erste bin, der darauf hin weist, dass aber, wie so viele Fälle, die unmittelbar in's Gebiet der Wechselbeziehungen zwischen naturwissenschaftlichem Denken und poetischem Schaffen gehören, auch dieser noch lange nicht eindringlich und oft genug öffentlich besprochen wird und darum in den Prämissen einer realistischen Aesthetik nicht fehlen darf.

Nehmen wir einmal für einen heitern Moment an, es gäbe eine Dichterschule, die den kühnen Satz als poetisches Programm aufstellte, die physiologische Function der Nahrungsaufnahme im Menschen gehöre zu den höchsten und dankbarsten Vorwürfen der Poesie, und thatsächlich durch practische Werke ersten Ranges die Haltbarkeit dieses Programmes darthäte. Man müsste die Gründe prüfen, die jenem Unterfangen zu Grunde lägen und, wofern diese stichhaltig wären, sich darein finden und der Sache freuen. Jetzt aber käme eine Spaltung innerhalb der neuen Partei und es erhöben sich beredte Apostel, die Folgendes aufstellten.

Das Essen selbst sei etwas Unschönes, [S. 57] Unappetitliches, wohl gar Unmoralisches, dürfe nur im Geheimen geübt werden, sei kein Gegenstand der Poesie. Ein poetisches Element stecke bloss im Hunger. Von unvergleichlichem dichterischen Werthe sei jener eigenartige nervöse Zustand des Gehirns bei leise dämmerndem Hungergefühl, jener Wechsel von geistigem Eifer und geistiger Abspannung in seinen tausend feinen Nuancen, wie er dem Mahle vorausgehe, bis zu jenen Anfällen von Raserei, von Hallucinationen und von völliger Lethargie, wie sie bei Verhungernden in der Wüste sich zeigten, oder dem Ekel vor aller Nahrungsaufnahme, der Blasirtheit im Puncte des Appetits, wie sie durch sonstige Störungen des Nervensystems hervorgebracht würden.

Ich glaube, man würde, selbst das Ganze zugestanden, diese Sectirer der letztern Sorte für Narren erklären.

Ich bin weit entfernt, diesen Titel auf alle Poeten anzuwenden, die das Liebesproblem nach derselben Seite hin einseitig gefasst haben, aber das Gefühl eines vollkommenen Parallelismus kann ich nicht opfern. Das natürliche Ziel der Liebesempfindung, so höre ich von allen Seiten, soll man in der Poesie verschleiern und beseitigen, die Empfindung selbst, die voraufgeht, verherrlichen. Ersteres soll etwas grob Sinnliches sein, letztere etwas Geistiges. In der That, auch der Hunger ist scheinbar mehr ein nervösgeistiges Phänomen als das Zerkauen der Nahrung zwischen den Zähnen. Aber diese geistige Disposition ist, was beim Hunger kein kleines Kind je bezweifelt hat, doch unmittelbares Erzeugniss eines physiologischen Vorganges. Ganz so die Liebe. Es ist physiologisch sogar leichter, die Liebe aus dem Geschlechtsbedürfniss, als den Hunger [S. 58] aus dem leeren Magen abzuleiten. Erst von einem gewissen Alter ab entwickeln sich beim Menschen die mechanischen Bedingungen des Zeugungsactes; Hand in Hand mit dieser Entwickelung schreitet das allmähliche Erwachen und Functioniren des sexuellen Hauptcentrums im Gehirn vor, dessen Thätigkeit wir uns in der geistigen, nervösen Erscheinung des Liebesgefühls bewusst werden. Jüngling und Mädchen beginnen sich als etwas Gegensätzliches zu betrachten, das doch eine Vereinigung fordert, der Unterschied der Formen erweckt unklare Phantasiebilder, die durch individuelle Sympathieen meist sehr bald eine feste Gestalt annehmen, die Gestalt eines subjectiven Ideals, mit dem vorkommenden Falles die geschlechtliche Vereinigung grössern Reiz gewähren würde, als mit jedem zweiten Wesen des andern Geschlechtes.

Gegen diese einfache, dem Thatsächlichen Rechnung tragende Auffassung der Liebe als Anregung einer gewissen Gehirnpartie in Folge eines dem Gesammtorganismus, dem Zellenstaate, erwachsenen Bedürfnisses erhebt sich aber jene andere Meinung mit erneuter Macht, indem sie das Wort »die Liebe ist etwas Geistiges« so gefasst haben will, dass darin noch etwas Besonderes stecken soll. Dieses Besondere aber, das meist nicht näher definirt, dafür aber desto mehr gepriesen und dem »Gemeinen« gegenüber gesetzt wird, stellt sich bei kritischer Zerlegung sehr leicht als ein Doppeltes heraus. Einmal ist es ein »Göttliches«, ein »göttlicher Funke«, der in der Liebe zum Ausdruck kommen soll, also ein Stück Metaphysik – das andere Mal ein »Wahnsinn«, eine »zerstörende Macht«, also, physiologisch gesprochen, ein Stück Psychiatrie. Wer sich davon überzeugen will, ob diese Zerlegung des [S. 59] beliebten Begriffes richtig ist, der unterziehe sich der Aufgabe, aus einigen Dutzend Romanen und lyrischen Gedichtsammlungen der Alltagsmode die Phrasen herauszuschreiben, in denen der Autor selbst oder seine Haupthelden ihre Liebesgefühle definiren. Stets wird er das Entweder – Oder finden: die Liebe ist von Gott – die Liebe ist Wahnsinn. Nur höchst selten wird er auch einmal verschämt angedeutet finden, dass die Liebe auf natürlichen Gesetzen und Functionen basirt, die ihre feste und geordnete Stellung im Zellenstaate des menschlichen Organismus einnehmen. Am »Göttlichen« in der Liebe zweifeln, ist für diese Poeten und ihre Verehrer gleichbedeutend mit äusserster Roheit und Gefühllosigkeit. Gleichwohl ist der realistische Aesthetiker, der auf naturwissenschaftlichem Boden steht, genöthigt, den Ausdruck für gänzlich werthlose Phrase zu erklären. Wenn »göttlich« so viel heissen will, wie in eminentem Sinne gemahnend an unsere Abhängigkeit von einer grossen Entwicklungswelle, an die Unterordnung des Subjectiven unter das Allgemeine, so kann man sich das Wort gefallen lassen für das eigentliche Ziel der Liebe, für die ganze Annäherung und Vereinigung der Geschlechter. Das angeblich Roheste und Gemeinste ist dann das hochgradig Göttlichste und die Verbindung von Mann und Weib in ihrer physiologischen Thatsächlichkeit der göttlichste, d. h. der Gottheit nächst stehende Act, den das individuelle Menschenleben überhaupt umschliesst. Die göttliche Mission des Weibes besteht dann in seiner Schönheit, die den Mann reizt – die Liebe, mit der die Gatten einander begegnen, ist der höchste Gottesdienst. In solchem Sinne mag das Wort gelten. Aber diese Auslegung läuft dem gewöhnlichen Wortbegriffe [S. 60] schnurstracks entgegen. Andererseits die Liebe schlechthin als Wahnsinn zu bezeichnen, ist physiologisch eine Ungeheuerlichkeit. Das Geschlechtscentrum im geistigen Apparate des Menschen kann erkranken, das ist richtig. Die Liebe kann eine Verrücktheit werden, sie kann vermöge der Trennung von functionirendem Geschlechtsorgan und nervösem Gehirncentrum eine Geisteskrankheit werden, deren Wahngebilde jede Fühlung mit den wahren Zielen des natürlichen Triebes verlieren, so gut wie es psychiatrische Fälle giebt, in denen der Kranke jedes Gefühl für Nahrungsaufnahme verliert und ohne Hilfe bei normalem Munde und Magen verhungern würde. Diese sexuellen Geisteskrankheiten sind streng zu unterscheiden von den Krankheiten der sexuellen Functionsorgane. Sie treten zumeist als Folgen bereits vorhandener anderer Verbildungen des Gehirns auf. Seit uralten Zeiten sind sie eine Begleiterscheinung bestimmter Formen von religiösem Wahnsinn gewesen und lassen sich als solche durch die Geschichte der orientalischen Völker wie der abendländischen bis in's Mittelalter und bis auf den heutigen Tag verfolgen – eine Aufgabe, der allerdings noch kein grosser Historiker sich im rechten Masse unterzogen hat. Sie treten ferner chronisch und wahrscheinlich sogar erblich bei Nationen auf, deren cerebrale Centra durch Ueberbildung und zwecklosen Luxus geschwächt und verdorben sind; dahin gehört die gesammte historische Entwickelung der Päderastie, bei deren Beurtheilung übrigens der moderne Rechtsstandpunct so wenig durch die Erkenntniss des Krankhaften verrückt wird, wie es durch die Leugnung der Willensfreiheit auf andern Gebieten geschieht. Selbst die einfache Einseitigkeit in der Anstrengung gewisser [S. 61] Gehirnpartieen beim vollkräftigen Genie besitzt meistens einen irgendwie schädigenden Einfluss auf die benachbarte sexuelle Gegend des nervösen Centralapparates, so dass die geschlechtlichen Neigungen sehr grosser Männer durchweg nicht als Muster des Normalen gelten können, äussere sich dieses Abweichen von der Linie nun in widernatürlicher Enthaltsamkeit oder unbändiger Ausschweifung.

Aus allen diesen Einschränkungen ergiebt sich nun aber doch noch lange nicht die Krankhaftigkeit *aller* Liebeserscheinungen. Die Liebe soll ein Zwang sein, der auf dem freien Bewusstsein lastet, der die Seele knechtet und zu Gemeinem treibt. Da liegt der fundamentale Irrthum. Um das freie Bewusstsein, die unabhängige göttliche Seele zu retten, erklärt man den einfachsten und logischsten Naturtrieb für eine unwürdige Fessel, die uns an's Gemeine kettet. Hier, wie bei dem andern Falle liegen die Wurzeln im Metaphysischen, sagen wir immerhin, da wir von modernen Dichtern sprechen: im Christlichen. Die künstliche Seele, die uns diese religiösen Anschauungen in den Menschen hineingedacht haben, empfindet schliesslich die ganze Natur, auch wo sie heiter und glücklich macht, als Zwang. Der Zeugungsact verwandelt sich ihr, obwohl von anderem Standpuncte, von anderer cerebraler Verbildung aus, als bei dem sexuell erkrankten Don Juan oder dem geschlechtlich complet wahnsinnigen alten Griechen, in ein leeres Spiel, eine Dummheit, von der wir uns frei machen möchten. Das fällt aber selbst bereits in's Gebiet der sexuellen Gehirnkrankheit.

Der einfache Schluss ergiebt sich: jene ganze Literatur, die in guten oder schlechten Versen, reiner oder [S. 62] fehlerhafter Prosa uns unablässig von dem Dämon der Liebe, von der Knechtung unter das Joch Amors seufzt und die reine, heilige, göttliche Minne preist – jene ganze Literatur ist Product einer mehr oder minder entwickelten sexuellen Gehirnschwächung, die täglich weiter um sich greift, je mehr Menschen mit empfänglichem, für die Gewohnheitslinien des Unterrichts geebnetem Gehirn jene Literatur lesen und wieder lesen. Ein schwererer Vorwurf kann meines Erachtens gegen eine ganze Richtung der Poesie nicht wohl erhoben werden. Die nothwendige practische Folge ist, dass eine Scheidung entsteht zwischen der gewöhnlichen, normalen Liebe, der sogenannten hausbackenen, und jenem metaphysisch verbildeten, in lauter Jammer und Träumen dahinsiechenden Zerrbilde der Liebe, das Roman, Drama und Lyrik allerorten predigen. Der gesunde Spiessbürger, der seine Gehirncentra noch in erfreulicher Ordnung beisammen hat, unterscheidet schliesslich mit sicherm Gefühl die »Liebe, wie sie im Leben vorkommt« von der »Liebe in Büchern und Theaterstücken«, und der junge Mann oder das junge Mädchen, die sich schon in unreifen Jahren durch das beständige Hören und Lesen in letztere zuerst hineinhimmeln, sehen sich durchweg bei späterm, reifem Eintritt in das wirkliche Leben genöthigt, jenes erste Bild zwangsweise wieder aus dem Gehirn herauszuschaffen – ein Process, der in nur zu vielen Fällen gar nicht mehr gelingt – so wenig, wie ein Kind, das man an Morphium gewöhnt hat, später noch normal einschlafen kann. Wer nicht blind ist, muss einsehen, dass wir hier dem vollkommenen Bankerotte der erotischen Poesie entgegensteuern, denn was sich vom Normalen derartig trennt, muss über kurz oder lang nothwendig [S. 63] gewaltsam unterdrückt werden. Anstatt aber Hilfe zu schaffen, wüthet man vielmehr gegen jede Sorte von Schriftstellern, die der Liebe in ihren Dichtungen wieder zu einem natürlichen Boden verhelfen möchten. Es ist eine höchst traurige Erscheinung, wie dabei alles durcheinander geworfen wird. Männer, die mit Bewusstsein daran gehen, die Kehrseite der echten Liebe in den krankhaften Entartungen zu schildern, stellt man ganz unbefangen neben oder unter solche, die selbst im Banne sexueller Gehirnaffectionen stehen und ihre Bücher mit den unlogischen Gebilden ihrer kranken Phantasie füllen, ohne ihre Abirrung vom Normalen selbst zu empfinden. Gewiss sind auch jene bewussten Studien über das Abnorme mehr oder weniger eine unerfreuliche Lectüre und gewinnen höchstens durch den Contrast, den das Logische und Helle der wahren Liebe selbst unausgesprochen gegen alle diese Fratzen und Verirrungen bildet. Aber welcher unendliche Fortschritt liegt schon allein in dem Bewusstsein, wie es Zola's Nana oder Daudet's Sappho vertreten – dem schneidig scharfen Bewusstsein, dass wir es hier mit kranken Menschen zu thun haben, mit krankhaften Situationen, krankhaften Verwickelungen. Von der Erkenntniss des Falschen, Ungesunden zur Erkenntniss des Wahren und Gesunden ist aber nur ein Schritt. Jene Schriftsteller, die vor unsern Augen sich so eifrig mit dem Studium der entarteten Liebe befassen, bekunden bereits auf Schritt und Tritt eine weit tiefere Einsicht in das Gebiet des Normalen, wie hundert andere, die nach ihrer und ihrer Leser Meinung niemals die Linie des Erhabenen auf erotischem Gebiete verlassen haben. Eine zukünftige Poesie, die sich an die Ersteren anlehnt, ohne [S. 64] ihnen auf ihr Specialgebiet zu folgen, wird das Grösste zu leisten im Stande sein. Wir wollen übrigens darin Gerechtigkeit walten lassen, dass wir unsern Poeten, die theils unbefangen, theils mit kritischem Bewusstsein immerfort das Krankhafte in der Liebe schildern, nicht die ganze Schuld daran aufbürden. Die Poesie – wenigstens die unbefangene – hilft zwar das Gift weiterverbreiten, aber sie empfängt es auch unablässig aus dem Leben zurück. Eine ungeheure Masse falscher Sentimentalität, künstlicher Gefühle, moralischer Unnatur belastet unser ganzes modernes Liebesleben. Freytag hat gelegentlich in seinem Romane von der verlorenen Handschrift ein anmuthiges Bildchen vom deutschen Mädchen entworfen, wie es unsere Bildung in unsern Städten heranbildet. Das Bild ist anmuthig geblieben, weil der Kern in diesem einzelnen Mädchen durch und durch gesunde Erbschaft war und das Sentimentale sich bloss in einer Form darüber ranken konnte, die dem Humor Stoff bot, aber ohne ernste Folgen blieb. Leider ist dieses Bild schon nicht mehr überall das Typische. Eine widerwärtige Sentimentalität greift wie ein schleichendes Gift allenthalben um sich und zeitigt ein Geschlecht von Menschenkindern, in deren Empfindungen so wenig waschechte Natur steckt, wie auf den Wangen einer Pariser Ballschönheit. Es ist vor allen Dingen Mission der Poesie, die hier viel gesündigt und viel gelitten, mit festem Muthe sich mehr und mehr dem Modegeschmacke entgegenzustellen. Sie kann es aber nur, indem sie echt realistisch wird, das heisst: sich an die Natur anlehnt. Der einfache Realismus, der den Menschen die wahren Kleider des Lebens anzieht, ist noch lange nicht ausreichend zum wirklichen Zweck. Es gilt tiefer zu [S. 65] gehen und die Welt wieder an den Gedanken zu gewöhnen, den sie durch Metaphysik, Sentimentalität und Katzenjammer so vielfach verloren: dass die Liebe weder etwas überirdisch Göttliches, noch etwas Verrücktes und Teuflisches, dass sie weder ein Traum, noch eine Gemeinheit sei, sondern diejenige Erscheinung des menschlichen Geisteslebens darstelle, die den Menschen mit Bewusstsein zu der folgenreichsten und tiefsten aller physischen Functionen hinleitet, zum Zeugungsacte. Damit eine derartige Rolle für die Poesie aber ermöglicht werde, ist es allererste Bedingung für den realistischen Dichter, sich über die näheren Puncte der physiologischen Basis des Liebesgefühls zu unterrichten. Nur eine strenge Beobachtung der Gesetze und Erscheinungen des Körperlichen in seinen verschiedenen Phasen kann zu neuen Zielen führen. Das erfordert freilich auch an dieser Stelle wieder harte Arbeit für den Poeten. Das leichte Fabuliren von den lustigen oder bösen Abenteuern verliebter Seelchen hört dabei auf, und der Dichter wird nothgedrungen sogar hin und wieder Pfade wandeln müssen, wo die landläufige Moral erschreckt zurückschaudert. Wer dazu nicht das Zeug in sich fühlt, der soll dem Liebesproblem fern bleiben; besser gar keine Liebesgeschichten mehr, als jene gefälschten; denn der Dichter mag lügen, wo er Lust hat – es ist alles harmlos gegen das Lügen auf erotischem Gebiete, dessen Folgen bei dem von Natur gesetzten Nachahmungs- und Gewohnheitstriebe des menschlichen Geistes unmittelbar in's practische Leben hineingreifen. Ich nehme keinen Anstand, zu behaupten, dass wir überhaupt eine erschöpfende dichterische Darstellung des ganzen normalen Liebeslebens in Weib [S. 66] und Mann von seinen ersten Keimen bis zur reifen Mitte und wiederum abwärts bis zum langsamen Versiegen im alternden Organismus in der gesammten Weltliteratur noch nicht besitzen. Zola hat in seinem geistvollen und tiefen Romane »La joie de vivre« wenigstens gelegentlich einmal den Versuch gemacht, an einem gesunden weiblichen Typus ein vollkommen plastisches Bild zu entwickeln; aber bei seiner Neigung für das Pathologische, die ihm nun einmal im Blute steckt, ist das Ganze nach meisterhafter Anlage schliesslich doch einseitig und ohne die natürliche Versöhnung ausgelaufen. Was ich fordere, ist noch weitaus mehr. Ich fordere neben vollkommen scharfer Beobachtung eine bestimmte Tendenz. Man rede mir nicht davon, die realistische Dichtung müsse sich ganz frei machen von jeder Tendenz. Ihre Tendenz ist die Richtung auf das Normale, das Natürliche, das bewusst Gesetzmässige. Die Poesie hat mit wenigen, allerdings sehr hoch stehenden Ausnahmen bisher zu allen Sorten abnormer Liebe erzogen. Sie muss in Zukunft versuchen, dem Leser gerade das Normale als das im eminenten Sinne Ideale, Anzustrebende auszumalen. Nur dann giebt es noch einen Aufschwung in der erotischen Poesie. Der vermessene Ausspruch muss mit Macht widerlegt werden: das Gewöhnliche, jene Liebe, die der einfache Spiessbürger auch erlebt, wenn er gesund ist, sei zu gering für den edeln Schwung der Poesie. Das ist die schwerste Unwahrheit, die je Geltung gewonnen hat in der Literatur. Ihre Folge ist gewesen, dass wir hunderttausend Bände über eine sentimentale, nervös überspannte Liebe und eben so viele über eine unter alles Natürliche herabgesunkene Liebe besitzen – eine [S. 67] Literatur voller Göttinnen und Cocotten, aber ohne Normalmenschen.

Unwillkürlich, indem ich dieses schreibe, schweift mein Blick in entlegene Tage hinüber. Wunderbare Gleichförmigkeit der auf- und niedersteigenden Wellen im Laufe der Culturgeschichte! Derselbe Gedanke, der uns heute zu so herbem Urtheile über eine grosse Masse der vorhandenen Poesie treibt, den wir als neue Frucht vom ewig fortgrünenden Baume der Erkenntniss zu pflücken glauben: er lebte in Cervantes schon, als er Don Quixote's

Freunde die geistverderbenden Ritterromane zum Flammentode verdammen liess.

Wann erstehen unserer Zeit die treuen Freunde, die sie von ihren gefährlichen Lieblingen erlösen?

Fünftes Capitel.

Das realistische Ideal.

[S. 68] Ist es mehr als ein Wortspiel, ein heiteres Paradoxon, was in den beiden Worten der Ueberschrift liegt? Kennt der Realismus ein Ideal? Giebt es etwas derart in all' den Gigantomachieen des modernen realistischen Romans, diesen wilden Büchern, in denen der Mensch hoffnungslos ringt mit zerstörenden Gewalten, mit den zermalmenden Gespenstern der Vergangenheit, mit den rohen Naturmächten einer blinden mechanischen Weltordnung, in diesem öden Lande, das keine Götter mehr kennt, keine Freiheit des Willens, keine Unsterblichkeit im alten Sinne, keine von allen Banden der gemeinen Natur erlöste Liebe?

Es wäre vielleicht angemessener gewesen, diese Frage zu allererst aufzuwerfen, ehe wir uns der Mühe unterzogen, jene einzelnen Puncte näher zu prüfen. Ich habe gleichwohl den umgekehrten Weg gewählt. Anstatt das Wort »Ideal« unmittelbar mit seinem Vollgewicht in die Rechnung einzusetzen, habe ich mich bemüht, den Leser selbst mehr und mehr dem Begriffe nahe zu bringen, der nach meiner Ansicht sich [S. 69] innerhalb des Realismus allein noch mit jenem stolzen Worte deckt. Wer mir genau gefolgt ist, kann nicht mehr im Zweifel darüber sein.

Wir haben gebrochen mit der Metaphysik. Jenseits unseres Erkennens liegt eine andere Welt, aber wir wissen nichts von ihr; unser Ideal, so fern es eine lebendige Macht sein soll, muss irdisch, muss ein Theil von uns sein, muss der Welt angehören, die wir bewohnen, die in uns lebt und webt. Wir haben gebrochen mit den heitern Kinderträumen von Willensfreiheit, von Unsterblichkeit der Seelen in den Grenzen unseres Denkens, von einer göttlichen Liebe, die ein anderes, als das natürliche Dasein lebt. Unser Weg geht aufwärts zwischen zerborstenen Tempelsäulen, zwischen versiegenden Quellen, zwischen verdorrendem Laub. Wir wissen jetzt, dass unsere Visionen, unsere Prophetenstimmen, unsere leidenschaftlich schmachtenden und schwelgenden Gefühle nichts besseres waren, als Krankheit, Delirien des Fiebertraums, dämmernde Nacht des klaren Geisteslichts. Nun denn: wenn dem allem so ist, das Ideale geben wir damit doch nicht auf. Wenn es nicht mehr

der Abglanz des Göttlichen sein darf, so ist ihm darum nicht be-
nommen, die Blüthe des Irdischen zu sein, die tiefste, reinste
Summe, die der Mensch ziehen kann aus allem, was er sieht, all'
dem Unermesslichen, was sich in der Natur, in der Geschichte, in
allem Erkennbaren ihm darbietet. Wenn er den Blick schweifen
lässt über diese ganze Erde, über sein ganzes Geistesreich, so sieht
er im Grunde all' dieser wechselnden Formen ein einziges grosses
Princip, nach dem alles strebt, alles ringt: das gesicherte Gleich-
mass, die fest in beiden Schaalen schwebende Wage, den Zustand
des Normalen, die Gesund-[S. 70]heit. Ganz vollkommen erfüllt
ist dieses Princip allerdings nirgendwo. Aber es schwebt über Allem
als das ewige Ziel, niemals ganz realisirt, aber darum doch die
unablässige Hoffnung des Realen. Es giebt nur einen Namen für
dieses Princip, er lautet: Ideal. Vor diesem Ideale schwindet jeder
Unterschied des Bewussten und Mechanischen in der Natur. Der
Mensch, indem er sich seiner bewusst wird im Triebe nach Glück,
Frieden, Wohlsein, harmonischem Ausleben des Zuerkannten, theilt
nur den innern Wunsch, der allem Spiel molecularer Kräfte zu
Grunde liegt. Das letzte Ziel des grandiosen Daseinskampfes, der
zwischen den frei schwebenden Himmelskörpern wie zwischen den
Elementen auf Erden, zwischen den einfachen chemischen Stoffen
wie zwischen den geheimnissvollen Bildungen des organischen Lebens tobt, ist nichts anderes, als der dauernde Wohlstand von Generationen, die in Einklang mit der Umgebung gelangt sind. In
diesem Sinne ist die Natur selbst erfüllt von einer tiefen, zwangsweisen Idealität, und wo ihre volle Entfaltung zu Tage tritt,
äussert sich diese in der höchsten Annäherung an das ideale Princip des grösstmöglichen Glückes der Gesammtheit, an dem jedes
Individuum seinen Antheil hat. Dunkel, wie der ganze Untergrund
der grossen Daseinswelle, in der wir leben, für unsere Erkenntniss
bleibt, ist die ideale Richtung auf das Harmonische, nach allen
Seiten Festgefügte, in seiner Existenz Glückliche und Normale
überhaupt die einzige feste Linie, die wir durch das ganze Welt-
system verfolgen können. Es ist die einzige treibende Idee, die aus
dem ungeheuren Wirrsal des Geschehens einigermassen deutlich
hervortritt, von der wir sagen können: sie verkörpert ein Ziel,
einen Endpunct. Die [S. 71] weiteren philosophischen Träumereien, ob man sich die Welt denken solle als etwas ursprünglich
Gutes, das schlecht geworden und nun im Banne eines metaphysischen Willens wieder zum Anfänglichen zurückstrebe – ob das

absolute Glück denkbar sei als absolute Ruhe oder harmonische Bewegung – das alles geht mich hierbei herzlich wenig an.

Ich wahre durchaus den Standpunct des Naturforschers. Wenn aber ein derartiges ideales Princip sich von diesem aus für die ganze sichtbare Welt ergiebt, so hat auch der realistische Dichter ein Recht, sich seiner zu bemächtigen, es als »Tendenz« in seinen Dichtungen erscheinen zu lassen. Tendenz zum Harmonischen, Gesunden, Glücklichen: – – – was will man mehr von der Kunst? Giebt es einen besseren Boden für die Aesthetik, um ihren menschlichen Begriff des Schönen darauf zu bauen? Es ist hier nicht meine Aufgabe, zu zeigen, wie dieser Begriff des Schönen selbst sich im Einzelnen aus dem Begriffe des Normalen, Gesunden entwickelt, ich beschränke mich auf die Grundlagen. Es wird nicht Wenigen so vorkommen, als sinke die realistische Dichtung durch Anerkennung jener Tendenz von ihrer hohen Sonderstellung jäh wieder herab zum Gewöhnlichen. Wenn die Tendenz zum Glücke wieder oben anstehen soll, so hat ja auch der billigste Liebesroman, dessen einziges Ziel ist, dass »sie sich bekommen«, das Recht der Existenz damit zurück erhalten. In Wahrheit will das nichts heissen. Der realistische Dichter soll das Leben schildern, wie es ist. Im Leben waltet die Tendenz zum Glück, zur Gesundheit als Wunsch, nicht als absolute Erfüllung. Das wird der Dichter durchaus anerkennen müssen. Er wird sich stets fern-[S. 72]halten von dem Unterfangen, uns die Welt als ein heiteres Theater darzustellen, wo alle Conflicte zum Guten auslaufen. Eine unerbittliche Nothwendigkeit wird ihn zu den schärfsten Consequenzen zwingen, und wenn er, was nicht zu vermeiden, das Ungesunde in sein Experiment hineinzieht, so ist er verpflichtet, es in seinem ganzen Umfange zur folgerichtigen Entwicklung zu bringen. Seiner Tendenz dient er dann eben bloss im Negativen, im Contraste.

Im Allgemeinen kann ich auch hier nur wiederholen, was bereits öfter gesagt ist: der Realismus hat gar kein Interesse daran, allenthalben mit der Prätention des durchaus »Neuen« aufzutreten. Seine wesentlichste Mission ist, zu zeigen, dass Wissenschaft und Poesie keine principiellen Gegner zu sein brauchen. Das kann aber ebenso gut geschehen, indem wir wissenschaftlichen Factoren in der Dichtung zu ihrem Rechte verhelfen, wie gelegentlichen Falles auch, indem wir einen Zug zum Idealen in der Wissenschaft nachweisen. Nur allein das Metaphysische muss uns fern bleiben. Das Streben nach harmonischem Ausgleich der Kräfte, nach dauerndem Glück ist in jeder Faser etwas Irdisches. Hier auf Erden ringt der Einzelne nach Seligkeit, hier auf Erden pflanzen wir in heiterem Bewusstsein Keime zum Segen der kommenden Geschlechter. Die dunkle Welt des Metaphysischen sagt hier nichts, hilft nichts, hindert nichts; sie kann, wie ich das ausgeführt habe, einen tröstenden Gedanken abgeben beim Tode; an Glück und Unglück im Leben ändert sie nichts.

Jene Schule des Realismus, die gegenwärtig so viel Staub aufwirbelt, hat uns mit beharrlichem Bemühen in einer langen Reihe von psychologischen [S. 73] Gemälden mit dem traurigen Bankerotte des menschlichen Glücksgefühls in Folge krankhafter Verbildung bekannt zu machen gesucht. Ich erwarte eine neue Literatur, die uns mit derselben Schärfe das Gegenstück, den Sieg des Glückes in Folge wachsender, durch Generationen vererbter Gesundheit, in Folge fördernder Verknüpfung des schwachen Individuellen mit einem starken Allgemeinen in Vergangenheit und Gegenwart vorführen soll. Auch dafür giebt es Stoff genug in der Welt, und zwar ist das gerade der Stoff, der in eminentem Sinne das Ideale in der natürlichen Entwickelung darlegen wird. Das Ideale, von dem wir nach Vernichtung so vieler Illusionen noch zu reden wagen, liegt nicht hinter uns wie das Paradies der Christen, nicht nach unserer individuellen Existenz in einer persönlichen Fortdauer im Sinne der Jünger Mohammeds, nicht ganz ausserhalb des practischen Lebens in den Träumen des Genies, des Poeten: es liegt vor uns in der Weise, dass wir selbst unablässig danach streben und in diesem Streben zugleich das Wohl unserer Nachkommen, die Erfüllung derselben im Ideale anbahnen helfen. Das soll uns die Dichtung zeigen. Idealisiren muss für sie nicht heissen, die realen Dinge versetzen mit einem Phantasiestoffe, einem narkotischen Mittel, das Alles rosig macht, aber in seinen schliesslichen Folgen unabänderlich ein Gift bleibt, das den normalen Körper zerstört – sondern es muss heissen, den idealen Faden, den fortwirkenden Hang zum Glücke und zur Gesundheit, der an allem Vorhandenen haftet, durch eine gewisse geschickte Behandlung deutlicher herausleuchten zu lassen, ungefähr wie ein Docent bei einem Experimente sehr wohl die Aufmerksamkeit der Zuschauer auf eine bestimmte [S. 74] Seite desselben lenken kann, ohne darum den natürlichen Lauf zu verfälschen. Die oberste Pflicht des Dichters hierbei muss freilich allezeit Entsagung sein. Wie schon betont: das Wollen, das wir in der Natur sehen, ist selbst noch keine

Erfüllung. Je gesunder der Poet selbst ist, desto eher wird er in die Gefahr gerathen, einerseits das Ungesunde zu grell zu malen, andererseits seine Welt gewaltsam als ein Reich der Gesundheit ausmalen zu wollen. Das Wirkliche muss hier als ewiger Corrector die Auswüchse beseitigen. Für den Standpunct des natürlichen Ideals in der allgemeinen Werthschätzung ist es schliesslich immer noch besser, man lässt es zu schwach durchschimmern im Gange der geschilderten Begebenheiten, als man profanirt es in der Weise des alten metaphysischen Ideals durch künstliches Auffärben.

Eine realistische Dichtung aber ganz ohne Ideal – – – das ist mir etwas Unverständliches. Im Märchen mag gelegentlich alles schwarz sein. Im Leben giebt es dunkle Sterne und dunkle Menschenherzen. Aber um den finstern Bruder, mit dem ihn am Himmel das Gesetz der Schwere verkettet, kreist der helle Sirius – neben den kranken Seelen wandeln gesunde. Wer die Welt schildern will, wie sie ist, wird sich dem nicht verschliessen dürfen.

Sechstes Capitel.

Darwin in der Poesie.

[S. 75] Es giebt ein psychologisches Gebiet, das wie kein anderes geschaffen ist, den Blick des Dichters, der in die Tiefen der menschlichen Tragödie einzudringen sucht, mit magischem Banne zu fesseln. Es ist die Erscheinung des bahnbrechenden Genies, des Entdeckers, Erfinders, Reformators auf irgend einem Boden, den noch keiner bebaut hat. Wechselnde Bilder ziehen bei dem einfachen Worte durch den Vorstellungskreis des Gebildeten. Ein Hauch des Einsamen, Weltentrückten, der menschenleeren Wüste streift seine Stirn, durch sein geistiges Auge zittert der verlorene Schein des Lämpchens in der Zelle des verlassenen Grüblers, ein Rauschen von Wogen berührt sein Ohr, über denen schwere Nebelmassen die Fernsicht nach jungfräulichem Inselboden für den Blick der Welt verhüllen. Christus, der dem Zwiegespräch der Geister in der Einöde lauscht, Gutenberg, der im stillen Gemache seine Lettern fügt, Columbus, der die Wellen eines neuen Meeres an sein Steuer branden lässt, treten aus dem Schatten der Geschichte hervor. Aber aus dem [S. 76] Strahlenkreise der Vision steigt auch das blutige Kreuz von Golgatha, klirrt die Kette an den Armen des hispanischen Admirals, tönt der Seufzer des sterbenden Buchdruckermeisters von Mainz, den sie um die Früchte seiner Arbeit betrogen. Der prüfende Geist öffnet sich der Frage: Was für ein Phänomen der irdischen Entwickelungslinie wandelt in diesen Bildern der Einsamkeit, der Grösse und des Martyriums an uns vorüber? Wieder, wie bei den grossen Problemen, die ich früher gestreift, steht die Antwort in erster Linie dem Naturforscher zu.

Um was es sich handelt, das ist nichts Wichtigeres und nichts Geringeres, als die Bildung einer neuen Art.

Die Zeit ist noch nicht allzu fern, wo der Naturforscher sich bei diesem Begriffe nicht viel denken konnte. Heute ist das anders. Die gesammte Formenwelt des Organischen hat sich herausgestellt als eine mächtige, in tausend und tausend Adern zerspaltene Entwickelungswelle, in der das Geschlecht des Menschen nur einen einzigen Ast bildet.

Tief an der Wurzel schon zertheilt in die Doppellinie des Pflanzlichen und des Thierischen, reicht diese Welle aus uralten Zeiten herauf bis zum heutigen Tage. Hervorgegangen aus sehr einfachen Urformen, hat sich innerhalb des Ganzen allmählich eine Fülle verschiedener Typen ausgebildet, die theils nebeneinander fortbestanden, theils ausstarben und Neuem Platz machten. Darwin hat zuerst in der allgemein bekannten einfachen Weise gezeigt, wie in Folge der äussern, örtlichen Bedingungen, in die das organische Leben auf der Erde bei fortschreitender Vermehrung versetzt war, die Bildung der Arten aus gleicher Urform sich annähernd logisch erklären lässt. Ich kenne sehr wohl [S. 77] die Schwierigkeiten, die uns noch auf Schritt und Tritt hier begegnen. Aber sie sind gerade für den Punct, auf den ich für die Betrachtung des menschlichen Entdeckergenies hinaus will, nebensächlicher Natur. Für gewöhnlich giebt es ein organisches Vererbungsgesetz, welches vorschreibt, dass die Nachkommen eines bestimmten Mitgliedes einer Thier- oder Pflanzenart durchaus den Eltern gleichen, also wiederum den Arttypus rein darstellen müssen. Indessen, dieses Gesetz erleidet Störungen, die an sich zwar so geringfügiger Natur sind, wie die unablässigen kleinen Störungen der Planetenbahnen.

Chemische und physikalische Einflüsse machen sich hier geltend, die wir im Detail noch nicht verfolgen können. Das Resultat sind unablässige individuelle Abneigungen der Jungen von den Eltern, meist zu klein, um als wahre pathologische Abnormitäten zu gelten, aber doch stark genug, eine gewisse Rolle im Leben des Individuums zu spielen; von einem Wurf junger Katzen können alle drei gesund sein, wenn auch jede anders gefärbt ist, und es muss schon eine sechs Beine haben oder zeitlebens blind bleiben, um pathologisch als Abnormität aufgefasst zu werden.

Diese anscheinend zwecklosen Varietäten innerhalb des Normalen werden aber von Wichtigkeit, wenn die äussern Existenzbedingungen der ganzen Art sich in Folge klimatischer oder sonstiger Umwälzungen verändern. Wenn ein Land plötzlich kältere Winter bekommt, kann der sonst werthlose Umstand, dass eine Katze vermöge kleiner individueller Abweichung doppelt so dichtes Haar besitzt als die übrigen, von entscheidender Wichtigkeit werden, kann sogar bewirken, dass sie allein mit denjenigen ihrer Jungen, die das [S. 78] starke Kleid geerbt haben, alle andern überdauert und Stammmutter einer neuen Spielart mit wolligerem

Pelze wird. Das Ueberdauern der Andern bezeichnet dabei ein Schlagwort als: Sieg im Kampfe um's Dasein.

Innerhalb des Thierischen ist die als Beispiel gewählte Katze ein Genie. Es ist ihr etwas vererbt, etwas in ihr gegeben, das mit Hilfe des zufälligen Zusammentreffens der vorhandenen Gabe und des äussern Bedürfnisses zu einer Erfindung, einem Fortschritte wird. Dieses Genie wird, schematisch gesprochen, geboren als eine willkürliche, ziellose Linie, die aber im Leben plötzlich in's Herz einer Scheibe trifft und ihren Entsender zum Schützenkönige macht. Und die Art, wie dieses Genie sich auf die Nachkommen überträgt, wo es normale Gabe aller wird, ist die directe der körperlichen Vererbung.

Stellen wir jetzt daneben das menschliche Genie. Zunächst handelt es sich hier um etwas weit Feineres, nämlich einen Gehirnprocess. Ein Mensch wird geboren, dessen Art zu denken, Vorstellungen zu verknüpfen, eine gewisse individuelle Besonderheit aufweist, die, ohne pathologisch zu werden, doch innerhalb des Spielraums des Normalen ihre Eigenart wahrt. Die Linie, von der ich eben sprach, ist damit gegeben, aber sie ist noch völlig ziellos. Tausend Genies bleiben einfach unter der Masse verborgen, weil ihre Linie nie das Centrum einer Scheibe trifft. Dieses Treffen hängt von bestimmten Möglichkeiten ab. Es muss irgendwo in der Nähe eine Zielscheibe stehen, ein Stoff sich finden, an dem das Genie sich bewähren kann. Solche Stoffe liegen zu gewissen Zeiten in der Luft. Man denke an die Entdeckungen, die von drei oder vier Menschen fast zu gleicher Zeit gemacht [S. 79] wurden. Man denke daran, was Luther oder Copernicus oder Columbus bereits vorfanden. Wir nehmen an, das Genie ist geboren, der Stoff, an dem es sich bewähren kann, ist auch gegeben. Der betreffende Mensch besitzt jetzt etwas, eine Idee, ein geistiges Plus, das ihn von allen seinen Mitmenschen zugleich scheidet und fördernd heraushebt. So weit ist der Process gänzlich dem oben skizzirten bei der Neubildung einer zoologischen oder botanischen Spielart analog. Durchaus anders aber gestaltet sich der weitere Verlauf im Kampfe um's Dasein. Das doppelte Wollhaar des Raubthiers war etwas vom Individuellen Untrennbares. Es haftete an der Person, es schützte diese Person im Kampfe um's Dasein, und es übertrug sich von ihr zu neuen Personen auf dem Wege physischer Vererbung im Zeugungsprocess. Anders bei der menschlichen Idee, die das Genie durch Zusammenstoss mit einem äussern Zündstoffe entfesselt. In den allermeisten Fällen emancipirt diese sich sehr schnell vom Individuellen, dem eine körperliche Uebertragung durch Vererbung doch nicht gegeben ist, dessen einzelne Person also weiterhin nebensächlich ist. Die Idee überträgt sich von Gehirn zu Gehirn, kämpft vermöge ihrer bessern Kraft sich durch im Kampfe um's Dasein mit andern Ideen und befestigt sich schliesslich als eiserner Bestand im Denkapparate der ganzen Culturmenschheit. In dieser Loslösung der Idee von ihrem Urheber liegt das tragische Schicksal des Genies als Person; die Idee, indem sie als Macht im Kampfe um's Dasein auftritt, kämpft für sich, nicht für ihren Urheber. Die Tragik ist bitter, darüber kann kein Zweifel bestehen. Man fühlt sich manchmal berufen, die Natur grausam zu nennen wegen der groben [S. 80] Mittel, die sie im Daseinskampfe zur Schöpfung einer neuen Thier- oder Pflanzenart anwendet; die Wiege des Fortschritts, des Neuen im Geistesleben der Menschheit ist in dem Sinne das ärgste Procrustesbett, das überhaupt denkbar ist; das Individuum gilt hier gar nichts mehr. Aber eine vernünftige Lebensphilosophie muss sich in diese Thatsachen zu finden wissen. Jene Idee, die unter dem Nebel all' des mystischen Beiwerks doch immer die Herzen der Menschen am meisten im Christenthum angesprochen hat: die stille Resignation, dass der Einzelne am Kreuze sterben müsse, damit sein Werk ein beglückendes Evangelium für viele Tausende werde – sie wird bleiben, auch wenn kein Wort mehr von aller christlichen Metaphysik Gläubige finden sollte – weil sie eine tiefe Wahrheit enthält. Nicht der Mensch siegt im Kampfe um's Dasein, sondern die Idee: so lautet derselbe Satz in wissenschaftlicher Form. Er enthält zugleich eine Formel für die Thatsache und einen Trost. Denn schliesslich, wenn der Mensch auch nicht, wie das bevorzugte Thier in jenem Beispiele von dem doppelten Wollpelze, am eigenen Leibe die Segnungen dessen fühlt, was sein Gehirn in dunkler Mission ausgestreut, so sieht er doch als bewusstes Wesen die Siegesbahn seiner Idee auch noch in ihrer Trennung von seinem Selbst und empfindet ihren Glanz als versöhnende Wärme.

Ich habe das erfinderische Genie mit Absicht aus der reichen Fülle der Erscheinungen im menschlichen Dasein herausgegriffen, die man im engern Sinne als darwinistische Probleme auffassen kann. Ich denke, dass schon dieses eine Beispiel genügt, um zu zeigen, wie sehr man sich hier vor willkürlicher Uebertragung einfacher biologischer Gesetze auf die complicirten [S. 81] Phänomene des menschlichen Geisteslebens hüten muss. Die Anlage, die Zielscheibe, der Kampf um's Dasein: alles spielt auch hier seine Rolle. Aber der Verlauf ist gerade in wesentlichen Puncten ein anderer. Unendlicher Stoff für den Dichter liegt allerdings auf diesen Gebieten. Sowohl das Aufstreben des Neuen wie das Absterben des Veralteten, die geheimnissvollen Processe, wie das Gesunde verdrängt wird durch ein Gesunderes, wie es zum Ungesunden herabsinkt durch haltlose Opposition gegen das bessere Neue, ohne selbst das alles begreifen zu können – sie sind seit alten Tagen die Domäne der Poesie, ohne dass man sich in der rechten Weise über die eigentlichen Gesetze, die darin walten, und ihre Beziehungen zu den Darwin'schen Gedanken hat klar werden wollen. Man kann wohl verlangen, dass ein realistischer Dichter *nach* Darwin kein Bedenken mehr trägt, die Dinge beim rechten Namen zu nennen. Aber es gehört dazu in erster Linie ein ernstes Studium. Allgemeine Schlagwörter beweisen nichts. Man mache sich daran und entwickele uns zunächst, was noch nicht ordentlich versucht worden ist, die darwinistischen Linien in der Geschichte; man prüfe die Werke ausgezeichneter Beobachter wie Shakespeare im Einzelnen auf das ganze Princip. Dann wird man dahin kommen, Sätze aufstellen zu können, die den Schlagwörtern einen lebendigen Zusammenhang mit der ganzen Wissenschaft geben. Zahllose Puncte sind dabei im Auge zu behalten. Die einfache Zuchtwahl durch persönliches Emporkämpfen und dadurch ermöglichte Gründung einer Familie, die mit jener Ideenneuerung im Genie nichts zu schaffen hat, bei der neben den geistigen vor allen auch die körperlichen Fähigkeiten, [S. 82] Arbeitskraft, weibliche wie männliche Schönheit und anderes, mitspielen, ist beim Menschen natürlich nicht erloschen und wahrt ihre alte Rolle. Das ganze sociale Leben mit all' seinen Klippen und Irrthümern, seinen Triumphen und Fortschritten fordert die Beleuchtung vom Darwin'schen Gesichtspuncte aus. Aber was schon im eng beschränkten Thier- und Pflanzenleben seine ernsten Schwierigkeiten bietet, wird hier vollends zu einem fast unentwirrbaren Gewebe. Körperliche Gesundheit als Vortheil im Daseinskampfe findet ihr Aequivalent in Geldmitteln, die Kraft der Sehnen wird gleichwerthig ersetzt durch die bessere Molecularconstruction des Gehirns, die unerbittliche Strenge des Gesetzes vom Recht der Stärkern sieht sich seltsam durchkreuzt von einem bereits gewaltig angesammelten Fond humaner Anschauungen, die wieder von einer das Gesetz überbietenden Brutalität auf der andern Seite paralysirt werden. Der Dichter, der sich mit Muth der Aufgabe unterzieht, in jeder einzelnen Thatsache hierbei ein Glied grosser Ketten nachzuweisen, sieht sich allerdings auch darin belohnt, dass er jede, auch die geringfügigste Erscheinung, so fern sie nur echt dem Leben entspricht, zum Gegenstande höchst interessanter Darstellungen machen kann. Im Lichte grosser, allgemeiner Gesetze kann die an und für sich nicht sehr poetische Chronik eines Krämerviertels, das ein grosses Magazin im modernsten Stile nach und nach vollkommen todt macht, von höchster dramatischer Wirkung werden, ein Motiv, das Zola in einem seiner besten Romane bereits mit Geschick durchgeführt hat. Die kleinen Thatsachen in dieses Licht des Allgemeinen, Gesetzlichen, höheren Zielen Zustrebenden heraufrücken: das ist ja eben die idealisirende Macht, [S. 83] die der Dichter hat. Das werthlose Gezänk über Werth und Grenzen der Detailmalerei kann hier keine Geltung beanspruchen. Gerade das Studium der biologischen Phänomene der Artumwandlung, wie es Darwin angebahnt, führt von selbst darauf, dass wir uns gewöhnen, den kleinsten Ursachen, den winzigsten Fortschritten und Störungen unter Umständen die allergrösste Wichtigkeit beizulegen. Der Dichter, der nur Einiges von Darwin gelesen, wird mit ganz anderer Werthschätzung an die Dinge des täglichen Lebens herangehen und sich sagen, dass nicht das Ungeheuere, Welterschütternde allein die geistige Durchdringung durch die dichterische Anschauung ermögliche, sondern auch das Kleine – wofern nur der Poet den nöthigen hellen Kopf mitbringt. Denn hohe Ideen aus der Sonne zu lesen ist unverhältnissmässig viel leichter, als aus einem Sandkorn.

Eine andere Bereicherung als Frucht darwinistischer Studien erblicke ich in dem verschärften Verständniss des Dichters für die längere Zeitdauer, die jeder Entwickelungsprocess auch im Menschenleben in Anspruch nimmt. Wie die Welt nicht in sieben Tagen geschaffen ist, so schafft sich auch keine psychologische Thatsache von heute auf morgen. Unsere Bücher sind zwar voll von einer Liebe, einem Hass, die sich einer geschleuderten Dynamitbombe gleich ohne alle Prämissen entladen; der naturwissenschaftlich gebildete Dichter wird hier sceptischer zu Werke gehen.

Unsere älteren grossen Meister – Shakespeare, der Zeitgenosse Bacons, und Göthe, der unmittelbare Vorgänger Darwin's – bleiben dabei nach wie vor unsere Führer und Lehrer. Gerade auf dem darwinis-[S. 84]tischen Gebiete scheint mir der allgemeine Werth der Methode die Hauptsache, die den Dichter fördern muss – viel mehr noch als das nähere Eingehen auf Fragen der Zuchtwahl. Ich will, um noch einen dritten dahin gehörigen Punct herauszugreifen, auch Gewicht legen auf die Rolle des oft verkannten Wortes Zufall in der Dichtung. Was ist naturwissenschaftlich gesprochen – Zufall?

Nicht Wenige, die sich im Allgemeinen an das Causalprincip gewöhnt haben, wie es die logische Wissenschaft lehrt, meinen in Folge dessen jeden Zufall, der als Factor in einer Dichtung auftritt, schlechtweg als unerlaubten deus ex machina verwerfen zu müssen. Im letzten Grunde der Erscheinungen hängt ja Alles zusammen, das ist richtig. Trotzdem bietet die Welt von einem Standpuncte wie unserm menschlichen, der gewissermassen sehr weit ab in der grossen Kette liegt, das schematische Bild einer unendlichen Menge in sich geschlossener Linien dar, innerhalb deren alles causal verknüpft ist und ohne fremde Beihilfe weiterläuft. Jede Kreuzung zweier dieser Linien erscheint vom Standpuncte der beiden einzelnen wie ein in keinem ihrer eigenen Richtungsgesetze begründeter grober Stoss von aussen. Diesen jedesmaligen Kreuzungsstoss nennen wir Zufall. Vom hypothetischen Standpuncte einer Kenntniss sämmtlicher anfänglicher Richtungsverhältnisse aller causalen Sonderlinien zueinander, also einer mathematisch exacten Vorstellung von der anfänglichen Atomlagerung der irdischen Welt aus hörten die Empfindungen dieses unerwarteten Stosses und damit der Zufall als Sonderbegriff auf zu existiren. Der menschliche Standpunct den Dingen gegenüber ist hiervon noch sehr weit [S. 85] entfernt. Wenn ich in einer Weltstadt von zwei Millionen Einwohnern an einem Tage mit meiner individuellen Linie ohne jede bewusste Abneigung zu einer zweiten hin vier Mal auf diese zweite treffe, also einem und demselben Bekannten vier Mal an vier verschiedenen Orten, die wir beide ohne Kenntniss von der Anwesenheit des andern aufsuchten, begegne, so bleibt mir das, aller atomistischen Nothwendigkeit unbeschadet, persönlich ein vierfacher Zufall. Oder im oben gewählten Beispiele von der neu entstehenden Raubthierart: wenn dort die in sich geschlossene Causalitätsreihe innerhalb des doppelt behaarten Individuums mit der absolut unabhängigen klimatischen Causalitätsreihe, die den strengeren Winter bewirkt, zusammenstösst, so ist dieser Zusammenstoss Zufall. Das Weitere nicht mehr; denn die Erhaltung jenes Individuums und die folgende Ausbildung einer neuen Rasse sind von da ab logische Consequenzen des Zufalls, der als solcher den Ausgangspunct einer neuen, selbstständigen Causalitätslinie bildet. Vom Dichter verlangen, dass er diesen Erscheinungen gegenüber seinen menschlichen Betrachtungsstandpunct aufgeben und uns nur noch überall geschlossene Linien vorführen sollte, hiesse denn doch gerade die Wirklichkeit in seinen Bildern antasten. Wir wissen physikalisch sehr gut, dass unsere Auffassung beispielsweise von der Farbe der Gegenstände eine illusorische ist, indem wir die Farbe an den Dingen haftend glauben, während sie in unserm Auge liegt; soll etwa deswegen der Dichter nicht mehr von rothen Rosen oder blauem Himmel sprechen? Ja, man kann geradezu sagen, dass eine schärfere Beachtung des Zufalls in seiner thatsächlichen Erscheinung den Dichter eher darauf führen [S. 86] wird, ihm eine mehr, als eine weniger wichtige Rolle zuzuertheilen. Man führe – was fachwissenschaftlich bei Gelegenheit angeblicher mystischer Phänomene, zweitem Gesicht, Prophezeiungen und Aehnlichem fast zur Pflicht wird – nur eine kurze Zeit seines Lebens einmal Buch über die Zufälle, denen man begegnet, vor allem die mehrfachen in derselben Sache. Man wird selbst staunen, welche Resultate man erhält, wie merkwürdig unwahrscheinlich das alltäglichste Leben im Grunde genommen ist! Hier und da, an einer Spielbank zum Beispiel, sind die tollsten Beobachtungen dieser Art in einem einzigen Tage zusammen zu bringen. In diesem Puncte aber ist das ganze Leben ein ununterbrochenes blindes Glücksspiel. Der Begriff der Wahrscheinlichkeit – und hier liegt der Knoten – der Begriff, den wir in jedem prüfenden Augenblicke hineinschmuggeln, ist eben in Wahrheit nichts Reales. Für unsern Standpunct ist es, wenn wir einen Würfel fallen lassen, selbst wenn er fünf leere Seiten hat, positiv nicht wahrscheinlicher, dass eine der leeren, als dass die einzige bezeichnete Seite nach oben zu liegen kommt. Jede Wahrscheinlichkeit hört der freien Macht des Zufalls in der Welt gegenüber auf, gerade weil der Zufall im letzten Ende auch ein Nothwendiges, uns aber völlig Verhülltes einschliesst. Ich weiss recht wohl, dass sich das ganze Innere des logisch denkenden Kritikers auflehnt, wenn ein Poet uns eine Liebesgeschichte erzählt, die auf fünf oder sechs groben Zufällen, wie ungewolltes Begegnen, aufgebaut ist. Und doch spreche ich es rund als meine Ueberzeugung aus, dass man Bände füllen könnte mit der einfachen Aufzählung der grossen und kleinen Zufälle, die bei einer nicht annähernd gleich verwickelten Geschichte [S. 87] im wahren Leben bei peinlicher Beobachtung sich ergeben würden, denn mit jedem Schritt, den wir thun, kreuzen wir fremde ungeahnte Causalitätsreihen, die in Folge der neuen Reihe, die aus dem Contact hervorgeht, eine Macht innerhalb unserer eigenen Linie werden. Ein ganzes Menschenleben bis in dieses feine Gewebe seines Schicksals hinein zu zergliedern: das wäre ein Kunstwerk, wie wir es noch nicht einmal ahnen. In Wahrheit giebt es wenige Puncte, die dem Beobachter so schmerzlich nahe legen, wie weit unsere Kunst in all' ihrer Erfassung des Menschlichen noch hinter der Wirklichkeit zurücksteht.

Das Wort des alten Malers bei Zola muss uns trösten: »Arbeiten wir!« Arbeit steckt auch in all' diesen darwinistischen Problemen, Arbeit nicht bloss für den Naturforscher, sondern auch für den Dichter. Sagen wir uns unablässig, dass die Arbeit, das harte, mit dem Leben ringende Künstlerstreben, unser wahres Erbe von den grossen Geistern der Vergangenheit her ist, nicht das unklare Träumen. Genialität wird geboren; aber das Ausleben der Genialität ist unablässige Durchdringung des Stoffes, ist ewiges Studium; wenn sie das nicht ist, so ist sie eine Krankheit, für die der schonungslose Kampf um's Dasein die ideale Nemesis wird, indem er sie ausrottet.

Siebentes Capitel.

Eine Schlussbetrachtung.

[S. 88] In dem Augenblicke, wo ich diese Studie abschliesse, hat die realistische Bewegung bei uns in Deutschland eine Form angenommen, die es mehr und mehr wünschenswerth erscheinen lässt, das Wort zu friedlicher Verständigung zu ergreifen. Während in Russland und Frankreich muthige Werkmeister sich in harter Arbeit um die neuen Stoffe der Dichtung mühen und, bald mit falschen, bald mit treffenden Schlägen, doch unablässig das Rohmaterial gefügig machen und das Instrument üben, vernimmt man bei uns viel Lärm und sieht wenig Früchte. Man ist allerdings bisweilen geneigt, das laute Geschrei bloss für das harmlose Jauchzen von Schulknaben zu halten, die einen freien Tag haben, weil ihre Lehrer zu stiller, ernster Conferenz über die wichtigsten Fragen des Unterrichts zusammengetreten sind. Werden wir erleben, dass auch die Stimme der Meister einmal laut wird und uns in anderer Weise, als das Gezwitscher der Jungen es vermochte, von der Bedeutung der Stunde Rechenschaft ablegt? Wir haben es schon oft [S. 89] gesehen, dass der Deutsche zuletzt kam, dann aber dem Ganzen die Krone aufsetzte, indem er ihm aus der Tiefe seiner geistigen Entwickelung heraus Dinge verlieh, die keine andere Nation je besessen. Ich bin auf diesen Blättern wiederholt gezwungen gewesen, den Namen Zola zu nennen, und ich kann es als meine ruhige Ueberzeugung auch hier noch einmal aussprechen, dass mir Zola in vielen Puncten sehr hoch steht, sowohl in seinem Können, wie in der Ehrlichkeit seines Wollens. Aber ich möchte diese fragmentarische Behandlung des realistischen Problems nicht schliessen, ohne vorher noch mit ein paar Worten auch dem deutschen Antheil an der Entstehung jener ganzen Richtung – wie immer unsere Besten im Augenblick sich zu ihr stellen mögen – gerecht geworden zu sein. Wenn die Literaturgeschichte dereinst mit dem Werkzeuge einer geläuterten darwinistischen Methode die Wurzeln dessen aufdecken wird, was wir jetzt Realismus in der Poesie nennen, so wird der Hass der gereizten Parteien sich versöhnen müssen in der Erkenntniss ihres gemeinsamen Ursprungs. Einseitige Beurtheiler schmähen heute in Zola das Stück Victor Hugo, das unbezweifelbar in ihm steckt; die einsichtigere Zukunft wird sich mit Ruhe sagen dürfen, dass es sich hier einfach um eine Entwickelung handelt, dass der Zola'sche Realismus sich folgerichtig als zweite Stufe des bessern Theils in Victor Hugo aus dem Hugo'schen Idealismus ergeben musste. Nicht anders ergeht es uns in Deutschland. Indem wir scheinbar neue Wege wandeln werden, werden wir unbewusst doch nur das bessere Theil unserer grossen literarischen Vergangenheit ausbauen. Welch' himmelweite Kluft trennt scheinbar eine deutsche Dichtung, [S. 90] die sich in dem von mir im Vorstehenden ausgeführten Sinne mit den Principien der Naturwissenschaft in Einklang setzt, von einem Freytag'schen Romane! Und doch ist das alles nur scheinbar. Als Freytag den tiefen Ausspruch Julian Schmidt's zum Motto machte: »Die Dichtung soll das Volk bei der Arbeit aufsuchen«, war er nach den Träumen der Romantik im Grunde der Begründer des Realismus. Anderes hat dann, sollte man glauben, die Linie abgelenkt, die Richtung auf das Historische hat den Roman wieder auf eine neues Gebiet gedrängt. In schärferer Beleuchtung erscheint auch das als ein realistisches Symptom. Man wollte die Ahnen in der Dichtung sehen, um die Enkel in ihrer Arbeit zu begreifen. Leichter Sinn sieht in diesen krausen Gängen, die das Princip gewandelt, eine Modekrankheit. Das heisst nichts. Krankhaft war allerdings und ist hier mancher Detailzug geblieben, wie ich das in dem Capitel über die Liebe vielleicht schroff, aber als volle Ueberzeugung ausgesprochen. Doch selbst dieser Tadel trifft kaum die Bessern, fast nur die Kleinen. Die historische Dichtung als Ganzes war eine berechtigte Pionierarbeit – grösser und glänzender als sie, folgt ihr freilich jetzt die Aufgabe, das Geschichtliche nicht darzustellen in künstlich belebten Bildern des Vergangenen, sondern in seiner lebendigen Bethätigung mitten unter uns, in seinen fortschwirrenden Fäden, in seiner Macht über die Gegenwart.

Von diesem freien Standpuncte aus verliert der Kampf um den Realismus seine Bitterkeit. Die grosse Literatur, auf die wir stolz sind, erscheint wieder als Ganzes, wo jeder Bedeutende sein Recht erhält. Und am Ende, wenn auch bei uns in Deutschland der [S. 91] Realismus im neuen Sinne einmal seine grossen Vertreter gefunden hat, wird als Summe sich ergeben, dass wir, die wir auf einer stofflich reicheren und tieferen Literatur fussen, als die Nachbarländer, auch nun in jenem Gebiete fester und sicherer uns ergehen werden, als die Franzosen und Engländer oder die Russen und Skandinavier. Gerade den Jüngeren, die jetzt so viel Lärm schlagen, kann nicht genug an's Herz gelegt werden, dass Realisten sein nicht heissen darf, die Fühlung mit den grossen Traditionen unserer Literatur verlieren. Studirt Zola, achtet ihn, helft die Kurzsichtigen im Publicum aufklären, die keinen Dichter vertragen können, der im Dienste einer Idee selbst das Extreme nicht scheut; aber gebt euch nicht blind für Schüler Zola's aus, als wenn in Paris ein Messias erstanden sei, der alle alten und neuen Testamente auflösen sollte. Studirt, was Zola sich zu thun ehrlich bemüht hat, Naturwissenschaften, beobachtet, wendet Gesetze auf das menschliche Leben an, das ist alles schwere Arbeit, aber es bringt uns vorwärts. Und vor allem: vergesst nicht, dass ihr der deutschen Literatur angehört, dass hinter euch Göthe und Schiller stehen und dass ihr ein Recht habt, euch als deren Enkel selbstständig neben den Schüler Balzac's und Nachfolger Victor Hugo's zu stellen, was die Vergangenheit und den Bildungsgrad eures Volkes anbetrifft. Die Wissenschaft ist internationales Gut, Jeder kann sie sich aneignen, der sich der Mühe unterzieht. Aber bildet euch nicht ein, das leere Poltern und Schreien hülfe irgend etwas. Ihr habt jetzt nach Kräften auf den historischen Roman gescholten, obwohl darin doch wenigstens ordentliche Arbeit, ordentliches Studium steckte. Ich will glauben, dass das [S. 92] Schelten begründet war, wenn ihr zeigt, dass ihr mehr könnt, dass ihr das unendlich viel erhabenere Problem zu lösen wisst, wie die Fäden der Geschichte sich verknoten im socialen und ethischen Leben der Gegenwart, wie man historische Dichtungen schreibt, die gestern und heute spielen. Ihr habt die weiche, tändelnde Lyrik ausgepfiffen auf allen Gassen. Auch das soll gut und recht sein, wenn ihr mir eine neue Lyrik zeigt, die an Göthe und Heine organisch anknüpft und doch selbstständig das Herzensglück und Herzensweh des modernen Menschen zum Ausdruck bringt. Macht der Welt klar, dass der Realismus in Wahrheit der höchste, der vollkommene Idealismus ist, indem er auch das Kleinste hinaufrückt in's Licht des grossen Ganzen, in's Licht der Idee. Dann werden die Missverständnisse aufhören. Der Leser wird nicht mehr der Ansicht huldigen, wenn er eine realistische Dichtung aufschlüge, so umgellte ihn das Gelächter von Idioten und Cocotten, und wenn man, was überhaupt recht rathsam wäre, sich bloss genöthigt sähe, das Romanlesen bei unreifen Mädchen etwas mehr einzuschränken in Folge des Ueberwiegens der realistischen Richtung, so sollte das unser geringster Schmerz sein. Freilich wird es auch ohne Missverständnisse noch manchen harten Kampf kosten, bis die Mehrzahl der geniessenden Leser sich an das schärfere Instrument des Beobachters gewöhnt haben wird. Das kommt nicht von heute auf morgen. Zunächst muss das Vertrauen in der Menge für den realistischen Dichter gewonnen werden, und wir werden gut thun, die Schauerscenen nach Kräften zu vermeiden, so lange die Vorurtheile noch so sehr gross sind. Auch werden die Lyrik und das Drama, die ja [S. 93] immer mehr zum Herzen sprechen, den harten Tritt des Romanes dämpfen helfen, wenn sie erst einmal zur Stelle sind. Am Ende wird auch die Masse des Volkes besser sehen lernen, und das ist für alle Fälle ein Gewinn. Die Poesie wahrt so nur ihre alte Rolle als Erzieherin des Menschengeschlechtes, und indem sie es thut, darf sie hoffen, auf freundlichem Boden sich mit der Naturwissenschaft zu begegnen. Beide reichen sich dann die Hand in dem Bestreben, den Menschen gesund zu machen.

Zeitgenössische Rezensionen

[Anonym = Carl Bleibtreu]

In: Litterarische Neuigkeiten, in: DAS MAGAZIN FÜR DIE LITTERATUR DES IN- UND AUSLANDES, Jg. 56, 1887, Nr. 15 vom 9. 4. 1887, S. 222 –223.

[S. 222] Vor einer Brochüre über den *Realismus* von einem altklugen Anfänger, Namens *Bölsche*, deren Aushängebogen uns die Firma *Reißner* in Leipzig zusendete, warnen wir nachdrücklich. Stehen zwei Richtungen wie »Realismus« und »Idealismus« einander gegenüber, so tauchen stets weise Großväter auf, die von einem erhabenen Höhestandpunkt aus ein abschließendes Urteil über beide fällen, wie denn das erste Kapitel der genannten Brochüre lautet: »Die versöhnende Tendenz des Realismus«. Der Verfasser, dem wir einen geistvollen Stil und selbständige Denktätigkeit gerne zusprechen wollen, steht selbst ganz auf dem Boden Zolas und macht in vortrefflicher schlagender Beweisführung dem schönfärbenden akademischen Idealismus gründlich den Garaus. Er legt zugleich die *Gefährlichkeit* dieser falschen Lebensdarstellung (besonders in erotischer Hinsicht) dar. Allein, während im *Negativen* die Ausführungen des Verfassers unantastbar erscheinen, wirken seine Ansichten im *Positiven* um so verderblicher. Er steht nicht nur auf dem Boden der Zola'schen Aesthetik (von welcher die Zola'sche Dichtung zum Glück mehrfach abweicht), dass die neue realistische Litteratur sich lediglich auf dem Studium der Naturwissenschaften aufbauen müsse, sondern ihm scheint Zola noch lange nicht wissenschaftlich genug. Auf solchen Theorien fußend, kann er denn natürlich dem neudeutschen Realismus der »Jungen« keinen Geschmack abgewinnen – wobei freilich aus seiner Schrift selbst noch nicht gefolgert werden kann, dass er die Hauptwerke des neuen Realismus *überhaupt gelesen* habe. Seine allgemeinen Redensarten vermeiden es gänzlich, irgendwie Namen oder Werke zu nennen oder auch nur Aeußerungen besonderer Art zu verlautbaren, die sich auf irgend ein spezielles Werk beziehen könnten. Unter diesen Umständen ficht man natürlich mit Windmühlen und eine strikte Widerlegung, die nur an Konkretem sich erweisen lässt, wird unmöglich.

Gleichwohl fehlt es ja dem Verfasser nicht an einem gewissen Verständnis. So sagt er: »Der Poet, der von Sinnen und Minnen träumt, hat nur sehr problematische Kenntnis davon, welcher Riesenarbeit sich grade der dichtende Genius unterzieht, der im treibenden Banne seiner Gedanken bis zum Unschönsten, was die Welt im gebräuchlichen Sinne hat, dringt.« »Einen Menschen bauen, der naturgeschichtlich echt ausschaut und doch sich *zum Typischen, zum Allgemeinen, zum Idealen erhebt* – das ist das Höchste und Schwerste, was der Genius schaffen kann.« Ei, ei! Wem fällt bei dieser Betonung des »Typischen, Allgemeinen, Idealen« nicht so manches Wörtchen einer gewissen »Revolution der Litteratur« ein? Sieh da, ein Echo! Und da der Herr so sehr unsre Anschauungen (ohne es zu bekennen) vertritt, so muss man die direkte Frage erlauben: Sind die Gestalten in »Schlechte Gesellschaft« *nicht* typisch und *zugleich* naturgeschichtlich echt? Wir lasen in einer Besprechung: » ... ein für die Kritik fast incommensurables Werk. Die dämonische Individualität, deren nervöser Schöpfungsdrang das Ganze durchzittert, raubt dem Leser vollkommen die Freiheit ... Die Rücksichtslosigkeit, mit der der Dichter aus der Fülle von *längst vorhandenen und überall verbreiteten* Stimmungen pathologischer Art ein wunderbares zukunfttrunkenes Ganze zusammengeworfen hat.« Sind die Stimmungen also vorhanden und *allgemein verbreitet*, so sind sie naturgeschichtlich echt. Trotzdem aber kommt der Referent später zu dem richtigen Schluss: »In Folge des vorwaltenden ethisch-reflektiven Elements erhalten die Figuren einen ins *Allgemeine, Symbolische gehenden Zug.*«

[S. 223] In Kretzers »Drei Weiber« wirkt die beißende Schilderung des Konservativen Klubs darum so überwältigend, weil das Alles als selbstbeobachtet wie etwas Tatsächliches wirkt. In den »Verkommenen« aber gestalten sich einige Momente zu machtvoller Tragik, weil man auf der Stelle hier das Selbsterlittene merkt.

Welchen Sinn hat es also, wenn der Brochüren-Verfasser vor Solchen warnt, die »selbst noch unter dem Banne sexueller Gehirnaffektionen stehn«? *In dem Augenblick,* wo der wahre Dichter dichtet, *muss* er unter dem Bann aller der Affektionen stehn, die er schildert – wie Goethe sich die Werther-Krankheit von der Seele schrieb. Darum gelang Goethe'n der »Werther« und misslang der Roman »Die Wahlverwandtschaften«, den der Herr Brochürenschreiber empfiehlt, als auf naturwissenschaftlicher Grundlage fußend! Ob naturwissenschaftlich oder nicht, derlei zusammenspintisierte greisenhafte Experimentalromane werden weder als Poesie noch als echte Kunst jemals empfunden werden.

Grade als Naturwissenschaftler sollte man sich sagen, dass naturgemäß nur dann etwas *wirklich Lebenswahres* sich bilden kann, wenn man selbst seine Dichtung gleichsam miterlebt – in Folge dessen alle großen Dichter ihre eigenen Erlebnisse auf manchmal kaum merkliche Weise in ihre »Erfindungen« verwoben. Allerdings ist dies auch das Allerschwerste und der hohe Lohn der absoluten Lebenswahrheit nur um den Preis einer schonungslos in den *eignen* Eingeweiden wühlenden Arbeit zu erringen. Aus diesem Grunde sind all die guten Ratschläge und Empfehlungen naturwissenschaftlicher Studien und gelehrter Experimentalmethode in hohem Grade *unwissenschaftlich d. h. unwissend über den psychologischen Prozess der wahren Dichtung,* dieses nur dem Dichterdenker selbst erschlossenen Rätsels.

Dass der Dichter die Bildung seiner Zeit umfassen solle, bestreite ich nicht. Doch dürfte Kenntnis der historischen und litterarhistorischen Entwickelung denn doch dem naturwissenschaftlichen Studium weit vorzuziehen sein. Wer alle Wunder der Physik und Chemie beherrscht, aber von der Weltgeschichte und Weltlitteratur nur oberflächliche Kunde erhielt, bleibt ewig ein unreifer ungebildeter Mensch – nicht aber umgekehrt. Nächstens wird noch ein neuer Aesthetiker die höhere Mathematik zu obligatorischem Poetenstudium empfehlen, um die Zufallsberechnungen im Leben bestimmen zu können! Das ist alles unausgegohrenes *törichtes Geschwätz.* Ebensogut könnte man vom Musiker verlangen, dass er Helmholtz' Vorlesungen über die Schallwellen beiwohnen müsse. – Wenn z. B. Kretzer alle möglichen Kenntnisse besäße (und *sehr* viel mehr wird der ähnliche Autodidakt Zola wohl auch kaum wissen!), so hülfe ihm das noch nicht zu einem Teilchen seiner Lokalschilderungen, zu denen ihn lediglich seine reale *Lebens*kenntnis befähigt. Der Brochüren-Mann weiß natürlich auch von Shakespeare's Baconschen Kenntnissen zu schwatzen – über welche Torheit wir ihm anraten W. Kirchbachs »Lebensbuch« zu lesen. Das dichterische Genie hat einfach tausend unentdeckbare Saugfäden, mit denen es gleichsam *naiv-unbewusst* und *instinktiv* alle Bildungselemente in sich saugt. Wenn unser realistischer Aesthetiker die Reporterphrase abgeschafft wissen will: »Die Züge des Entschlafenen zeigten den Frieden, in dem er eingegangen,« so wird *kein* Vernünftiger, und komme er vom Pfluge her, wohl je so etwas geschrieben haben. Wir wollen hier etwas Schlagenderes anführen. In Bleibtreus Novelle »Raubvögelchen« fällt der Held *vornüber*, mit dem Gesicht zur Erde, *durchs Herz geschossen.* Nun, es steht hundert gegen eins zu wetten, dass der Durchschnittspoetaster diese *unpoetische* Lage verpönt und seinen Helden *hintenüber, mit dem Gesicht nach dem Feind,* fallen gelassen hätte – ohne zu wissen, dass zwar die durch die Lunge Geschossenen so fallen, die durchs Herz Geschossenen hingegen immer vornüber. Und so ähnlich hunderte von Details der Beobachtung, die z. B. den alten Homer zum echten Naturalisten stempeln. Woher aber nimmt das echte Dichteringenium diese unerschöpfliche Masse von Momentphotographien? Es weiß dies selber nicht. Er beobachtet, fühlt und denkt einfach schärfer, tiefer und schneller, als die Durchschnittsmenschen, seien diese nun wissenschaftlich oder unwissenschaftlich. Hierbei ist auch eine Teilung der Arbeit nicht ausgeschlossen. So würde z. B. Liliencron eine feste Stellung in der Litteratur dadurch erobern können (in der Lyrik gelang es ihm teilweise), dass er den *Offizier* und *Junker typisch* in die Dichtergilde eingeführt hat. Diese Teil-Aufgabe muss er aber dann mit ganz anderem systematischen Ernst als bisher verfolgen. Das schulmeisterliche Einschachteln – denn bald wird unsere Schulmeister-Aesthetik, die ja stets mit dem Strome schwimmt, sich des siegreichen Realismus bemächtigen –, ob dies echter oder das unechter Realismus sei, führt nur zu leerem Gerede. Albertis und Conradis Versuche, so grundverschieden sie sind – erstere viel *tüchtigere schöpferische* Arbeit, letztere viel bedeutender in der *reflektiven* Anschauung – mögen als gleichwertige Realismen gelten. Liliencrons und Walloths neueste Versuche aber sind nur realistisch im *äußeren* Detail, in der *inneren* Ausführung hingegen so lodderig und unrealistisch wie möglich.

Ueber allen Detail-Arbeiten aber tront die kosmische Individualität in ihrer umfassenden Bedeutung, in der wie in einem Brennspiegel alle Strahlen des Realismus sich einen. Das ist das »Typische, Allgemeine, Ideale«, von dem unser Brochürenmann in seiner unklaren Vorstellung träumt. Eben dies *Typische*, das mit Recht verlangt wird, bewahrt auch dem *Drama*, das die Heißsporne des Realismus als veraltet verpönen, seine ewige Berechtigung. Die höchste Gattung der Poesie an sich, wie die »ideale« Aesthetik faselt, braucht es nicht zu sein, obschon es zufällig bei Shakespeare und Calderon dazu wurde. Die höchste Gattung der *Kunst* aber wird es bleiben. Diese Quintessenz-Abbreviatur vereinfachter Lebenskonflikte schützt vor der »wissenschaftlichen« Langenweile der endlosen Detail-Aneinanderreihung. Der Vernichtung reif, scheint nur das bequeme Jamben-Drama der Epigonen.

Kurz, wie mit der alten »idealen«, wird auch mit der neuen »realistischen« Aesthetik kein Hund vom Ofen gelockt. Die »Wissenschaftlichkeit« ist der Tod der Poesie. Dann würde der Realismus wirklich zu Gottsched'schem Formalismus führen.

Hocherhaben über neidisches Gekläff wie über die Blindheit unreifer Philister, schreitet die große Dichtkunst der Zukunft, des idealen Realismus und realen Idealismus, ihre dornige nebelverhüllte Bahn, hinauf zum Gipfel des Berges. »Haltet den Mund und arbeitet!« Dies Wort Carlyles möge sich Jeder zurufen, der sich berufen fühlt zu dem großen Werk der Erneuerung.

Ein wahrer Dichter ist realistisch, weil er ein Dichter ist. Aber ein Realismus ohne Poesie ist gar keine Poesie mehr. Diese neue Philister-Pedanterie müsste eigentlich bei allem Dämonisch-Glutvollen, Erhabenen, Herzergreifenden, kreischen: Erlauben Sie, das ist nicht realistisch! – Nach diesem Maßstab wimmeln »Germinal« und »Raskolnikow« von unwahren unrealistischen Zügen. Die einen unsrer Pseudo-Realisten möchten nur Geschlechtliches, die andern nur Berlinische Sittenbilder arbeiten. Unter »sozialem Roman« verstehen sie nichts als Szenen aus dem Leben des vierten Standes oder aus dem Bordell. Komische Unreife von Pseudo-Dichtern! Nein, das eigentliche Hauptprinzip des neudeutschen Realismus soll es sein, die »Liebe« als Dichtungsobjekt in gebührende Schranken zurückzuweisen und große politisch-soziale Konflikte der Gegenwartshistorie zu schildern. – Ein wahrer Dichter ist ein großer Realist, aber nicht jeder Realist ist ein Dichter und »Realismus« ist kein Zauberwort, das feuilletonistisch-schriftstellerische Anlagen zu dichterischer Anschauungskraft ummodeln könnte. Man ist entweder ein Dichter oder man ist es nicht. Ob man die Jungfrau von Orleans oder eine Demimondaine schildert, ist gleichgültig; beides aber soll man lebenswahr schildern – nicht wie Schillers »Jungfrau« und Dumas »Cameliendame« – und die Konflikte, welche man mit den lebenswahren Gestalten verknüpft, sollen darstellenswert und wahrhaft dichterisch angeschaut sein. Ueberhaupt kommt das »Realistische« immer in zweiter Linie – die erste Hauptsache ist, dass etwas *bedeutend* sei. Alle bedeutenden Werke – so auch das *dichterischste* Werk des neudeutschen Realismus, das wir hier nicht nennen wollen – sind für den seichten Formalismus voll grober Fehler, die jeder Tor erkennen kann. Aber die Größe der Anschauung allein entscheidet.

[Anonym] ρ. Die naturwissenschaftlichen Grundlagen der Poesie. Prolegomena einer realistischen Aesthetik von *Wilhelm Bölsche*. Leipzig, Carl Reißner. 1887.

In: DEUTSCHE RUNDSCHAU, Bd. 52 (Juli-Sept. 1887), Juli 1887, S. 159. [Verfasser wohl: Julius Rodenberg].

[S. 159] Zweierlei nimmt sogleich für diesen Versuch des jungen Autors ein: er ruht auf einem Fundament gesunder Bildung und überschreitet nirgends das Maß einer anständigen Discussion. Bölsche trat zuerst, vor Jahresfrist, mit einem Roman »Paulus« auf, der in dieser Zeitschrift (Bd. XLVI, S. 158) anerkennend besprochen worden ist; er hat soeben einen zweiten Roman »Der Zauber des Königs Arpus« folgen lassen, und in vorliegender Abhandlung begegnen wir ihm auf dem Gebiete der Aesthetik. Sehr zu seinem Vortheil unterscheidet er sich von den »jungen Kräften, die jetzt so viel Lärm machen«, durch den Besitz der wissenschaftlichen Vorbedingungen und eines geordneten künstlerischen Vermögens, das in Production wie Kritik vor den Uebertreibungen zurückschrickt. Nach seiner Ansicht ist der Realismus nicht etwas Zerstörendes, vielmehr hat er eine versöhnende Tendenz; nicht den Begriff des Schönen, nur den Widerspruch seiner Erscheinung in einer conventionell gewordenen Poesie will er aufheben. Diese Forderung ist nicht neu; sie wird es nur in ihrer Anwendung auf die veränderten Grundlagen der heutigen Wissenschaft, namentlich Naturwissenschaft. Unser Naturerkennen ist ein anderes geworden, und die Form, in der unsre Aesthetik sich mit ihm in Einklang zu setzen hat, ist der Realismus. Unter diesem Gesichtspunkt betrachtet und beleuchtet der Verfasser die dichterische Behandlung der Willensfreiheit, der Unsterblichkeit, der Liebe. Bölsche vermeidet den Ausdruck »Naturalismus«; seine Lehre gestattet, von einem »realistischen Ideal« zu sprechen, das freilich nicht metaphysisch zu nehmen ist, nicht jenseits unsrer Wahrnehmung und Erfahrung liegt. Er nennt die Dinge beim rechten Namen; aber die Personen – mit Ausnahme Zola's, von welchem, als einer bedeutenden Kraft, trotz seiner Irrthümer er mit Achtung redet – nennt er nicht, weder die kleinen »Zolisten«, noch die deutschen Nachahmer. Und er thut wohl daran. Sein Schriftchen empfiehlt sich um so mehr den Kreisen ernster Leser.

[Anonym:] Zur Ästhetik des Naturalismus.

In: DIE GRENZBOTEN. Zeitschrift für Politik, Literatur und Kunst. Jg. 46, III. Vierteljahr, 1887, Nr. 34 [o. D.: etwa Ende August 1887], S. 372–379.

[S. 372] Es ist vielleicht ein gutes und günstiges Zeichen, daß der Naturalismus, obgleich er nach wie vor mit dem ganzen Fanatismus eines neuen Glaubens auftritt, und zwar eines solchen, der die Welt mit Feuer und Schwert unterwerfen und hundert alexandrinische Bibliotheken für eine verbrennen möchte, doch für notwendig oder wenigstens ersprießlich erachtet, an die Stelle der bloßen Drohungen und prahlerischen Zukunftsverheißungen einige Auseinandersetzungen, ja eine Art von Verständigung treten zu lassen. Und auch das kann als charakteristisch gelten, daß diejenigen, welche diese Auseinandersetzungen unternehmen, den Gebrauch des Wortes »naturalistisch« scheuen und von einer realistischen Ästhetik, einer realistischen Poesie sprechen. Gemeint ist aber damit, wenigstens bei dem ersten Schriftsteller, der, wie von vornherein zugestanden sei, mit anständiger Polemik, in anständigem Vortrag über diese Dinge spricht, nicht das, was wir poetischen Realismus nennen, was alle große und echte Poesie längst besessen [S. 373] hat, was keine, auch bei den kühnsten Flügen des Gedankens und dem höchsten Schwunge der Stimmung, je entbehren kann; gemeint ist in der Schrift, welche wir hier im Auge haben: *Die naturwissenschaftlichen Grundlagen der Poesie*, Prolegomena zu einer realistischen Ästhetik von *Wilhelm Bölsche* (Leipzig, Carl Reißner, 1887), sobald man genauer zusieht, nur das, was als »naturalistische« Richtung in Zola und Ibsen, in den Goncourts und ihren nordischen Schülern zu Tage tritt.

Als wir diese »Prolegomena« einigemale durchgelesen hatten (sie verdienen es wohl), fühlten wir uns lebhaft an eine Stelle Macaulays erinnert. Sie findet sich im siebzehnten Kapitel seiner Geschichte von England und erörtert, daß der Gründer der Quäker, George Fox, einige Konvertiten gemacht habe, »denen er mit Ausnahme der Kraft seiner Überzeugung in allen Dingen unermeßlich untergeordnet war. Durch diese Neubekehrten wurden seine rohen Lehren in eine Form gefeilt, welche etwas weniger abschreckend für den gesunden Verstand und den guten Geschmack war. Keiner der von ihm aufgestellten Sätze ward widerrufen, keine unschickliche oder lächerliche Handlung, welche Fox vollbracht oder gebilligt hatte, ward verurteilt; aber was an seinen Theorien und Handlungen in plumper Weise abgeschmackt war, ward gemildert oder wenigstens nicht dem Publikum aufgedrängt.«

Sollen wir diese Charakteristik ohne weiteres auf den naturalistischen oder, wie er sich selbst nennt, realistischen Ästhetiker anwenden, welcher mit so edler Pietät für unsre große Literatur, mit so reinem Wunsche, aufklärend, verständigend, versöhnend zu wirken, vor dem Publikum erscheint? Wer auf gut Glück gewisse Sätze der Schrift »Die naturwissenschaftlichen Grundlagen der Poesie« herausgreift, wie: »Eine realistische Dichtung ganz ohne Ideal, das ist mir etwas Unverständliches. Im Märchen mag gelegentlich alles schwarz sein. Im Leben giebt es dunkle Sterne und dunkle Menschenherzen. Aber um den finstern Bruder, mit dem ihn am Himmel das Gesetz der Schwere verkettet, kreist der helle

Sirius – neben den kranken Seelen wandeln gesunde. Wer die Welt schildern will, wie sie ist, wird sich dem nicht verschließen dürfen« oder: »Gerade den jüngeren, die jetzt so viel Lärm schlagen, kann nicht genug ans Herz gelegt werden, daß Realisten sein nicht heißen darf, die Fühlung mit den großen Traditionen unsrer Literatur verlieren. Vor allem: vergeßt nicht, daß ihr der deutschen Literatur angehört, daß hinter euch Goethe und Schiller stehen« – dem lacht vielleicht das Herz, und jedenfalls hat er zunächst die Genugthuung, daß gesundes Gefühl und gesunde Einsicht nicht überall vom sensationshungrigen Humbug aufgefressen worden sind.

Leider aber sind Sätze wie die angeführten keine Gewähr für den Geist und Inhalt der »Prolegomena.« Wir glauben dem Verfasser aufs Wort, daß diese und ähnliche Darlegungen keine Aushängeschilder, sondern seine – ja wie sollen wir's nennen – seine Nebenbeimeinung, seine Supplementärüberzeugung [S. 374] sind. In der Hauptsache erweist sich aber die Schrift als ein neuer Versuch, den Begriff einer nicht wissenschaftlichen, aber von der Wissenschaft abhängenden Poesie unserm Publikum geläufig zu machen und Herrn Emil Zola (vor dessen künstlerischen und bessern literarischen Eigenschaften wir unsre Hochachtung oft genug bezeugt haben, um uns dies hier ersparen zu dürfen) als den maßgebenden, auf dem besten Wege befindlichen Schriftsteller der Zeit hinzustellen. W. Bölsche ist ein zu gebildeter Mann, um nicht zu wissen, daß der Aberglaube, die »naturwissenschaftliche Bildung« werde an sich große Dichter und Dichterwerke hervorbringen, ungefähr auf gleicher Linie mit dem Aberglauben unsrer gelehrten Schlesier des siebzehnten Jahrhunderts steht, die von einem, der »in der griechischen und lateinischen Sprache wohl durchtrieben« war, erstaunliche poetische Leistungen erwarteten. Der Verfasser der »Prolegomena« gesteht zu, daß seine »Prämissen«, von denen gleich noch zu sprechen sein wird, nicht die Naturgeschichte des poetischen Genius selbst umschließen. »Geniale Anlage muß der Mensch besitzen, um überhaupt als Dichter auftreten zu können, und zwar eine ganz bestimmte Form genialer Anlage, die sich von der für andre Geistesgebiete individuell unterscheidet.« Diese Anlage, die spezifisch dichterische Begabung vorausgesetzt, die, Herr Bölsche und hunderttausend Naturalisten mögen sagen, was sie wollen, mit der schöpferischen Phantasie und der erhöhten Teilnahme an den Erscheinungen, an der Fülle des Lebens zusammenfällt, ist es nun die wohl erwogene Meinung des Verfassers, daß die Poesie vom Schatz sicherer Erkenntnisse über Menschen und Naturerscheinungen, den die neueste Naturwissenschaft darbiete, sich das Beste aneignen und frühere irrige

Grundanschauungen fahren lassen müsse. Es kann, nach Herrn Bölsche, nicht mehr ungerügt hingehen, wenn die Poesie eine Psychologie bei den lebendigen Figuren ihrer Erzeugnisse verwertet, die durch die Fortschritte der modernen wissenschaftlichen Psychologie entschieden als falsch dargethan sei. Er erhebt die Forderung, daß alle ernste Poesie, die mehr als Fabulirkunst für Kinder sein wolle, sich fortan auf Grund des psychologischen Experiments erheben müsse, daß sie hinter sich werfen müsse die alte Idee der Willensfreiheit, des willkürlichen Handelns und Denkens (als ob die echte Poesie, die immer aus dem Leben geschöpft hat, je irgendwie und irgendwann dem Begriffe der Gesetzmäßigkeit alles Lebens, aller Handlungen und psychischen Vorgänge widersprochen hätte), abrechnen müsse mit dem Phantom der persönlichen Unsterblichkeit (während Herr Bölsche ein paar Seiten weiter bereitwillig einräumt, daß hinter der physischen Welt eine andre, wenn auch unbekannte, stehe, von welcher der scharfsinnigste Naturforscher so viel wisse wie ein Bergmann oder Köhler), sich entwinden müsse dem sentimentalen, nervös überspannten Liebesbegriff, der alles Normale, Natürliche, Gesetzmäßige aufhebe, sich hingeben müsse an das »realistische Ideal,« welches die seitherige historische Dichtung nur als berechtigte Pionierarbeit ansehen könne. »Größer und glänzender als sie, [S. 375] folgt ihr freilich jetzt die Aufgabe, das Geschichtliche nicht darzustellen in künstlich belebten Bildern des Vergangenen, sondern in seiner lebendigen Bethätigung mitten unter uns, in seinen fortschwirrenden Fäden, in seiner Macht über die Gegenwart.«

Wenn man's so hört, möcht's leidlich scheinen,
Steht aber doch immer schief darum,
Denn

das ist keine Poesie oder vielmehr nur ein Bruchteil derselben, die sämtlichen Darlegungen des Verfassers beruhen auf einer großen Überschätzung des Gewinnes, den die moderne Spezialwissenschaft der lebendigen, das Leben notwendig in seiner Ganzheit erfassenden Poesie bringen kann, sie beruhen auf einer Kritik der Literatur vergangener Jahrtausende, die schlechterdings unberechtigt ist, sie beruhen auf einem völligen Ignoriren der Thatsache, daß der darstellende Dichter und jeder Künstler überhaupt es ebenso mit der Erscheinung als mit dem Wesen der Dinge zu thun hat, daß er also, welche wissenschaftlichen Erkenntnisse oder Thatsachen der Erscheinung auch zu Grunde liegen mögen, in seiner Wiedergabe der Erscheinung gebunden ist und sich all der veralteten unwissenschaftlichen Bilder und Redensarten zu bedienen hat, welche Homer, Sophokles, Shakespeare, Cervantes und Goethe eben auch anwenden mußten. Die moderne Wissenschaft weiß uns sehr viel von der Sonne zu sagen, und für sie schirrt allerdings Helios die Rosse nicht mehr an. Aber die Sonne steigt für Millionen Augen noch immer im Osten empor und sinkt im Westen ins Meer, und ihre Wirkungen auf Thun und Lassen, Lust und Unlust des einzelnen Menschen sind die gleichen wie in Homers Zeiten, auch wenn der moderne Dichter noch so gut über Sonnenferne, Sonnendurchmesser, Sonnenflecke und Protuberanzen unterrichtet wäre. Der Mond wird durch die sämtlichen Forschungen Schröders und Mädlers, ja selbst durch das leidenschaftlichste Interesse eines modernen Dichters für Mondgebirge und Mondkrater in seiner Erscheinung nicht verändert, sein Licht füllt noch immer Busch und Thal, und die Stille einer schönen Mondnacht wird fortfahren, hier und dort eine Seele ganz zu füllen. Die Beispiele ließen sich vertausendfachen, und der Verfasser der »Prolegomena« würde es sicher mit uns für eine Albernheit erklären, wenn irgend ein Dichter den Versuch machen wollte, die mittelst Fernröhren, Spektralanalysen und astronomischen Berechnungen gewonnenen Ergebnisse in die poetisch unerläßliche Wiedergabe von Naturbildern und aus der Natur empfangener Stimmungen zu verweben. Für den rechten Dichter giebt es in diesem Betracht kaum Unterschiede zwischen alt und neu, die Linden rauschen über Turgenjews düster sinnenden modernen Menschen noch ebenso wie über Meister Gottfrieds Tristan und Isolde.

Aber – sagt unser naturalistischer oder, wie er will, naturwissenschaftlicher Realist – die Menschen haben sich geändert, der Mensch ist ein andrer ge-[S. 376]worden, jedenfalls hat die moderne Wissenschaft Dinge ergründet, von denen Shakespeare und Goethe vielleicht etwas geahnt, sicher nichts »gewußt« haben. Der Verfasser folgert daraus fröhlich, daß die Wissenschaft vorangegangen, die Literatur zurückgeblieben sei. Obgleich er weiß, daß das poetische Talent von der wissenschaftlichen Begabung so charakteristisch verschieden ist, daß, wenn sich beide Anlagen in ein und derselben Menschennatur vorfinden, die geistige Arbeit beider eine so getrennte sein muß, als die Ergebnisse verschiedne sind, obgleich er zugesteht, daß in all den Dingen, welche dem Dichter nützen können, die moderne Naturwissenschaft der Dichtung noch herzlich wenig geboten hat, obgleich er wissen müßte, daß beinahe jedes Drama und jeder Roman wirklich gestaltungskräftiger Dichtung, nach den strengsten Forderungen seiner naturwissenschaftlichen realistischen Ästhetik durchkorrigirt, nur gewisse einzelne Züge, einzelne Sätze verlieren könnte, obgleich er nicht verschweigt, daß die wissenschaftliche Psychologie und Physiologie durch Gründe, die jedermann kennt, gezwungen sind, ihre Studien überwiegend am erkrankten Organismus zu machen, sich fast durchweg mit Psychiatrie und Pathologie decken und die psychiatrischen und pathologischen Gaben an die Dichtung selbst für Danaergeschenke erklärt, zieht er frischweg gegen das zu Felde, was er idealistische Poesie tauft und was in neun Fällen unter zehn lebendiger, natürlicher, gesetzmäßiger, also dem, womit die Poesie am meisten zu thun hat, entsprechender ist, als jene äußersten Krankheitsfälle, welche die Wissenschaft wohlweislich als äußerste Konsequenzen, als seltene, abnorme Erscheinungen betrachtet und bespricht und welche durch die neueste naturalistische Dichtung mit einemmale zu Typen des Menschlichen gemacht werden sollen. Er selbst räumt ein, daß durch die Welt, die Natur wie ein roter Faden »der fortwirkende Hang zum Glück und zur Gesundheit« hindurchgeht, »an allem Vorhandenen haftet«; mit dieser unbestrittenen Wahrheit aber ist die Poesie gerechtfertigt, welche diesem fortwirkenden Hange folgt und auf ihre uralten Gerechtsame, Menschenglück und -Leid unmittelbar nach lebendigen Eindrücken darzustellen, nicht verzichtet. Daß sie bei innerlich wahrhafter Darstellung, der lebendige Anschauung und lebendige Empfindung zu Grunde liegt, mit den wahren Erkenntnissen der Naturwissenschaft gar nicht in Widerspruch geraten kann, ist für uns ebenso gewiß, als daß sie, mit aller gebührenden Hochachtung vor den naturwissenschaftlichen Erkenntnissen, tausend Dinge nicht brauchen kann, welche für die Wissenschaft sehr wichtig sind. Wenn der Verfasser der »Prolegomena« sagt, daß Wasser für jeden vernünftigen Menschen »das Produkt zweier Elemente, des Wasserstoffs und des Sauerstoffs, bleibt,« so hat er natürlich Recht. Aber er soll erst beweisen, welcher Unterschied sich für die dichterische Darstellung der Erquickung eines brennend Durstigen nach langer Wanderung daraus ergiebt, daß an dem einen Quell ein verschmachtender Mensch trinkt, der nie eine Ahnung davon hatte, daß man das Wasser noch wieder in seine Elemente teilt, und am andern Quell ein verschmachtender junger [S. 377] Doktor der Philosophie, der bei Dubois-Reymond in Berlin und bei Haeckel in Jena gründlichst Naturwissenschaft studirt hat.

Denn, um gleich das letzte zu sagen, auch dieser formvolle und scheinbar besonnene Vorfechter einer realistischen Ästhetik bedient sich des alten Kunstgriffs, den Dichter zu treffen, indem man seinen Narren, den hohlen Dichterling, an seiner Statt dem Publikum vorführt. Wenn Herr Bölsche ausruft: »Eine echte realistische Dichtung ist kein leichter Scherz, 's ist eine harte Arbeit. Einen Menschen bauen, der naturgeschichtlich echt ausschaut und doch sich so zum Typischen, zum Allgemeinen, zum Idealen erhebt, daß er imstande ist, uns zu interessiren aus mehr als einem Gesichtspunkte, das ist zugleich das Höchste und das Schwerste, was der Genius schaffen kann,« wer wird ihm widersprechen wollen? Die echte Dichtung, die wahre Menschenschöpfung, das literarische Kunstwerk waren nie ein Scherz, der wahre Dichter, nicht bloß der große, sondern jeder wirkliche, der wahren dramatischen oder epischen Darstellung fähige Dichter hat den Ernst der Arbeit erfahren. Was Herr Bölsche »die ungeheure Masse der kleinen Dichter« nennt, ist der Hauptsache nach die Masse der Dilettanten, der bloßen Nachstammler vorgestammelter Phrasen, der überlieferten Wiederholung abgestandener Redensarten. Was geht das die Literatur im höheren Sinne an? Und glaubt unser Realist wirklich, die Herren würden verschwinden, wenn die Poesie in seinem Sinne umgestaltet wäre? So viel sich jetzt übersehen läßt, würde an die Stelle einer blöden, verhältnismäßig aber harmlosen Wiederkäuung für poetisch geltender Situationen und Phrasen eine blöde und unter Umständen gefährliche Wiederholung für realistisch geltender häßlicher Situationen und halbverstandener Kraftworte aus dem anatomisch-physiologischen Lexikon treten.

Wie dem auch sei: wir protestiren aufs schärfste wider Gegenüberstellungen wie die folgende: »Der stillvergnügte Poet, der im einsamen Kämmerlein von Sinnen und Minnen träumt, hat für gewöhnlich nur sehr problematische Kenntnisse davon, welcher Riesenarbeit sich der dichtende Genius unterzieht, der im treibenden Banne seiner Gedanken bis zum Unschönsten, was die Welt im gebräuchlichen Sinne hat, dem Krankensaale, vordringt.« Der also verherrlichte naturalistische Poet steht in Wahrheit nicht dem harmlos pfeifenden Minnelyriker gegenüber, sondern dem lebendigen, schaffenden Dichter, der aber die Freude am jungen Leben, den »Trieb nach Glück, Frieden, Wohlsein, harmonischem Ausleben des Zuerkannten« noch nicht verachten gelernt hat, weil er nicht roh sensationell ist. Mit dem Wahrheitsdrange des Dichters, der tief ins Leben eindringen, aus dem Leben herausschaffen will, hat die rohe Effektlust, welche die Gier nach dem um jeden Preis Neuen, und dabei doch nur scheinbar Neuen, befriedigen will, nichts, gar nichts zu schaffen. Wir protestiren ferner gegen die falschen Konsequenzen, die der Herr Verfasser der »Prolegomena« aus an sich richtigen Prämissen zieht. Wenn er dem Publikum erzählt, daß die Dichter den Begriff [S. 378] der Liebe durch Hypersentimentalität, künstliche Gefühle, moralische Unnatur in Grund und Boden hinein verfälscht hätten, wenn er andeutet, daß es in der Poesie üblich sei, lauter Jammer und Träume darzustellen, die ersten Regungen des Wohlgefallens an einer schönen

Erscheinung, die individuelle Sympathie (ohne die es im Leben nicht abgeht und also wohl auch in der Dichtung der Zukunft nicht abgehen wird) zu vergöttlichen, die bräutliche und eheliche Liebe als »gemein« darzustellen, wenn er versichert, daß »nur die strenge Beobachtung der Gesetze und Erscheinungen des Körperlichen in seinen verschiednen Phasen« zu neuen Zielen führen könne, so hören wir wohl die Botschaft, allein uns fehlt der Glaube. Wo ist die echte Poesie, die vergißt, daß die Spitze von Amors Pfeil mit Verlangen gesalbt ist, wo sind die deutschen gestaltenden Dichter, die zu allen Sorten abnormer Liebe erziehen? Was hat unsre große, ernste, lebendige, lebenswarme Literatur im höhern Sinne mit Gouvernantenromanen, in denen sich die Liebespaare nur heiraten, um mit einander und einigen guten Freunden Thee zu trinken, mit Backfischlyrik oder mit den Fratzen impotenter Anbetungslust zu schaffen? Wer will uns anderseits aufreden, daß das gemeinsame Leben von Mann und Weib in dem Zeugungsakte erschöpft sei? Die »Begleitphänomene« gesteht Herr Bölsche zu, auf die eben kommt es an, die entscheiden für den Dichter, womit und mit wem er zu thun hat. Herr Bölsche nimmt die großen Dichter unsers Volkes aus und beschuldigt nur die »Kleinen,« das »nervöse Hungergefühl« über die gesunde Befriedigung des Appetits gesetzt zu haben. Wir wissen nicht, ob er je das leuchtend schöne letzte Gespräch zwischen der blonden Lisbeth und der Baronin Clelia in Immermanns »Münchhausen,« ob er eine Reihe der köstlichsten Novellen von Gottfried Keller oder Theodor Storm gelesen hat. Wir dächten aber, für jede gesunde Empfindung wäre es klar genug, daß diese »Kleinen« die Liebe in keiner Weise gefälscht und leidlich Bescheid von ihr gewußt haben.

Auch hier wirft der realistische Ästhetiker die Begriffe wunderlich durcheinander. »Der vermessene Ausspruch muß mit Macht widerlegt werden, das Gewöhnliche, jene Liebe, die der einfache Spießbürger auch erlebt, wenn er gesund ist, sei zu gering für den edeln Schwung der Poesie,« lesen wir bei Bölsche. Wenn er gesund ist. Gesund in dichterischem Sinne ist nur ein Mensch, der einer starken, warmen, treuen, wahrhaften Neigung fähig ist. Ist er dies, so giebt es keinen wesentlichen Unterschied zwischen Herrn und Knecht. Der Spießbürger, von dem sich der Poet abkehrt, mit allem Recht abkehrt, kann die gesunde, normale Liebe eben nicht erleben. Ohne das freudige Gefühl der Sympathie, ohne die Regungen des Gemütes, ohne »Begleitphänomene« heiratet er die Häßliche, die Unliebenswürdige, die Keifige und die Essigsaure, weil sie zehntausend Thaler oder einen Seifensiederladen besitzt. Wenn es Hypersentimentalität ist, dergleichen nicht als das Gesunde und Gesetzmäßige anzusehen, so hoffen wir, die deutsche Literatur behält diese Sentimentalität. Um die Streit-[S. 379]frage an einem Beispiel zu verdeutlichen, sei an Hermann und Dorothea erinnert. Hermann ist kein Spießbürger, weil er die Neigung zu Dorothea zu fassen, zu behaupten, zum glücklichen Ende zu führen weiß. Er wäre in unsern Augen nicht ein einfacher, sondern ein kläglicher Spießbürger, wenn er sich ohne den leisesten Zug der eignen Natur die zweite Kaufmannstochter aufreden ließe.

Doch genug von alledem, die »Prolegomena« haben uns eben wieder gezeigt, daß die realistische und die spezifisch naturalistische Anschauung von und in der Literatur sich zunächst noch nicht begegnen können, selbst wo es einem Vermittler so ernst um die Versöhnung ist, wie Herrn W. Bölsche nach seiner Versicherung.

fv: Die naturwissenschaftlichen Grundlagen der Poesie.
Prolegomena einer realistischen Aesthetik von *Wilhelm Bölsche*[.] Leipzig, Carl Reißner.

In: NORD UND SÜD, Bd. 42, Heft 126 (Sept. 1887), S. 445. [Verfasser = ?].

Die verständig und mit warmer Begeisterung für den erwählten Grundgedanken geschriebene kleine Schrift stellt sich als das wissenschaftliche Programm einer schriftstellerischen Schule dar, deren Daseinsberechtigung heutzutage Niemand mehr ableugnen kann. Weit entfernt, den Hang zum Pathologischen in den Romanen Zolas zu verkennen, betont Bölsche doch besonders den Fortschritt, den dieselben der Darstellung des menschlichen Seelenlebens als eines durch physische Gesetze bedingten gebracht haben; die Erkenntniß von der Richtigkeit dieser Auffassung nimmt dem Realismus das Widerwärtige und Zerstörende und verleiht ihm etwas Versöhnendes. Bölsche weist dann im Einzelnen nach, wie die höchsten seelischen Empfindungen der Willensfreiheit, des Unsterblichkeitsglaubens und der Liebe auf's engste durch »physische, molekulare Vorgänge« in jedem Falle bedingt sind. Jedem Erdenwesen wohnt die Tendenz zum Glück, aber zu einem irdischen inne: das ist die Voraussetzung, auf der dann das »realistische Ideal« aufgebaut wird in folgenden Sätzen: »Nur allein das Metaphysische muß uns fern bleiben. Das Streben nach harmonischem Ausgleich der Kräfte, nach dauerndem Glück ist in jeder Faser etwas Irdisches. Hier auf Erden ringt der Einzelne nach Seligkeit, hier auf Erden pflanzen wir in heiterem Bewußtsein Keime zum Segen der kommenden Geschlechter. Die dunkle Welt des Metaphysischen sagt hier nichts, hilft nichts, hindert nichts; sie kann einen tröstenden Gedanken abgeben beim Tode; an Glück und Unglück im Leben ändert sie nichts.« Es sei noch darauf hingewiesen, daß durch geschickt verwandte Beispiele auch vielfache Anregung in Bezug auf einzelne Probleme von dem Verfasser gegeben wird. – Bölsche schreibt auch zu der im Verlage von *Hermann Dürselen* in Leipzig erscheinenden »Gesammtausgabe von Heinrich Heines Werken« die Einleitungen. Die vorliegenden vier Hefte, im Ganzen sollen es zwanzig werden, enthalten von ihm eine kurze Biographie des Dichters und Einleitungen zum »Buch der Lieder« und zu den »Neuen Gedichten», die im knappsten Rahmen doch alles Wesentliche berücksichtigen. Unter den zahlreichen neuen Heine-Ausgaben möchten wir daher diese, auch wegen ihrer vorzüglichen Ausstattung bei äußerst niedrigem Preise warm empfehlen. fv.

[Wilhelm Bölsche:] Selbstanzeige:
Die naturwissenschaftlichen Grundlagen der Poesie.
Prologomena einer realistischen Ästhetik von *Wilhelm Bölsche* (Leipzig, Karl Reißners Verlag, 1887.)

In: Der Kunstwart, Jg. 1, 1887/88, Nr. 3 [vom 5. 11. 1887], S. 28.

Die unmittelbare Veranlassung zur Veröffentlichung dieses Buches, das in seiner aphoristischen Form lediglich das Programm einer Ästhetik, nicht diese selbst, zu geben im stande ist, bot mir die gefährliche Vermischung des realistischen Prinzips in unserer modernen Litteratur mit mehr oder minder unlauteren Elementen, die ihrer Entstehung und Ausbildung nach auch nicht das Mindeste mit demselben zu schaffen haben. Im Gegensatz zu der tollen Behauptung, daß »Realismus« so viel bedeute wie wüstes Überschäumen roher Leidenschaft, sinnloses Hervordrängen des Unanständigen in der Dichtung, hielt ich es vielmehr für angebracht, den einfachen Satz, den für die Gegenwart in erster Linie Zola betont hat: daß die realistische Bewegung vor allem Anschluß der Poesie an die so eminent vorwärts entwickelte Naturwissenschaft, Verständigung mit dieser auf dem für Beide gleich wichtigen Gebiete der Psychologie bedeute, einer eingehenden Prüfung und Klarstellung zu unterziehen. Mein Studiengang, der mich reichlich ebenso viel mit den Naturwissenschaften in Berührung gebracht hatte wie mit der Litteraturgeschichte und ausübenden Poesie, gab mir manchen Anhaltspunkt, von dem aus ich hoffen konnte, etwas zur Verständigung in einer Sache beizutragen, die hauptsächlich unter dem Mangel an Entgegenkommen zwischen den Parteien leidet. Das Buch enthält sieben Kapitel, von denen das erste und das letzte allgemein über die Definition, die Tendenz und die Aussichten des Realismus handeln, das zweite bis sechste einzelne Punkte zu eingehender Betrachtung herausgreifen, ohne irgendwie den Stoff erschöpfen zu wollen. Ausführlich in Exkursen behandelt werden: die Willensfreiheit, die Unsterblichkeit, die Liebe, der eudämonistische Zug in der Welt, die darwinschen Probleme. Überall ist in erster Linie im Umriß der gegenwärtige Stand der unabhängigen Naturwissenschaft in der streitigen Sache und im Anschluß daran dann die Bedeutung desselben für die Poesie dargelegt. Der Punkt, in dem die realistische Auffassung sich von der bisher in der Ästhetik durchweg befolgten scheidet, ist wesentlich der: man faßte alle jene Probleme der Willensfreiheit, Unsterblichkeit u. s. w. als philosophisch-religiöse, während sie nach meiner Auffassung durchaus naturwissenschaftliche sind, die nur von der exakten Wissenschaft aus gelöst werden können, so weit eine Lösung überhaupt in menschlichem Vermögen steht. Gewarnt wird andererseits in dem ganzen Buche vor kritiklosem Verwerten naturwissenschaftlichen Materials – beispielsweise der Vererbungstheorie – in der praktischen Dichtung. Es handelt sich im besonnenen Realismus weitaus mehr um eine Methode, als ein willkürliches Aufputzen mit mehr oder minder problematischen Fetzen aus der Physiologie und Pathologie. Zum Schlusse wird mit besonderm Nachdruck der Zusammenhang mit den Bestrebungen unserer goldenen Litteraturperiode betont und hier, wie in der Einleitung, noch einmal energisch die Behauptung zurückgewiesen, daß es sich um eine »Revolution der Litteratur« handele. Was an guten und wertvollen Bestandteilen im modernen Realismus steckt, ist Resultat einer langen logischen Fortentwicklung, an der mitzuarbeiten weniger Ungestüm als vielmehr stille und ernste Arbeit erfordert.   Wilhelm Bölsche.

[Richard M. Meyer:] Wilhelm Bölsche, Die naturwissenschaftlichen Grundlagen der Poesie.
Prolegomena einer realistischen Aesthetik. Leipzig, Reißner, 1887. IV u. 93 S. gr. 8°. M. 2.

In: Philosophie, in: DEUTSCHE LITTERATURZEITUNG, Jg. 8, Nr. 51 v. 17. 12. 1887, Sp. 1803–4.

Prolegomena zu einer realistischen Aesthetik kündet der Titel an; gemeint sind aber eher Epilegomena zu einer realistischen Poetik. Aber freilich – so modern Bölsche auch sonst ist – eine Poetik im alten Stil: immer wieder gesetzgebend, bevormundend, intolerant gegen alles »Unmoderne«. Wie weit B. von der neuen, befreienden Richtung der Aesthetik und Poetik, der empirischen, historischen, toleranten nemlich, entfernt ist, zeige ein Beispiel. Das IV Kap. »Liebe« entwickelt die Physiologie des Liebesgenusses von Protoplasma bis zum Menschen mit jener seltsamen Bestimmtheit der Kenntnis in den dunkelsten Fragen, welche kleine Forscher nicht zum wenigsten von großen unterscheidet. Encheiresin naturae nennts die Chemie! Daran knüpft sich nun – eine Verurteilung aller Poesie der Liebessehnsucht. Ein physiologisches Verlangen zu feiern statt seines Ergebnisses sei töricht; man könnte ebensogut eine Poesie des Hungers wie der unglücklichen Liebe erlauben. Ich lasse mich auf die verschiedenen Dogmen nicht ein, die B. hierbei als selbstverständlich predigt; wer an sie glaubt, lebe danach, erlaube aber Andern, nach andrer Façon selig zu werden. Aber wie entstand denn jene dem Verf. so seltsam erscheinende vermeintliche Verirrung? Nun, nur wenig litterarhistorische Kenntnis gehört dazu um zu wissen, dass die Poesie fast aller Naturvölker diesen »Modegeschmack« teilt. Sie alle haben Lieder der Liebessehnsucht. Natürlich genug: jede Poesie ist ihrem Ursprung nach werbend, strebend. Der Mann singt, um die Geliebte selbst zu erobern oder um die Götter zur Vermittlung zu bewegen. Und deshalb spricht er seinen »Hunger« aus. Und der, der wirklichen Hunger hat, singt das zu gleichem Zweck auch ohne Furcht vor dem Spott des realistischen Aesthetikers, und solche Hungerlieder gehen von uralten Bettelliedern bis zu Ebenezer Elliott, dem englischen Korngesetzdichter, und Andern. Und erst allmählich entwickelt sich aus solcher Lyrik des Verlangens die Epik des Genusses, z. B. in den mittelhochdeutschen Tageliedern – und den mittelhochdeutschen Fressliedern. Was sollen also solche Vorschriften? Liebessehnsucht wird sich auch heut noch im Liede Luft machen, und keine Physiologie wird sie ertöten.

So geht es durchweg mit den Forderungen des Verfs. Sein Ideal ist eine Poesie, der kein Naturforscher Verstöße gegen den jeweiligen Stand der Forschung [Sp. 1804] nachweisen kann. Gewis – je mehr der Dichter weiß, desto besser. Aber weshalb soll das bloß von der Naturwissenschaft gelten? Wenn z. B. Paul Lindau in seiner Gräfin Lea die Heldin um ein Majorat kämpfen lässt – stört diese juristische Unmöglichkeit Kundige etwa weniger als der winzige Verstoß gegen optische Regeln, den Herbert Spencer (in seinem Buch über Erziehung) in einem modernen Bilde mit dem Triumphgeschrei des Schülers einer höheren Realschulklasse nachweist? Und stört andererseits den Unkundigen etwa ein Verstoß gegen die Physiologie mehr als z. B. einer gegen die Geschichtswissenschaft?

Man wird erwidern, heut läge einmal das Hauptinteresse auf den Naturwissenschaften. Allerdings. Im 17. Jh. lag es auf den historischen und geographischen Kenntnissen. Damals erleichterte man deshalb den »politischen Poeten« ihre Kunst durch allerlei Notizensammlungen, welche man nach B. »Prolegomena zu einer galanten Aesthetik« hätte nennen dürfen. Und heut soll wider Belesenheit in der herrschenden Wissenschaft des Tages das Wichtigste für den Dichter sein? Wir wollen nicht, dass wider einseitiger Geschmack nach Scherers Worten »die Poesie arm macht« – wir wollen noch weniger, dass jeder neue Band der Virchow-Hirschschen Jahresberichte einen Jahrgang poetischer Leistungen als »veraltet« abtötet. Das wahrhaft Wichtige der Poesie ist von dem jedesmaligen Stande der Forschung glücklicherweise unabhängig genug, um auch uns noch die Freude an dem von der Naturwissenschaft längst beseitigten Teufel in dem größten dichterischen Meisterwerke der Neuzeit zu gestatten. Und so wenig die Wissenschaft hier Aelteres beseitigt, so wenig hat sie mit dem »psychologischen Experiment«, welches B. in Kap. II breit schildert, Neues geschaffen. Jede beliebige Charakterkomödie erfüllt die Anforderungen, die hier Verf. stellt; und z. B. am Schluss des Eingebildeten Kranken kann B. das Experiment sogar auf der Bühne durch die Figuren Molières selbst vorgeführt sehn.

Fremde Meinungen verwirft der Verf. durchweg als »unklare Träumereien«. Seiner eigenen Klarheit aber stellt der Stil kein glänzendes Zeugnis aus. S. 76 heißt es: »eine mächtige, in tausend und tausend *Adern zerspaltene* Entwicklungs*welle*, in der das Geschlecht der Menschen nur einen einzigen Ast bildet«. Das ganze VI Kp. »Darwin in der Poesie« ist ein Nebelmeer, zusammengeballt aus halben Analogien und ganzen Fehlschlüssen. – Plötzlich heißt es am Schlusse, unsere älteren großen Meister sollten unsere Führer sein. Bleiben wir dabei und lassen wir das naturwissenschaftliche »Regulbuch«, wie wir andere weggeworfen haben!
Berlin.   *Richard M. Meyer.*

Nachwort des Herausgebers

Wilhelm Bölsche,[1] der Verfasser der hier neugedruckten Programm-schrift[2] des frühen deutschen Naturalismus,[3] wurde am 2. 1. 1861 als Sohn von Carl Bölsche in Köln geboren. Sein Vater war vom Jahre 1851–1889 Redakteur der »Kölnischen Zeitung«. Schon als Gymnasiast schrieb Wilhelm naturwissenschaftliche Aufsätze für

---

[1] Die einzige ausführliche Biographie ist: Rudolf Magnus, Wilhelm Böl-sche. Ein biographisch-kritischer Beitrag zur modernen Weltanschau-ung. Berlin, 1909. Vgl. auch Fritz Bolle in: Neue Deutsche Biographie, Bd. 2, Berlin, 1955, S. 400, und seinen Aufsatz: Wilhelm Bölsche, Künder und Deuter der Natur. In: Die freigeistige Aktion (Hanno-ver), Jg. 6, 1962, H. 1, S. 1 ff.

[2] Laut Adolf Stern, Studien zur Literatur der Gegenwart. Neue Folge. Dresden, 1904, S. 25 hat Bölsche in seinen »Grundlagen« »das Geist-vollste und Sachlichste zu Tage« gefördert, »was bisher zu gunsten der jüngsten Revolution geltend gemacht worden ist«. Vgl. die Be-merkungen von William Richard Cantwell in: Der Friedrichshagener Dichterkreis. A study of change and continuity in the German literature der Jahrhundertwende. Diss. Univ. of Wisconsin, Madison, 1967 (masch.), S. 46–49 und Harald Landry, Die naturwissenschaft-lichen Grundlagen der Poesie, in: Kindlers Literatur Lexikon, Band V, Zürich [1969], Sp. 304–305.

[3] Noch immer ist die hervorragendste Darstellung des deutschen Na-turalismus: Albert Soergel, Dichtung und Dichter der Zeit, 21. Aufl., Band 1, Leipzig, 1928, S. 1–422. Die Neubearbeitung des Bandes durch Curt Hohoff, Düsseldorf, 1964, S. 13–325, ist nicht so ausführlich.
   Die beste Darstellung der Poetik des deutschen Naturalismus bei: Bruno Markwardt, Geschichte der deutschen Poetik, Band V, Berlin 1967, S. 1–133 und die Anm. auf S. 707–751. Sehr gute Einführungen bieten auch: Roy C. Cowen, Der Naturalismus. Kommentar zu einer Epoche, München, 1973, S. 7–110, und Theo Meyer in der Einleitung zu seiner Sammlung: Theorie des Naturalismus, Stuttgart, 1973, S. 3–49. Vgl. jetzt auch: Günther Mahal, Naturalismus. München, 1975.
   Vgl. auch: Literarische Manifeste des Naturalismus, hrsg. von Erich Ruprecht, Stuttgart, 1962.

die Zeitschrift »Isis«[4] des alten Karl Ruß, der mit seinem Vater befreundet war und durch seine Schriften großen Einfluß auf den jungen Wilhelm gewann. Als Naturwissenschaftler blieb Bölsche aber sein ganzes Leben Autodidakt, wenn er auch als Student gelegentlich naturwissenschaftliche Vorlesungen besucht hat. Er studierte in Bonn Philosophie und Archäologie, ohne das Studium abzuschließen, verfaßte unter dem Zeichen seines Vaters (§) Kritiken für die »Kölnische Zeitung«, schrieb auch eine Novelle: »Der Lenzritter« (1881).[5] Er machte eine Studienreise nach Italien, als deren Frucht sein erster Roman »Paulus« entstand, ein Roman aus der Zeit des Kaisers Marcus Aurelius, der 1885 veröffentlicht wurde.[6] Er blieb dann ein Jahr in Paris, wo er seinen zweiten Roman, ein Römer- und Germanenmärchen vom Ursprung des Biers: »Der Zauber des Königs Arpus« vollendete. Das Buch erschien 1887. Sein Vater erlaubte ihm schließlich, Schriftsteller zu werden und gewährte ihm bis zu seinem Tode (1891) die Existenzmittel dazu. So zog der junge Bölsche nach Berlin, wo er einen Bonner Freund, den Gelehrten Rudolf Lenz (1863–?) traf, der ihn mit dem jungen Berliner Naturalismus in Berührung brachte. Bölsche befreundete sich mit Bruno Wille (1860–1928), der die beiden in das Kneipzimmer eines Lokals in der alten Poststraße brachte, wo der literarische Verein »Durch« seine Sitzungen hatte.[7]

---

[4] Vgl. die späte Reaktion zu dieser Zeitschrift bei Ernst Jünger, Subtile Jagden, Stuttgart, 1967, S. 70.

[5] Laut Magnus (Anm. 1), S. 25 ist sie erschienen in einer »Frauenzeitung, die jetzt [1909!] aber verschollen ist«.

[6] Vgl. zu allen angeführten Büchern und Aufsätzen von Bölsche: die Bibliographie in diesem Band, deren Nummern benutzt werden, wenn Bölsches Bücher und Aufsätze genannt werden. Der Roman Paulus ist: A 1; Der Zauber des Königs Arpus: A 2.

[7] Vgl. zum Verein »Durch«: Verein Durch. Facsimile der Protokolle 1887. Aus der Werdezeit des deutschen Naturalismus. Hrsg. vom Institut für Literatur- und Theaterwissenschaft zu Kiel. Nachwort von Wolfgang Liepe. Kiel, 1932. Helmut Scheuer, Arno Holz im literarischen Leben des ausgehenden 19. Jahrhunderts. München, 1971. S. 84 –94, und auch die leider nicht fehlerfreie Darstellung bei: Katharina Günther, Literarische Gruppenbildung im Berliner Naturalismus. Bonn, 1972, S. 50–77.
Erstabdruck der berühmten »Thesen« des Vereins in: Magazin für Litteratur, Jg. 55, Nr. 51 vom 18. 12. 1886, S. 810. Sie sind also früher

Dieser Verein war am 6. 5. 1886[8] von Dr. Konrad Küster (1842
–1931) gegründet worden, zusammen mit dem Literarhistoriker
Eugen Wolff (1863–1929) und dem Journalisten Leo Berg (1862
–1908).[9] Das »Protokollbuch« des Vereins ist uns erhalten geblieben,[10] wenigstens für das Jahr 1887. Hier liest Bölsche als Gast
am 18. 3. 1887[11] aus seiner eben verfaßten Programmschrift: er
stellt das Kapitel »Liebe« zur Diskussion. Im »Protokollbuch« steht
darüber folgendes:

18. März.

Lenz giebt einige einleitende Bemerkungen zu dem Buche unseres Gastes
Wilhelm Bölsche: »Die naturwissenschaftlichen Grundlagen der Poesie.
Prolegomena einer realistischen Ästhetik.« Aus dieser selben Schrift liest
sodann der Verfasser selbst den Abschnitt über »Liebe« vor. Lebhafter
Beifall folgte der Vorlesung. Die Tendenz der Debatte ging dahin, mit
Bölsche auszusprechen, daß ein wesentlichster Theil der Liebe, die Sinnlichkeit, nicht genügend in den meisten Dichtwerken beachtet werde, –
andererseits aber gegen Bölsche geltend zu machen, daß die Sinnlichkeit
nicht der Inbegriff und auch meistentheils nicht einmal das in allererster
Reihe stehende Moment der Liebe sei. Auch daß die Poesie nicht in
ihrem Zwecke mit der Wissenschaft zusammenfalle, wurde hervorgeho-
ben. Theilnahmen an der Besprechung außer Bölsche und Lenz besonders
Wille, Julius Hart, Berg und Türk. Eugen Wolff.

Daß der Verein »Durch« schon dem Weltbild des »konsequenten
Naturalismus« ergeben wäre, kann man angesichts dieser Diskussion wohl kaum behaupten. Man spricht auch lieber von »Realismus« als von »Naturalismus«, wie dies übrigens bei Bölsche auch
der Fall ist. Auch die Diskussion über Naturalismus und Idealismus, die wir im »Protokollbuch« finden (22. 4. 87) ist in dieser
Hinsicht[12] noch reichlich vage. Dennoch wird Bölsches Schrift

---

abgedruckt worden, als Helmut Scheuer, a. a. O. S. 86 und S. 264,
Anm. 17 angibt.

[8] Das Datum wird vom Protokollbuch bestätigt, denn am 6. 5. 1887
findet das Stiftungsfest statt, am 8. 5. 1887 die »Nachfeier« in Erkner
bei Gerhart Hauptmann.

[9] Vgl. auch die Darstellung bei Adalbert von Hanstein, Das Jüngste
Deutschland. Zwei Jahrzehnte miterlebter Literaturgeschichte, Leipzig, 1900, das in Einzelheiten der Korrekturen bedarf.

[10] Vgl. Anm. 7.

[11] Nicht am 28. 3., wie Helmut Scheuer schreibt (Anm. 7), S. 87.

[12] Vgl. den Neudruck der Protokolle dieses Tages bei Ruprecht (Anm. 2),
S. 143 und das Faksimile nach S. 144.

schon bald als *die* Programmschrift der jungen naturalistischen Bewegung betrachtet.

In den »Grundlagen« stehen die Naturwissenschaften im Mittelpunkt. Abgelehnt wird die »dunkle Welt des Metaphysischen« (S. 72). Bölsche nennt seine Ästhetik »realistisch«, »weil sie unserm gegenwärtigen Denken entsprechend nicht vom metaphysischen Standpuncte, sondern vom realen, durch vorurtheilsfreie Forschung bezeichneten ausgehen soll« (S. III). Das große Vorbild ist natürlich Zola, dessen theoretisches Hauptwerk »Le roman expérimental« (Paris, 1880)[13] die Stichworte liefert, so, wo er schreibt: »Le romancier expérimentateur est donc celui qui accepte les faits prouvés, qui montre dans l'homme et dans la société le mécanisme des phénomènes dont la science est maîtresse, et qui ne fait intervenir son sentiment personnel que dans les phénomènes dont le déterminisme n'est point encore fixé, en tâchant de contrôler le plus qu'il pourra ce sentiment personnel, cette idée *a priori*, par l'observation et par l'expérience«.[14]

Aber auch andere Quellen für die neuen Anschauungen im deutschen Naturalismus wären hier zu nennen: die naturwissenschaftlichen Erkenntnisse des 19. Jahrhunderts, die Naturphilosophie Gustav Theodor Fechners (1801–1887)[15], der Darwinismus. In allen theoretischen Erörterungen der Zeit spielt das Verhältnis zwischen Naturwissenschaft[16] und Kunst eine große Rolle. Alexan-

---

[13] Zitiert wird nach der Erstauflage, Paris 1880.

[14] A. a. O. S. 52.

[15] Vgl. zu Fechner, dessen Einfluß auf die frühe naturalistische Bewegung einmal näher untersucht werden sollte, Bölsches Aufsatz: Fechner in: Hinter der Weltstadt [A 17], S. 259–347, A 18 (»Was wir dagegen wirklich brauchen«), B 33, die Aufsätze C 10, C 59, C 102, C 147, C 219 [= A 18!], C 230.

[16] Vgl. die recht gute Analyse der naturwissenschaftlichen Wurzeln der naturalistischen Literaturästhetik bei: Dieter Schickling, Interpretationen zur Entwicklung und geistesgeschichtlichen Stellung des Werkes von Arno Holz, Diss. Tübingen, 1965, Teil 1.

Vgl. zum Thema: »Darwinismus in der deutschen Literatur« jetzt vor allem: Günter Schmidt, Die literarische Rezeption des Darwinismus. Das Problem der Vererbung bei Émile Zola und im Drama des deutschen Naturalismus. Berlin-Ost, 1974 (Zu Bölsches »Grundlagen« vgl. S. 68–9 und S. 74) und: Fritz Bolle, Darwinismus und Zeitgeist, in: Zeitgeist im Wandel, Band I, Das Wilhelminische Zeitalter, Stuttgart, 1967, S. 235–287.

der Öhquist verweist in seinem Aufsatz: »Die naturwissenschaftliche Methode in der Aesthetik«[17] noch auf Taines »Philosophie de
l'art«: dieses Werk bilde sozusagen »den Grundstein der ›modernen‹, d. h. empirischen Aesthetik«.[18] Auch Bölsche will die Menschen nicht mehr nach metaphysischen,[19] sondern nur noch nach
naturwissenschaftlichen Gesichtspunkten betrachten. Im Mittelpunkt seiner Ausführungen steht das »Experiment«, das »poetische
Experiment«,[20] das »psychologische Experiment«,[21] andererseits beschränkt er die Tätigkeit des Dichters nicht auf das analytische
Experimentieren, er steht vielmehr noch deutlich unter dem Einfluß des klassisch-romantischen Geniebegriffs[22] und sucht nach
einer Verbindung von Poesie und Experiment, ja am Ende der
Schrift schreibt er sogar: »Macht der Welt klar, daß der Realismus in Wahrheit der höchste, der vollkommene Idealismus ist,
indem er auch das Kleinste hinaufrückt in's Licht des grossen Ganzen, in's Licht der Idee«.[23] »Eine realistische Dichtung aber ganz
ohne Ideal – – – das ist mir etwas Unverständliches«.[24] Schon hier
sieht man, wenn auch noch recht unklar, welchen Weg Bölsche
später gehen wird: er huldigt einem optimistischen Fortschritts-
ideal, er will pädagogisch tätig sein, er will den Fortschritt der
Menschheit fördern helfen, kein reines autonomes Kunstwerk
schaffen. Das Kunstwerk soll dazu dienen, die Realität zu ändern,
zu verbessern.[25]

---

[17] In der Zeitschrift: Moderne Dichtung, Jg. I, H. 2, Nr. 2 vom 1. 2.
1890, S. 132–133.

[18] A. a. O. S. 133.

[19] Vgl. Bölsches scharfe Ablehnung jeder »metaphysischen Ästhetik« in:
Eduard von Hartmann's »Philosophie des Schönen«. Eine Grabrede
auf die schematisirende Aesthetik der Gegenwart, in: Kritisches Jahrbuch, Jg. I, Heft 1, 1889, S. 9–29.

[20] Vgl. die Grundlagen, S. 7 und 9. Zitiert wird die Seitenzählung der EA.

[21] Vgl. die Grundlagen, S. 10.

[22] Vgl. S. 78 ff. der Grundlagen.

[23] Vgl. a. a. O., S. 92.

[24] Vgl. a. a. O., S. 74.

[25] Vgl. Theo Meyer (Anm. 2) S. 15 f. Für Bölsches eigene Korrekturen
zu seinen Grundlagen, vgl. vor allem seinen Aufsatz: Die sozialen
Grundlagen der modernen Dichtung in den »Sozialistischen Monats-
heften«, Jg. 3 (1897): C 140. Manfred Brauneck betrachtet in sei-

Bölsches Schrift wurde stark beachtet und im allgemeinen gün-
stig aufgenommen. Ein deutliches Bild von der Rezeption der
Schrift geben die Rezensionen, die ich habe finden können und
die S. 66–83 abgedruckt worden sind. Carl Bleibtreu bespricht die
Schrift schon, ehe sie erschienen ist.[26] Seine Besprechung ist recht
charakteristisch für ihn: seine eigene Programmschrift: »Revolution der Litteratur«[27] erscheint im Juni 1887 in dritter Auflage
und er wittert in Bölsche einen gefährlichen Konkurrenten. Die
übrigen Besprechungen sind oft sehr aufschlußreich für die Zeitschrift, in der sie erschienen sind. Sie sind aber im allgemeinen
recht freundlich, was natürlich auch mit der Tendenz von Bölsches Schrift zusammenhängt: er polemisiert, im Gegensatz zu
Bleibtreu und Alberti und später Arno Holz, kaum, persönliche
Angriffe fehlen völlig. Von den Zeitgenossen nennt er nur Zola
und Darwin immer wieder. Er schreibt selbst auch am Ende der
Schrift: »In dem Augenblicke, wo ich diese Studie abschliesse, hat
die realistische Bewegung bei uns in Deutschland eine Form angenommen, die es mehr und mehr wünschenswert erscheinen läßt,
das Wort zu friedlicher Verständigung zu ergreifen« (S. 88 der EA).
Dennoch fehlt es nicht an kritischen Stimmen, auch nicht aus
dem eigenen Lager.[28] Eugen Wolff erörtert die Schrift in: »Die
jüngste deutsche Litteraturströmung und das Princip der Mo-

---

nem jüngst erschienenen Buch: Literatur und Öffentlichkeit im
ausgehenden 19. Jahrhundert. Studien zur Rezeption des naturalistischen Theaters in Deutschland. Stuttgart, 1974, S. 126–130
diesen Aufsatz als »deutliche Korrektur gegenüber seiner ersten
Programmschrift« (S. 130).

[26] Daß Bleibtreu diese Rezension im Magazin für Litteratur veröffentlicht hat, geht deutlich hervor aus seinen Worten: »unsre Anschauungen«, wenn über die »Revolution der Litteratur« die Rede ist (S. 67).
Er bespricht die »Aushängebogen« der Grundlagen in der Nr. vom
9. 4. 1887, vermutlich war also Bölsches Schrift damals noch nicht
erschienen.

[27] Bleibtreus Revolution der Literatur ist von mir kommentiert neu
herausgegeben worden: deutsche texte 23, Tübingen, 1973.

[28] Merkwürdigerweise urteilen die Gegner der naturalistischen Bewe-
gung oft günstiger als die Naturalisten selbst. Vgl. etwa: Friedrich
Kirchner, Gründeutschland. Ein Streifzug durch die jüngste deutsche
Dichtung. Wien/Leipzig, 1893, S. 58–59, wo er vor allem Bölsches
realistisches Ideal: »die Tendenz zum Harmonischen, Gesunden,
Glücklichen« (vgl. Grundlagen, S. 71) hervorhebt.

derne«,[29] wo er Bölsche vorwirft, »eine Sammlung interessanter, wenn auch nicht gerade tiefgehender Einzelstudien zu bringen« und Bölsches Forderung, der Realismus sei in Wahrheit »der höchste, der vollkommene Idealismus«[30], beantwortet mit der Bemerkung: »Trefflich! aber ist das nicht Sache des Aesthetikers selbst? In der That, hätte Bölsche seine Schrift dem erschöpfenden Nachweis auch nur dieser *einen* neuen Wahrheit gewidmet, er hätte sich ein ungleich größeres Verdienst erworben, als durch die gebotene Sammlung von Einzelbehauptungen ohne Beweis und theilweise ohne Folgerichtigkeit«.[31] Conrad Alberti, der in seinem bedeutenden Buch »Natur und Kunst«[32] die alte Ästhetik heftig angreift[33] und auch die »Grundsteine« einer »neuen induktiven Aesthetik« nennt,[34] übt an Bölsche auch Kritik: »Nun möge niemand meinen [...], daß, wer seinen Kurs Physiologie, Nationalökonomie, Technologie beendet oder summarische Handbücher desselben gelesen hat, hingehen und ein modernes Kunstwerk schaffen könne [...]. Wenn aber Bölsche sich auf Zola und dessen Lehren vom Experimentalroman beruft, so beweist er damit nur, daß er Zola um nichts besser mißverstanden hat, als dies die meisten der Durchschnittsleser zu tun pflegen«. »Bölsche sieht in Zolas Dichtungen immer nur den nach allen Richtungen hin mit oft genug pedantischer Genauigkeit durchforschten und als Typus aufgestellten ›coin de la nature‹, aber das ›tempérament‹, mit dem er geschildert ist, sieht er nicht, und doch ist es dies allein, was Zola

---

[29] Heft 5 der Litterarischen Volkshefte, Berlin 1888. Neudruck in: Die literarische Moderne, eingel. u. hrsg. von Gotthart Wunberg, Frankfurt/M., 1971, S. 3–42. Zitat in der EA auf S. 41, im Neudruck auf S. 35.

[30] Vgl. die Grundlagen, S. 92.

[31] Bei Wolff (Anm. 29) S. 42 der EA, im Neudruck S. 36.

[32] Im Jahre 1890 in Leipzig erschienen. Das Buch besteht zum Teil aus stark umgearbeiteten und erweiterten Aufsätzen, die zuvor in der Gesellschaft und im Magazin für Litteratur erschienen waren.

[33] A. a. O. S. 3–16.

[34] Interessanterweise nennt er als »Grundsteine für eine neue, induktive Aesthetik« auf S. 11: Herders »Ideen« und kritische Schriften, Wienbargs »Aesthetische Feldzüge«, Fechners »Vorschule der Aesthetik«, Taines »Philosophie de l'art« und, was sehr bemerkenswert ist: Emile Hennequins »Critique scientifique«, die 1888 erschien. Vgl. zu Hennequin (1858–1888): J.-C. Carloni et Jean-C. Filloux, La Critique littéraire, Paris, 1969[6], S. 50–53.

zum Dichter macht«.[35] Auch Arno Holz greift Bölsche in seiner
Nachfolge Zolas an: er weist auf die Unzulänglichkeit des Ver-
gleichs eines Dichters mit einem Experimentator hin und sagt:[36]
»Ein Experiment, das sich blos im Hirne des Experimentators ab-
spielt, *ist* eben gar kein Experiment«.

Sehr bemerkenswert und befremdlich ist die sehr negative Kritik Richard M. Meyers in der »Deutschen Litteraturzeitung« (abgedruckt auf S. 81–83 dieses Bandes). Diese Kritik ist um so auf-
fälliger, weil sich Wilhelm Scherer (1841–1886) in seiner »Poetik«,
die Meyer 1888 posthum bei Weidmann in Berlin veröffentlicht
hat, mit den Ansichten Bölsches teilweise eng berührt. Scherer hat
mit seinen Vorlesungen in Berlin auf einige junge Naturalisten

---

[35] A. a. O. S. 90–91. Im Aufsatz: Kunst und Darwinismus, der Grundlage zu diesem Kapitel, im Magazin, Jg. 1887, S. 313–316 u. 330–333,
fehlt Bölsches Name noch.

Die Vermutung Günther Mahals (Naturalismus, München, 1975,
S. 153, Fußn. *), Arno Holz zitiere die berühmte Formel Zolas: »Une
œuvre d'art est un coin de la nature vu à travers un tempérament«
(Mes Haines, Nouvelle Edition, Paris, 1879, S. 25 und auch S. 229)
mit Bedacht falsch, scheint mir nicht richtig zu sein. Zola selbst nämlich hat schon diese Formel geändert und zwar in dem Band: Le
roman expérimental, Paris 1880, wo er im Aufsatz »Le naturalisme au
théâtre« auf S. 111 der Erstausgabe schreibt: »Il est certain qu'une
œuvre ne sera jamais qu'un coin de la nature vu à travers un tempérament«. Vgl. dazu die Worte von Georg Brandes in seinem Aufsatz
»Emile Zola« (Erstdruck in der »Deutschen Rundschau«, Bd. 54,
1888, S. 27–44, Neudruck in den »Litterarischen Volksheften«, Nr. 10:
G. Brandes, Emile Zola, Berlin, 1889, Zitat auf S. 7 und in: Menschen und Werke[3], Frankfurt/Main, 1900, S. 229: »Und er [Zola]
drückte denselben Gedanken [Taines] mit seinen eigenen Worten aus,
indem er sagte: »Un [sic] œuvre d'art est un coin de la création vu à
travers un tempérament«. Später, als er sich in das Wort »Naturalismus« verliebt hatte, ersetzte er den theologischen Ausdruck *création*
mit dem gottlosen Ausdruck *nature*.«

Wie mir scheint, hat Holz entweder die 2. Formulierung Zolas
gekannt und benutzt oder aber er zitiert Brandes' Aufsatz. 1890
taucht die Formel bereits bei Conrad Alberti, Natur und Kunst, Leipzig, 1890, S. 91 auf; bei Holz aber, soviel ich weiß, erst 1891 in seinem Werk: Die Kunst. Ihr Wesen und ihre Gesetze. Berlin, 1891.

[36] Arno Holz, Zola als Theoretiker. Freie Bühne, Jg. I, 1890, S. 101–104.
Zitat: S. 104.

großen Einfluß gehabt, so auf Otto Brahm und Paul Schlenther.[37] In seiner »Poetik« bezieht er sich wie Bölsche auf Zola, auf Darwin, er hält die Naturwissenschaften für den »Triumphator«.[38] Er definiert als Programm seiner »wissenschaftlichen Poetik«: »die dichterische Hervorbringung, die wirkliche und die mögliche, ist vollständig zu beschreiben in ihrem Hergang, in ihren Ergebnissen, in ihren Wirkungen«.[39] Seine Feindschaft gegen das »Metaphysische«, seine Betonung der Naturwissenschaften, seine Anwendung der naturwissenschaftlichen Methoden und Techniken auf die Poetik, sein Versuch, die Literatur in ihrer Wirkung zu beschreiben, berühren sich mit ähnlichen Gedankengängen Bölsches, dennoch lehnt Meyer Bölsches Buch ab und wird Scherers »Poetik« von Julius Hart in noch schärferer Form abgelehnt und eine »schein-empirische Poetik« genannt.[40] Auch Bölsche ist dem Schererschen Buch gegenüber sehr kritisch und schreibt in seinem Aufsatz: »Ziele und Wege der modernen Aesthetik«[41]: »Auf Scherer will ich hier nicht viel Gewicht legen, denn der wertlose Zettelkasten, den man als »Poetik« seinem guten Namen angehängt, kann nicht als seine eigentliche Stimme gelten; trotzdem: welche Menge von bösen Wirrsalen selbst schon auf diesen losen paar Blättern, wie wenig wirkliches Erfassen der Dinge, selbst bei größter Bemühung um verständnisvolles Entgegenkommen! [...] Was versteht Scherer unter Anschluß an die Naturwissenschaft? Aufputz mit ein paar zufällig gefundenen Läppchen, die sofort überflutet werden mit voreiligen Hypothesen und geistreichen Apercus, greulichster, bis an's Lächerliche streifender Mißbrauch naturwissenschaftlicher Methode, – kurz ein Nichts, eine absolute Unfähigkeit, das Instrument selbst bei voller Einsicht seiner Unentbehrlichkeit auch nur einen Augenblick lang selbst zu handhaben.«[42] Die moderne Germanistik ist zu einer gerechteren Beurteilung des Buches gelangt.[43] Dennoch dürfte

[37] Vgl. Winthrop H. Root, Naturalism's Debt to Scherer, in: Germanic Review, Jg. 11, 1936, S. 20–29.

[38] Wilhelm Scherer, Vorträge und Aufsätze, Berlin, 1874, S. 411.

[39] In seiner Poetik, S. 65, vom Verfasser gesperrt gedruckt.

[40] Vgl. seine Rezension der Poetik im Kritischen Jahrbuch, Jg. 1, Bd. 1, 1889, S. 29–39: Eine schein-empirische Poetik.

[41] In: Moderne Dichtung, Jg. 1, H. 1, Nr. 1 vom 1. 1. 1890, S. 29–34.

[42] A. a. O.: S. 30 und 32.

[43] Vgl. etwa Bruno Markwardt, Geschichte der deutschen Poetik, Band 4, Berlin, 1959, S. 504–510.

es sich lohnen, anhand zeitgenössischer Dokumente, Rezensionen usw. genau nachzuprüfen, wie es zu diesen Mißverständnissen kam.

Schon 1886 hat Bölsche Gerhart Hauptmann, vermutlich durch die Vermittlung von Rudolf Lenz, kennengelernt. Hauptmann wohnte damals in Erkner: »tief in der östlichen Kiefernheide, eine Bahnstunde von Berlin«.[44] Bald verband eine tiefe lebenslängliche Freundschaft Bölsche und Hauptmann.[45] 1888 siedelte auch Bölsche über: nach Friedrichshagen, auch östlich von Berlin. Hier, »hinter der Weltstadt«,[46] bildete sich der berühmte und viel erörterte »Friedrichshagener Kreis«, der im Grunde nur aus Bölsche, Bruno Wille und Julius und Heinrich Hart bestand. Zwar kehrten viele Dichter in Friedrichshagen ein, so Carl und Gerhart Hauptmann, Richard Dehmel, Frank Wedekind, August Strindberg, Gustav Landauer, Arno Holz, Johannes Schlaf und viele andere. Ob wirklich von einem »Dichterkreis« gesprochen werden kann, ist zweifelhaft. Bölsche selbst bestreitet dies und spricht von der »putzigen Legende« einer »geschlossenen naturalistischen Dichterschule«, die es *so* natürlich nicht gegeben hat.[47] Dennoch kann kaum geleugnet werden, daß hier denn doch so etwas wie eine Gruppe gleichgesinnter Menschen zusammentraf.

---

[44] Vgl. Hinter der Weltstadt (A 17), S. VI.

[45] Vgl. vor allem die ausführliche Studie: Hans Urner, Gerhart Hauptmann und Wilhelm Bölsche in ihren Anfängen. In: Jahrbuch für Berlin-Brandenburgische Kirchengeschichte, Jg. 45, 1970, S. 150–176, der alle einschlägige Literatur zum Thema nennt.

[46] Vgl. den Titel des Essaybandes: Hinter der Weltstadt (A 17), mit dem bezeichnenden Untertitel: Friedrichshagener Gedanken zur ästhetischen Kultur.

[47] Vgl. die Einleitung zu Bölsches Essayband Hinter der Weltstadt (A 17), vor allem aber seinen hochinteressanten Aufsatz »Friedrichshagen in der Literatur« im Band Auf dem Menschenstern (A 32), S. 245–259. Es gibt zahlreiche Bücher und Aufsätze mit Erinnerungen an Friedrichshagen, die die ausführliche und reichhaltige Bibliographie bei Cowen (Anm. 3), S. 235–287 und die Internationale Bibliographie zur Geschichte der deutschen Literatur, Band II, 1, Berlin, 1971, S. 409, verzeichnen. Vgl. auch Katharina Günther (Anm. 7), S. 123–129; Th. Klaibers Aufsatz: Die neue Weltanschauung des Friedrichshagener Kreises, in: Deutschevangelische Blätter, Jg. 29, 1904, S. 345–357. Vgl. vor allem die Dissertation von

Bölsche bleibt auch aktiv in der naturalistischen Bewegung: er gründet am 29. 7. 1890 zusammen mit seinen Freunden Bruno Wille und Julius Türk (1865–1926), damals Schauspieler und Rezitator, die »Freie Volksbühne«.[48] Dies geschah im Böhmischen Brauhaus an der Landsberger Allee im Osten Berlins. Sie war, im Gegensatz zu dem 1889 von Otto Brahm (1856–1912) und Paul Schlenther (1854–1916) gegründeten Theater »Freie Bühne« als wirkliche Bühne für die Arbeiter geplant und hat trotz aller Schwierigkeiten bis 1933 als Theater der sozialistischen Bewegung existiert.[49] Bölsche gehört auch zu den Gründern der »Freien Litterarischen Gesellschaft« in Berlin, die Vortragsabende veranstaltete, über die er in der »Freien Bühne« referiert hat.[50]

Von Friedrichshagen aus redigiert Bölsche auch vom Ende des 1. Jahrgangs bis zur »October-Nummer« 1893 die »Freie Bühne«, das Hauptblatt der Berliner Naturalisten, das von S. Fischer verlegt wurde. Unter seiner Redaktion wird weniger die »ästhetische Seite der Literatur« gepflegt, wie dies unter seinem Vorgänger

---

William Richard Cantwell, Der Friedrichshagener Dichterkreis (Anm. 2).

Vgl. zu den »Friedrichshagenern« jetzt: Herbert Scherer, Bürgerlich-oppositionelle Literaten und sozialdemokratische Arbeiterbewegung nach 1890. Die »Friedrichshagener« und ihr Einfluß auf die sozialdemokratische Kulturpolitik. Stuttgart, 1974.

[48] Vgl. zur Geschichte der »Freien Volksbühne«: Katharina Günther (Anm. 7), S. 102–122 und auch die »Schriften über die Freie Volksbühne«, die von Franz Mehring veröffentlicht wurden und jetzt gesammelt sind in seinen Gesammelten Schriften, hg. von Hans Koch, Band 12, Berlin, 1963, S. 248–315. Vgl. zu der Geschichte der Berliner Volksbühnen: Siegfried Nestriepke, Geschichte der Volksbühne Berlin. I. Teil: 1890–1914. Berlin, 1930, und Heinz Selo, Die »Freien Volksbühne« in Berlin. Geschichte ihrer Entstehung und ihre Entwicklung bis zur Auflösung im Jahre 1896. Diss. Erlangen 1930. Vgl. auch die Literaturangaben in: Sigfrid Hoefert, Das Drama des Naturalismus², Stuttgart, 1973, S. 23–24.

[49] Neben der »Freien Volksbühne« gab es ab 1892 die »Neue Freie Volksbühne«, die einen größeren Aufschwung nimmt und 1914 sogar ein eigenes Theater am Bülowplatz eröffnen konnte. Ab 1919 eine Wiedervereinigung der beiden Bühnen.

[50] Angekündigt wurde die »Freie Litterarische Gesellschaft« im Magazin für Litteratur, Jg. 59, 1890, Nr. 45, S. 712: Theodor Fontane steht an erster Stelle unter dem Aufruf, Leo Berg wird Schriftführer.

Otto Brahm geschah, als die »soziale Seite«. Selbst hat er ausführlich über diese Zeit berichtet[51] und schreibt dazu: »Eine Unmasse habe ich selbst geschrieben, ich bin wohl stets mein eifrigster Mitarbeiter gewesen«. Leider läßt sich nach dem Untergang sowohl des S. Fischer-Archivs als des Bölsche-Archivs im Zweiten Weltkrieg nicht mehr genau feststellen, welche anonymen Beiträge Bölsche in diesen Jahren selbst verfaßt hat. Nach der Umwandlung der Zeitschrift (sie war eine Wochenschrift) in eine »dickleibige Monatsschrift«[52] verliert Bölsche die Lust am Ganzen: die Zeitschrift habe ihm »von dem Tage an nicht mehr die rechte Freude gemacht und im Herbst 1893 gab es eine gewisse Krisis. Ich legte im Banne intimer Schicksale die Leitung nieder und ging auf Reisen, in die Schweiz.«[53] Bölsche spielt hier auf den Zusammenbruch seiner ersten Ehe an, die 1895 geschieden wurde. 1897 heiratet er zum zweiten Male:[54] die Tochter Johanna des Ingenieurs Wilhelm Heinrich Walther. 1891 erscheint sein letzter Roman: »Die Mittagsgöttin«. Mit Recht sieht neuerlich Klaus Günther Just in diesem Roman einen »Wendepunkt in Bölsches Schaffen«.[55] Er weist in diesem Zusammenhang auf die Naturbeschreibungen hin: Bölsche schildert hier seinen geliebten Spreewald. Diese Beschreibungen sind, wie Just[56] sagt, »in ihrer Präzision, einer Präzision von außerordentlicher Suggestionskraft [...] bis heute unerreicht geblieben«. Er fügt hinzu, daß Bölsches eigene Produktion später auf der Linie liege, die »der Ich-Erzähler im Roman als seinen eigenen Weg in die Zukunft hinein projiziert hatte«.[57] Im Roman erkennt Just den Weg Bölsches von den antimetaphysischen »Grundlagen« zu der 1905 erschienenen Einleitung: »Über den Wert der Mystik in unserer Zeit« in Bölsches Neuausgabe der mystischen Gedichtsammlung »Der Cherubinische

---

[51] In seinem Aufsatz: »Friedrichshagen in der Literatur«, s. Anm. 47. Zitat auf S. 253.

[52] A. a. O., S. 256.

[53] A. a. O., S. 257.

[54] Vgl. Fritz Bolle in der Neuen Deutschen Biographie, Band 2, Berlin, 1955, S. 400.

[55] Klaus Günther Just, Von der Gründerzeit bis zur Gegenwart. Die deutsche Literatur der letzten hundert Jahre. Bern/München, 1973, S. 174–176, Zitat auf S. 175.

[56] A. a. O., S. 175.

[57] A. a. O., S. 175.

Wandersmann« von Angelus Silesius[58] aus dem 17. Jahrhundert, und zu seinen so zahlreichen naturwissenschaftlichen Büchern und Aufsätzen. Seit 1891 muß Bölsche selbst das tägliche Brot verdienen, da dann sein Vater stirbt und die finanzielle Unterstützung aufhört. Er tut dies durch Vorträge in Arbeiterbildungsvereinen, durch die Veröffentlichung zahlreicher Aufsätze in allen möglichen Zeitschriften und Zeitungen, alle in populärer Form, die dann später in Sammelbänden veröffentlicht wurden, wobei sie dann gewöhnlich stark umgearbeitet und erweitert wurden.[59] Sein größter Erfolg war dabei das dreibändige Werk »Das Liebesleben in der Natur«[60], aber auch seine 17 Kosmos-Bändchen, die kurz und prägnant sein sollten, haben oft sehr zahlreiche Auflagen erlebt und ihn berühmt gemacht. Er sah diese Arbeit selbst als die logische Fortsetzung seiner literarischen Arbeit und so sahen es auch die Zeitgenossen. Franz Diederich hat zweifellos recht, wenn er in seinem Aufsatz: »Wilhelm Bölsche« in der Zeitschrift »Die Hütte«[61] bemerkt: »Bölsche ist dem Naturalismus, dem er damals in den achtziger Jahren die Sturmfahne halten half, unverbrüchlich treu geblieben. [...] Poesie und Naturwissenschaft, die sich verbinden, um dem Menschen Glücksbringer seelischer Gesundheit zu werden, das war das Programm und noch heute gilt es. [...]. Bölsche ist Zeile um Zeile künstlerischer Naturalist. Er dehnt das soziale Milieuprinzip des literarischen Naturalismus auf die Schilderungen aus dem Leben des Weltalls überhaupt aus«.[62] So wird Bölsche der Popularisator der Naturwissenschaften, wobei er das Prinzip der »literarischen Einkleidung« verwendet, eine »Lyrisierung«.[63] Als Komponenten seiner Lebensphilosophie könnte man

[58] Vgl. die Bibliographie Nr. B 12.
[59] Vgl. die Vorbemerkung zur Bibliographie, S. 100–101.
[60] Bibliographie Nr. A 10.
[61] Jg. 1, 1902/03, Heft 24, 2. Märzheft 1903, S. 716–720.
[62] A. a. O., S. 716 und 719.
[63] So formuliert bei R. Hamann u. J. Hermand, Impressionismus, München, 1972, S. 101. Er hat bei der Popularisierung der Naturwissenschaften zahlreiche Vorbilder und Nachfolger gehabt, man denke nur an Ernst Haeckels Bestseller Die Welträtsel (1899), aber auch an Bücher wie: Hieronymus Lorm, Der Naturgenuß. Ein Beitrag zur Glückseligkeitslehre, Berlin 1876, die 2. Aufl. erschien 1883 in Wien u. Teschen; William Marschall, Spaziergänge eines Naturforschers. Plaudereien und Vorträge, Leipzig, 1895; Friedrich Ratzel, Über

den Monismus seines Freundes Ernst Haeckel nennen, aber auch den Darwinismus und den Vitalismus. Dies alles verwandelt sich bei ihm zu einer Weltanschauung der Bewegung, zu einem »Pandynamismus.«[64] Er selbst[65] nennt dieses Grundprinzip: »das Rhythmische«. Sein großer Roman »Sternenfriede«, in dem er sein »idealistisch-panpsychistisches Weltbild«[66] darlegen wollte, ist »über der Tagesschreiberei aber nicht Wirklichkeit geworden« (Fritz Bolle[67]). Zwar fehlt es bei allem Lob der Zeitgenossen nicht an kritischen Stimmen, so kritisierte Leo Berg sein »Liebesleben in der Natur« ungemein scharf[68] und schreibt Egon Friedell seine geistreiche Parodie »Was man unter populärer Naturwissenschaft versteht. Eine Bölschiade«. Im allgemeinen aber wird sein Werk zeit seines Lebens sehr positiv beurteilt, wovon folgende Zitate zweier Zeitgenossen zeugen mögen:

Naturschilderung, München/Berlin, 1904 usw. Vgl. auch den ähnlichen Erfolg, den Maurice Maeterlinck hatte, etwa mit seinem Buch: La Vie des Abeilles, Paris 1901.

[64] Vgl. zu Bölsches Weltanschauung etwa noch: Rudolph Penzig, Wilhelm Boelsche als Religionsphilosoph. In: Ethische Kultur, Jg. 32, Nr. 3 v. 15. 3. 1924, S. 17–20, E. V. Zenker, Wilhelm Bölsches Weltanschauung. In: Freie Welt (Gablonz a. d. Neiße), Jg. 11, 1930, S. 334 –341. Selbst schreibt Bölsche: »Ich bin, obwohl es wegen meiner alten und persönlich nie getrübten Lebensfreundschaft mit Haeckel immer wieder, bald lobend, bald tadelnd, verbreitet wurde, in reifen Jahren niemals Materialist gewesen. Habe immer an Sinn, Ganzheit, geistige Grundprinzipien in der Natur geglaubt« (C 500, S. 27).

[65] Vgl. vor allem den Aufsatz: »Gibt es Kunstformen in der Natur«? im Band: Stirb und Werde (A 37), S. 154–160.

[66] Vgl. Fritz Bolle in: NDB (Anm. 54), S. 400.

[67] A. a. O., S. 400.

[68] Leo Berg, Aus der Zeit – Gegen die Zeit. Gesammelte Essays, Berlin [usw.], 1905, S. 277–308: »Wilhelm Bölsche und sein Liebesleben in der Natur«. Eine ungemein scharfe Verurteilung, vor allem von Bölsches Stil.

Egon Friedells Parodie ist in der Neuen Revue, Jg. 1, 1907/08, 2. Novemberheft 1907, S. 162–163, erschienen. Vgl. auch Fritz Wittels' scharfe Worte: »[...] das Gastmahl des Plato führt tiefer in das Wesen der Liebe als Wilhelm Bölsche, der das Liebesleben in der Natur im schnodderigen Berliner Ton erklärt«. *Die Fackel*, X. Jahr, Nr. 250 v. 14. 4. 1908, S. 17. Und Lublinski in: »Die Bilanz der Moderne«, Berlin, 1904 [Neudruck hg. v. Gotthart Wunberg, Tübingen, 1974], S. 153–155, der vorsichtig abwägend urteilt.

Gerhart Hauptmann sagt 1931:[69]

»Als ein wahrer, freier und echter Volkslehrer hast du Hundert-
tausende, ja Millionen von Deutschen, Männer, Frauen aller
Stände, jung und alt, belehrt und ihnen das Walten Gottes in der
Natur und der Natur in Gott erschlossen. [...]. Was sich in dei-
nem Wesen manifestiert, ist allerdings weniger der Geist der plato-
nischen Akademie und ihrer deutschen Ableger als etwas vom
Geist des Sokrates, der gleichsam spielend lehrte, wo er gerade
ging und stand [...]. Und wer dich kennt, deine Schriften kennt,
der kennt auch deine sokratische Ironie, eine Ironie verbunden
mit Güte, die du, mild verstehend und verzeihend, auch der
Menschenwelt entgegenbringst.«

Und vielleicht noch charakteristischer ist Bertha von Suttner in
ihren »Lebenserinnerungen«,[70] wo sie schreibt:

»Damals [um 1896] hatten wir Bölsche entdeckt. Der führte
uns in die Hallen der Naturwunder, weihte uns ein in die Mysterien der Universumspracht. Oft geschah es, wenn das Gelesene
uns eine neue Offenbarung brachte, daß wir im Lesen innehielten,
um einen stummen Händedruck zu tauschen.«

Bis 1918 hat Bölsche in Friedrichshagen gewohnt, obwohl er
bereits 1903 eine »hundertjährige halb zerfallene Bauernkate«[71] in
Schreiberhau im Riesengebirge gekauft hatte, wo man den Sommer
verbrachte. 1918 siedelt er endgültig nach Oberschreiberhau über,[72]
wo er bis zu seinem Tod, bis zuletzt publizistisch tätig, gewohnt
hat. Dort ist er am 31. 8. 1939 gestorben.[73]

---

[69] Zitiert nach den Sämtlichen Werken, hg. v. Hans-Egon Hass, Band VI,
Frankfurt/M., 1963, S. 816–817. Es handelt sich um die »Ansprache
auf dem Festabend der Gemeinde Schreiberhau für den siebzigjähri-
gen Wilhelm Bölsche am 2. Januar 1931«. Hauptmann war der letzte
Redner (vgl. S. 816). Alle Zitate auf S. 816.

[70] Hrsg. von Fritz Böttger, Berlin 1966, S. 351–352.

[71] Das Zitat in C 500, S. 24. Vgl. auch: Hans von Hülsen, Die Schreiber-
hauer Dichterkolonie, in: Merian, Jg. 6, Heft 10, Oktober 1953, S. 22
–24.

[72] Sehr »modern« mutet es an, wenn man sieht, wie sich Bölsche gerade
in den letzten 20 Jahren seines Lebens für Naturschutz, besonders im
Riesengebirge, eingesetzt hat.

[73] Leider sind Bölsches Tagebücher aus den Jahren 1874–1939 verschollen; das Manuskript seiner Memoiren, das er noch kurz vor seinem
Tode fertiggestellt hatte, ist im Krieg verbrannt. Diese »für die Frühgeschichte des Verlags und der Zeitschrift unschätzbar wertvolle Do-

Der Text der Schrift Bölsches sowie die Rezensionen wurden unverändert abgedruckt. Sämtliche Hervorhebungen in den Vorlagen (wie Kursivierungen, Sperrungen usw.) erscheinen einheitlich *kursiv*. Die nicht einheitliche Orthographie und Interpunktion der Vorlagen wurden unverändert übernommen, nur wurden folgende Druckfehler verbessert:

Im Text Bölsches:

Original	Neudruck	Vorlage	Korrektur im Druck
S. 11, Z. 18	S. 9, Z. 37	unversehends	unversehens
S. 17, Z. 3	S. 13, Z. 11	äusser'n	äusseren
S. 28, Z. 14	S. 20, Z. 40	Tragic	Tragik
S. 53, Z. 17	S. 37, Z. 24	uud	und
S. 80, Z. 15	S. 56, Z. 25	enthält	enthält.
S. 83, Z. 32	S. 58, Z. 39	Bakons	Bacons

In den Rezensionen:
in den »Grenzboten«:

S. 376, Z. 12	S. 75, Z. 38	Asthetik	Ästhetik

in »Nord und Süd«;

S. 445, Z. 39	S. 80, Z. 4	Leden	Leben

in der »Deutschen Litteraturzeitung«:

Sp. 1804, Z. 20	S. 83, Z. 10	herschenden	herrschenden

---

kumentation« hätte auch für die Frühgeschichte des Naturalismus wichtige Aufschlüsse bringen können. Obige Mitteilung bei: Peter de Mendelssohn, S. Fischer und sein Verlag, Frankfurt/Main, 1970, S. 105 und 1340. Ein dürftiger Ersatz sind die autobiographischen Aufsätze, die Bölsche veröffentlicht hat, so die Nummern: A 17: Vorwort; C 324 (= A 32, S. 245–259), C 496, C 499, C 500, C 501, C 503, C 525 der Bibliographie.

Bibliographie der Schriften von Wilhelm Bölsche

Vorbemerkung

Diese Bibliographie der Schriften von Wilhelm Bölsche erstrebt zwar Vollständigkeit, hat sie aber nicht überall erreichen können. Bölsches Nachlaß ist im 2. Weltkrieg verbrannt; die ebenfalls sehr dezimierten Zeitschriften- und Zeitungsbestände vieler großer deutscher Bibliotheken wirken sich bei einem Autor wie Bölsche, der so vieles in Zeitungen und Zeitschriften veröffentlicht hat, besonders unangenehm aus; eine wirklich vollständige Erfassung des Materials dürfte daher so gut wie unmöglich sein. So habe ich die Novelle »Der Lenzritter«, die um 1881 in einer Frauenzeitung erschienen ist (vgl. dazu: Rudolf Magnus, »Wilhelm Bölsche«, Berlin, 1909, S. 25) nicht finden können. Als Gymnasiast hat Bölsche Buchkritiken in der »Kölnischen Zeitung« veröffentlicht, wobei er das Zeichen seines Vaters (§) benutzt hat. Es war nicht mehr feststellbar, welche Kritiken vom Sohn stammen könnten, so daß ich sie alle fortgelassen habe. (Vgl. Rudolf Magnus, a.a.O., S. 21). Für Ergänzungen zu dieser Bibliographie wäre ich sehr dankbar.

Aus Raumgründen ist die Beschreibung der Bücher in der Abteilung A (Selbständig erschienene Schriften) und B (Beiträge in Sammelbänden, Vorworte, Einführungen u. ä.) möglichst kurz gehalten. So wurde auf die Beschreibung der Einbände verzichtet und die Angabe der Seitenzahlen und der Illustrationen möglichst kurz gefaßt. Auf Angabe des Formates wurde verzichtet, nur wurde angegeben, wo das Format vom 8°-Format abweicht. Aufgenommen habe ich dagegen die Titel aller Essays, die in den Essaybänden veröffentlicht wurden. Allerdings ist es mir nicht gelungen, immer den Erstdruckort zu ermitteln; insbesondere fehlen viele der in Zeitungen erschienenen Aufsätze. Die Bibliographie versucht, dieses Manko durch die Aufnahme sämtlicher Einzelbeiträge zu den Essaybänden auszugleichen. Dazu muß aber nachdrücklich gesagt werden, daß Bölsche seine Essays, ehe sie in Buchform erschienen, so stark umgearbeitet hat, daß die späteren Fassungen oft zu neuen Aufsätzen geworden sind, zuweilen sogar mit neuem Titel. Bölsche selbst schreibt dazu (in »Stunden im All«,

S. 10): »Der Leser [...] wird bemerken, daß meiner Gewohnheit nach für den Wiederabdruck vieles um und um gearbeitet, ja ganz neu geschrieben ist«. Dieser Tatbestand hat im übrigen die Identifizierung einiger Zeitschriftenaufsätze sehr erschwert; in der Abteilung C der Bibliographie habe ich jeweils angegeben, in welchem Essayband ein Aufsatz neu erschienen ist. Auch seine Bücher hat Bölsche immer wieder neu bearbeitet und erweitert; soweit solche Neubearbeitungen mir zugänglich waren, habe ich sie aufgenommen. Bei einer Veröffentlichung wie A 14 mag man sich sogar fragen, ob es sich bei den verschiedenen Auflagen eigentlich noch um dasselbe Buch handelt; hier jedoch entscheidet der Titel. Die Anordnung der Bücher in den Abteilungen A und B ist, soweit das realisierbar war, chronologisch. Alle Zusätze, die von mir stammen, stehen zwischen eckigen Klammern.

In der Abteilung C beruht die Beschreibung der Titel auf Autopsie. Ich habe entweder die Zeitschriften und Zeitungen selbst oder die entsprechenden Photokopien und Mikrofilme kontrollieren können. Wo das nicht möglich war, beruht die Beschreibung auf den Angaben von Bibliotheken, die so freundlich waren, meine Angaben zu kontrollieren. Das »Flugblatt« B 5a habe ich nicht auffinden können. Es ist aber von S. Nestriepke (»Geschichte der Volksbühne«, I, Berlin 1930), S. 61 und von H. Selo (Die »Freie Volksbühne« in Berlin. Diss. Erlangen 1930) S. 70–72 und S. 213 so genau beschrieben worden, daß ich es trotzdem aufgenommen habe. Als »Addendum« wurde die Beschreibung von B 6a auf S. 161 eingefügt. Ich fand das Buch erst neulich.

Die Anordnung der Aufsätze ist chronologisch. Die periodischen Veröffentlichungen, die einen längeren Zeitraum umfassen, stehen vor den Zeitschriften und Zeitungen, bei denen das nur für einen kürzeren Zeitraum der Fall ist. Sind zwei oder mehr Beiträge an einem Tag erschienen, so stehen sie in alphabetischer Reihenfolge der Zeitschriftentitel (wobei der bestimmte Artikel nicht berücksichtigt wurde). Einige Zeitschriften boten, was die Datierung ihrer Hefte betrifft, sehr große Schwierigkeiten: von der »Freien Bühne«, von »Über Land und Meer» (Folio-Ausgabe), von »Fels zum Meer«, der »Gartenlaube«, »Mutter Erde«, der »Ernte« standen mir nur Exemplare zur Verfügung, deren Hefte nicht datiert waren. Bei der »Freien Bühne« und bei »Über Land und Meer« war es mir möglich, das richtige Datum zu berechnen; diese Angaben stehen aber, wie alle Zusätze von mir, zwischen eckigen Klammern. Bei den anderen Zeitschriften war dies leider nicht möglich. Hier steht: o. D. = ohne Datum, sowie eine Datierung, die wenigstens ungefähr richtig ist.

Bei der »Freien Bühne« war es besonders schwierig, zu bestimmen, welche anonymen Beiträge von Bölsche stammen. In der Bibliographie stehen zwei Aufsätze (C 118 a und C 119 a), die zweifellos von Bölsche sind; die anderen anonymen Beiträge habe ich in den »Anhang« verwiesen, wo die Problematik dieser Aufsätze ausführlich erörtert wird. (Vgl. S. 160).

Bei allen Beiträgen handelt es sich um Abhandlungen oder Essays; Ausnahmen habe ich mit einer Gattungsbezeichnung versehen. Aus Raumgründen wurde bei den sehr zahlreichen Aufsätzen in »Über Land und Meer« der Untertitel »Naturwissenschaftliche Plauderei« fortgelassen; bei den Aufsätzen aus den Jahren 1936–38 in Reclams »Universum« der Obertitel: »Kraft, Schönheit und Geheimnisse der Natur«.

Die Zeitschriften sind mit bloßem Titel aufgeführt; bei der ersten Nennung jedoch mit Verlagsort; hingegen wird aus praktischen Gründen bei den Zeitungen der Verlagsort immer genannt. – Die zahlreichen Teilabdrucke einiger Bücher und Aufsätze Bölsches sind nur zum Teil aufgenommen worden.

Bibliographische Angaben zu fast allen Zeitschriften, die in der Bibliographie erwähnt werden, stehen in:

1. Carl Diesch, »Bibliographie der germanistischen Zeitschriften«. Leipzig, 1927. [Reprint: Stuttgart, 1970].
2. »Literarische Zeitschriften und Jahrbücher 1880–1970«. Bearbeitet von Dagmar Laakmann und Reinhard Tgahrt. Marbach a. N., Deutsches Literaturarchiv, 1972.
3. Fritz Schlawe, »Literarische Zeitschriften«. 2. Aufl. Teil I, 1885–1910, Stuttgart, 1965; Teil II, 1910–1933, Stuttgart, 1973.
Die Zeitungen mit ihren Standortangaben stehen in:
   Gert Hagelweide, »Deutsche Zeitungsbestände in Bibliotheken und Archiven«. Düsseldorf, 1974.

Es wäre mir nicht möglich gewesen, diese Bibliographie zusammenzustellen, ohne daß mir zahlreiche Bibliotheken und Archive im In- und Ausland geholfen hätten. Ich möchte hier folgenden Bibliotheken und Archiven für ihre Hilfe danken:

In Holland: vor allem der UB Amsterdam mit ihren so reichen Zeitschriftenbeständen, weiter der UB Groningen, der UB Utrecht, der UB Leiden, der Koninklijke Bibliotheek im Haag, der Provinciale Bibliotheek in Leeuwarden und der an wichtigen Zeitschriften und Zeitungen so reichen Bibliothek des »Internationale Instituut voor Sociale Geschiedenis« in Amsterdam. In der Bundesrepublik möchte ich an erster Stelle danken: dem Deutschen Literaturarchiv in Marbach a. N.: hier haben vor allem Frau Heidi Westhoff und Herr Reinhard Tgahrt mir unermüdlich geholfen, wodurch vieles mir Unbekannte zutage gefördert werden konnte. Weiter halfen mir sehr: die Staatsbibliothek Preußischer Kulturbesitz in Marburg und Berlin, das Institut für deutsche Presseforschung der UB Bremen (Frau Winnie Nadolny), das Institut für Presseforschung in Dortmund, die Bayerische Staatsbibliothek in München; viele Universitätsbibliotheken, so die in Erlangen-Nürnberg, in Tübingen, Münster, Mannheim und in Düsseldorf, sowie die »Bücherei des deutschen Ostens« in Herne. In der DDR schickten mir viele Angaben: die Deutsche Staatsbibliothek in Berlin-Ost, die »Deutsche Bücherei« in Leipzig, die Sächsische Landesbibliothek in Dresden und das Stadtarchiv Görlitz. In Frankreich half mir die UB Straßburg, in Österreich die Österreichische Nationalbibliothek, Wien, in der VR Polen: Prof. Dr. Gerard Koziełek und Frl. Krystyna Stefanczyk in Wrocław.

Schließlich danke ich Herrn Oberregierungsrat a. D. Karl Bölsche, Wilhelm Bölsches Sohn, für die freundliche Genehmigung, die Texte seines Vaters neu zu drucken.

Heerenveen, 1. April 1974   Johannes J. Braakenburg

Verzeichnis der benutzten Abkürzungen

A.-A.	Abend-Ausgabe	N. F.	Neue Folge
Abb.	Abbildung(en)	Nr.	Nummer
Abh.	Abhandlung	Nov.	November
Aufl.	Auflage	o. D.	ohne Datum
Aug.	August	Okt.	Oktober
ausgew.	ausgewählt	OU	Originalumschlag
Bd./Bde.	Band/Bände	Portr.	Porträt
bearb.	bearbeitet	Qu.	Quartal
Bildn.	Bildnis	Rez.	Rezension
Bl.	Blatt	S.	Seite(n)
Dez.	Dezember	selbst.	selbständig
durchges.	durchgesehen	Sept.	September
eingel.	eingeleitet	Sp.	Spalte(n)
Einl.	Einleitung	sp.	später
Faks.	Faksimile	T.	Tausend
faks.	faksimiliert	TA	Teilabdruck
farb.	farbig	Tl.	Teil(e)
Febr.	Februar	U.	Umschlag
H.	Heft	umgearb.	umgearbeitet
Hä.	Hälfte	u. v. a.	und viele andere
Hg.	Herausgeber	v.	von/vom
hg.	herausgegeben	verb.	verbessert
Ill.	Illustration(en)	verm.	vermehrt
ill.	illustriert	vgl.	vergleiche
Jan.	Januar	W. B.	Wilhelm Bölsche
Jg.	Jahrgang	Zeichn.	Zeichnung(en)
M.-A.	Morgen-Ausgabe	*	[= nicht kontrolliert]
naturw.	naturwissenschaftlich		

A. Selbständig erschienene Schriften.

A 1 PAULUS. Roman aus der Zeit des Kaisers Marcus Aurelius. 2 Bde. Leipzig, C. Reißner, 1885. 252 u. [IV +] 250 S.

A 2 DER ZAUBER DES KÖNIGS ARPUS. Humoristischer Roman aus der römischen Kaiserzeit. Leipzig, C. Reißner, 1887. [6 +] II + 180 S.

  1. 2. durchgesehene Aufl. Dresden, C. Reißner, 1902. IX + 281 S.
  2. 3. durchgesehene Aufl. Dresden, C. Reißner, 1909. IX + 297 S.

A 3 DIE NATURWISSENSCHAFTLICHEN GRUNDLAGEN DER POESIE. Prolegomena einer realistischen Aesthetik. Leipzig, C. Reißner, 1887. IV + 93 S.

  1. TA in: NATURALISMUS. Hg. von Walther Linden. Leipzig, Ph. Reclam, 1936. S. 60–69. (Deutsche Literatur in Entwicklungsreihen, Reihe: Vom Naturalismus zur neuen Volksdichtung, Band I).
  2. TA in B 50.

A 4 HEINRICH HEINE. Versuch einer ästhetisch-kritischen Analyse seiner Werke und seiner Weltanschauung. 1. selbst. Abteilung. Leipzig, Hermann Dürselen, 1888 [sp. Berlin, R. Trenkel]. [Nicht weiter erschienen]. VII + 196 S.

  1. Nach dem National Union Catalog, Pre–1956–Imprints. Vol. 63. London, Mansell, 1969, S. 343 ist dieses Buch auch mit folgendem Untertitel erschienen: HEINRICH HEINE. Studien über seine Werke und seine Weltanschauung bis zum Tage seiner Abreise nach Paris. Berlin, R. Trenkel, 1888. VI + 196 S.

A 5 ALEXANDER VON HUMBOLDT. Vortrag, gehalten am 22. Februar 1891 in der freireligiösen Gemeinde zu Berlin. Berlin, [W. Rubenow], 1891. [14] S.

A 6 DIE MITTAGSGÖTTIN. Ein Roman aus dem Geisteskampfe der Gegenwart. 3 Bde. Stuttgart, Deutsche Verlags-Anstalt, 1891. XI + 283 S., 294 S., 310 S. Eine Titel-Auflage erschien als »Neue Auflage« in Leipzig, E. Diederichs, 1901.

  1. 2. Auflage. 2 Bde. Leipzig, E. Diederichs, 1902. VIII + 374 S. u. 436 S. [Mit neuem Vorwort].

A 7 FREIRELIGIÖSE NEUJAHRSGEDANKEN. Festvortrag, gehalten am 1. Januar 1893 in der freireligiösen Gemeinde zu Berlin. Berlin, W. Rubenow, 1893. [14] S.

A 8 ENTWICKELUNGSGESCHICHTE DER NATUR. 2 Bde. Berlin, W. Pauli's Nachf. (H. Jerosch), [sp.: Neudamm, J. Neumann], 1894–1896. [VIII +] 806 S. u. 839 S. Mit gegen 1000 Abb. im Text. Zahlreiche [= 16] Tafeln in Schwarz- und Farbendruck. (Hausschatz des Wissens, Abteilung I, Band 1 und 2). [Ursprünglich in 40 Heften erschienen].

A 9 CHARLES DARWIN. Ein Lebensbild. Leipzig, R. Voigtländer's Verlag, 1898. 111 S., mit 1 Bildnis. (Biographische Volksbücher Nr. 32–35).

1. 2. verb. und verm. Aufl. Leipzig, R. Voigtländer's Verlag, 1906. 146 S.

A 10 DAS LIEBESLEBEN IN DER NATUR. Eine Entwickelungsgeschichte der Liebe. I. Folge. 1.–4. T. Florenz [sp.: Leipzig], E. Diederichs, 1898. X + 402 S. II. Folge. 1.–8. T. Leipzig, E. Diederichs, 1900. X + 394 S. III. Folge. 1.–5. T. Leipzig, E. Diederichs, 1903. VIII + 373 S. Mit Buchschmuck von W. Müller-Schönefeld.

1. 30.–35. T. Stark verm. und umgearb. Ausgabe. 2 Teile in 3 Bänden. Jena, E. Diederichs, 1909–1910. XVI + 561 S., XII + 360 S. [+ 4 S.] + S. 361–756. Buchausstattung von Walter Tiemann.

2. [Auszug]. Neu bearbeitet von Fritz Bolle. Hannover, Fackelträger-Verlag, [1955]. Mit 52 Fotos auf 32 Tafeln.

A 11 ERNST HAECKEL. Ein Lebensbild. Leipzig, H. Seemann, 1900. X + 259 S. Mit 1 Bildnis. (Männer der Zeit, hg. von Julius Zeitler, Band 8).

A 12 VOM BAZILLUS ZUM AFFENMENSCHEN. Naturwissenschaftliche Plaudereien. Leipzig, E. Diederichs, 1900. IV + 343 S. Mit Kopfleisten von J. V. Cissarz.
[Inhalt: Bazillus-Gedanken. – Wenn der Komet kommt! – Vom klassischen Boden des Ichthyosaurus. – Das Geheimnis des Südpols. – Aus dem Schicksalsbuch der Tierwelt in den Polarländern. – Die Urgeschichte des Magens. – Ein lebendes Tier aus der Urwelt. – Der Affenmensch von Java. – Vom dicken Vogt. – Das Märchen des Mars.]

1. 11.–15. T. Vollständig umgearbeitete und erweiterte Neuausgabe. Jena, E. Diederichs, 1921. 320 S.

2. Vgl. auch A 51.

A 13 DIE ENTWICKLUNGSLEHRE IM NEUNZEHNTEN JAHRHUNDERT. Berlin, Verlag Aufklärung, 1901. 67 S. Mit Abb. und Portr. (Am Anfang des Jahrhunderts, Heft 2).

1. 2. Aufl. Berlin, Verlag Aufklärung [sp.: Verlag der Sozialistischen Monatshefte], 1902. 58 S. Mit 10 Abb. und 1 Portr.

2. 3. Aufl. Berlin–Charlottenburg, Ch. Singer, 1909, [sp.: Berlin, Schreiter]. 135 S. Mit Bildn. (Singer's volkstümliche Bücherei, Band 8).

A 14 DIE EROBERUNG DES MENSCHEN. Eine Sylvesterpredigt zum neuen Jahrhundert. Berlin, Akademischer Verlag für sociale Wissenschaften Dr. John Edelheim, 1901. 53 S. Gr. 4°.

1. 2. Aufl. Berlin, Akademischer Verlag für sociale Wissenschaften Dr. John Edelheim, 1901. 53 S. Gr. 4°.

2. 3. stark vermehrte Aufl. Berlin, Franz Wunder, 1903. 168 S.

3. 4., neu durchgesehene Aufl. Berlin, F. Wunder, 1904. 173 S. Mit Bildnis.

4. Die Eroberung des Menschen. Vom Sieg schöpferischer Entwicklung. 1.–15. T. der völlig umgearbeiteten Neuausgabe. Dresden, C. Reißner, 1923. 187 S.

5. Vgl. A 58, Band 1.

A 15 DIE NEUEN GEBOTE [3 Gedichte]. EIN TRAUM [Feuilleton]. Flugblatt in zweifarbigem Druck. Leipzig, [E. Diederichs, 1901]. 1 Blatt. 2°. Mit Umrahmung von Walter Tiemann.

A 16 GOETHE IM ZWANZIGSTEN JAHRHUNDERT. Ein Vortrag. Berlin, Akademischer Verlag für sociale Wissenschaften, 1901 [sp.: Berlin, F. Wunder]. 57 S. 4°.

1. 4., neu durchgesehene Aufl. Berlin, F. Wunder, 1903. 75 S.

A 17 HINTER DER WELTSTADT. Friedrichshagener Gedanken zur ästhetischen Kultur. 1.–3. T. Leipzig, E. Diederichs, 1901. XII + 348 S. Buchschmuck von John Jack Vrieslander.

[Inhalt: Dem neunzehnten Jahrhundert. – Ein Wort zu Novalis. – Vom alten Fontane. – Heine im Abendrot seines Jahrhunderts. – Die Gebrüder Hart. – Altes und Neues über Gerhart Hauptmann. – An der Mumie von Georg Ebers. – Herman Grimm und die Errettung Homers von den Schulmeistern. – März-Träumerei. – Kunst und Natur. – Die Ebner-Eschenbach. – Freie Universitäten. – Fechner.].

A 18 AUS DER SCHNEEGRUBE. Gedanken zur Naturforschung. Dresden, Carl Reißner, 1903. VII + 348 S.

[Inhalt: Weihnachtsstimmung. – Zusammensturz einer Welt. – Sturmtag am See. – Herber Frühling. – In der Schneegrube. – Die Rede vom »Zusammenbruch des Darwinismus«. – Die Geschichte vom Geheimnis der Nachtkerze. – Die Zeit-Frage. – Die erste Epoche des Darwinismus wird historisch. – Rückblick auf Haeckel. – Was wollt ihr gegen Darwin setzen? – Was wir dagegen wirklich brauchen. – Der Kampf um den Begriff »Wirklichkeit«. – Waldeinsamkeit. – Die Geschichte der Menschheit ist Pfingstgeschichte. – Woran man die Charaktergestalten unserer Naturforscher messen wird. – Dubois-Reymond als Parallelgestalt.]

1. Vgl. A 58, Band 3.

A 19 VON SONNEN UND SONNENSTÄUBCHEN. Kosmische Wanderungen. Berlin, Georg Bondi, 1903. IV + 422 S. Mit 4 farbigen und 4 schwarzen Tafeln nach Original-Aquarellen von Ernst Haeckel.

[Inhalt: Die Rätsel in der Milchstraße. – Die Entstehung der deutschen Landschaft. – Der Kampf um die Haut des Riesenfaultiers. – Der erste Vogel. – Die Weltgeschichte des Nilpferdes. – Die Wunderwelt der Radiolarien. – Warum die urweltlichen Tiere ausgestorben sind? – Vom Leben im Weltraum. – Die Küche der Urzeit. – Das Ende der Tierwelt. – Die Anfänge der Kultur bei den Tieren. – Die Affensprache. – Das Schnabeltier. – Das Tierleben der Großstadt. – Kepler's Traum vom Mond. – Vom Krebs, der vom Himmel fällt. – Osterglaube.]

1. 29.–32. T. Neu durchgesehene und stark vermehrte Aufl. Berlin, G. Bondi, 1919. 445 S.

2. 40.–43. T. Völlig umgearbeitete und vermehrte Ausgabe. Berlin, G. Bondi, 1927. 455 S. Mit Bildn.

A 20 DIE ABSTAMMUNG DES MENSCHEN. Stuttgart, Kosmos (Franckh), [1904]. 99 S. Mit zahlreichen Abb. [= 18 u. OU] von Willy Planck.

   1. Jubiläums-Ausgabe. 50.–65. T. Neu durchgesehene und stark vermehrte Ausgabe. Stuttgart, Kosmos (Franckh), 1907. 112 S. Mit zahlr. Abb. von Willy Planck. [= 18 Abb. und OU].

A 21 WELTBLICK. Gedanken zu Natur und Kunst. Dresden, C. Reißner, 1904. VIII + 351 S.
   [Inhalt: Das Starenlied. – Vom ewigen Weihnachtsfest. – Ob Naturforschung und Dichtung sich schaden? – Das Unberechenbare in der Natur. – Die Flucht vor der Stadt. – Ein versteinertes Tier und ein lebendiger Gedanke. – Zur Geschichtsphilosophie des Bienenstaates. – Drachenmärchen und Drachenwahrheit. – Ein Becher Maiengeist. – Vom Religiösen in unserer Zeit. – Neues über den Stammbaum des Menschen. – Vom Vers im Drama. – Stunden im Zoologischen Garten. – Am Strande. – Im Innern der Erde. – Fünf Märchen des Lebens. – Ein Besuch bei unserm Fingertier. – Gedanken über die Schule.]

   1. Neu bearbeitete Ausgabe. Dresden, C. Reißner, 1923. 333 S. [18.–22. T.].

   2. Vgl. A 46, Band 2 und A 58, Band 4. Vgl. auch A 47.

A 22 NATURGEHEIMNIS. Jena, E. Diederichs, 1905. VIII + 312 S. Buchornamente v. Anna Gramatyka.
   [Inhalt: Im Zwergenreich bei Mühle Rahnsdorf. – »Vater, wo ist die Sonne jetzt?« – Ein Sonnenuntergang an der Prinz-Heinrich-Baude im Riesengebirge. – Vom Größengesetz des Lebens. – Die Geschichte eines Nachtigallenwäldchens. – Geirfugls Anfang, Glanz und Ende – eine zoologische Tragödie. – Die Mneme oder das Gedächtnis im Ei. – Goethe und Haeckel. – Wenn die Berge erst wieder im Meer liegen . . . – Visionen auf dem Palatin zu Rom. – Radium. – Ein Gespräch mit der Peterskuppel. – Die Rede des Pendels.]

   1. 11.–15. T. Vollständig umgearbeitete und erweiterte Auflage. Jena, E. Diederichs, 1922. VI + 312 S.

A 23 DER STAMMBAUM DER TIERE. Stuttgart, Kosmos (Franckh), [1905]. 93 S. Mit zahlreichen [= 16] Ill. von Willy Planck.

A 24 DER SIEG DES LEBENS. Stuttgart, Kosmos (Franckh), [1905]. 95 S. Mit ill. OU.

A 25 DIE SCHÖPFUNGSTAGE. Umrisse zu einer Entwickelungsgeschichte der Natur. Dresden, C. Reißner, 1906. VIII + 88 S. Mit 10 Bildern nach Originalzeichn. von Heinrich Harder.

   1. Vgl. A 58, Band 6, 1. Teil.

A 26 IM STEINKOHLENWALD. Stuttgart, Kosmos (Franckh), 1906. 96 S. Mit zahlreichen Abb. [= 16 + OU] von Rudolf Oeffinger.

   1. 11., neu durchgesehene Aufl. Stuttgart, Kosmos (Franckh), [1910]. 103 S.

A 27 WAS IST DIE NATUR? Berlin, G. Bondi, 1907. 138 S. Buchschmuck von Marie Gey-Heinze.

A 28   TIERBUCH Band 1 (DAS SÄUGETIER UND SEINE ENTSTEHUNG).
        Berlin, G. Bondi, 1908. XII + 312 S. Mit 21 Vignetten und
        10 Vollbildern.
    1. Vgl. A 48.

A 29   DAS PFERD UND SEINE GESCHICHTE (TIERBUCH: Band 2). Berlin,
        G. Bondi, 1909. XII + 132 S. Mit 2 Vignetten und 1 Vollbild.
    1. Vgl. A 48.

A 30   DER MENSCH IN DER TERTIÄRZEIT UND IM DILUVIUM. Stuttgart,
        Franckh (Kosmos), 1909. 96 S. Mit [20] Abb. [u. ill. OU]. (Der
        Mensch der Vorzeit, 1. Teil).
    1. 27., nach den neuesten Forschungsergebnissen umgearb. Aufl.
        Stuttgart, Kosmos (Franckh), [1921]. 82 S. Mit zahlreichen
        [= 20 + OU] Abb.

A 31   DER MENSCH IN DER PFAHLBAUZEIT. Stuttgart, Kosmos (Franckh),
        1911. 96 S. Mit [24] Abb. [und ill. OU] (Der Mensch der Vor-
        zeit, 2. Teil).

A 32   AUF DEM MENSCHENSTERN. Gedanken zu Natur und Kunst.
        Dresden, C. Reißner, 1909. XVI + 344 S.
        [Inhalt: Hinter dem Skorpion. – Homunkulus, ein Gespräch mit Parazelsus. –
        Praktische Entwicklungslehre. – Was heißt Monismus? – Plankton, ein Kapitel
        vom biologischen Unterricht. – In einer Sternennacht. – Auf den Spuren der
        tropischen Eiszeit. – Luftstadt! – Wilhelm Busch. – Friedrichshagen in der
        Literatur. – Gerhart Hauptmann, eine Milieustudie. – Karl Hauptmann, eine
        Milieustudie. – Das Rätsel im Frühling. – Ein ernstes Wort. – Unter meinem
        Birkenbaum.].
    1. Vgl. A 46, Band 1 und A 58, Band 5.

A 33   STUNDEN IM ALL. Naturwissenschaftliche Plaudereien. Stuttgart
        [usw.], Deutsche Verlagsanstalt, 1909. 517 S.
        [Inhalt: Von der Lebensflamme und dem Reis im Schnee. – Algonkium – die
        letzte Lebensspur. – Der Mensch von Heidelberg; der älteste Menschenrest. –
        Der wunderbarste Flieger vor Zeppelin. – Zizi Bamboula und die Kreuzung
        von Mensch und Affe. – Aus einer Tierstadt. – Der sanitäre Zweck der Pfahl-
        bauten. – Stunden mit dem Mond. – Das webende Wickelkind der Ameise. –
        Die ersten Angler. – Die Schwimmtechnik des Ichthyosaurus. – Der goldene
        Urstier. – Vom Schweigen im Walde und dem Einhorn. – Ein Drama unter
        der Erde. – Der Biberkäfer. – Wie unsere Biene Amerika entdeckte. – Zeitsinn
        bei Tieren. – Was Tieren schmeckt. – Etwas vom Giftigel. – Chemotaxis. –
        Der Schmetterling im Eisschrank. – Zwerge der Urwelt. – Warum der Elefant
        seinen Rüssel hat. – Leuchtende Pflanzen. – Ein Larvenzustand bei einem
        Säugetier. – Der Pemmatodiskus. – Das Geheimnis der Fußspur. – Das
        Schuppentier mit den Zähnen im Magen. – Im Sargassomeer der Urzeit. – Die
        Staroperation bei einem Molch. – Heizende Vögel. – Eros und Achilles in der
        Astronomie. – Sonne und Seele. – Der Adel des Kinns und die Menschen-
        fresser von Krapina. – Ist der Mensch von Natur ein Raubtier? – Paradiese.
        – Wenn die Brandung tobt. – Der letzte Mensch. – Frühling aus dem Erd-
        beben.].

A 34   KOMET UND WELTUNTERGANG. Jena, E. Diederichs, 1910.
        IV + 80 S. Mit ill. OU.

A 35　Der Hirsch und seine Geschichte. Berlin, G. Bondi, 1911. XII + 155 S. Mit 1 Tafel und 1 Abb. (Tierbuch: Eine volkstümliche Naturgeschichte, 3. Band).

1.　Der Liebesroman des Hirsches. Dresden, C. Reißner, 1923. 155 S. Mit 2 Abb. (Das Leben der Tiere in Einzeldarstellungen) [= Neuausgabe von Tierbuch, 3. Bd.].

A 36　Festländer und Meere im Wechsel der Zeiten. Stuttgart, Kosmos (Franckh), 1913. 103 S. Mit zahlreichen [= 18] Abb. nach Original-Aufnahmen und Zeichnungen und 1 farb. Umschlagbild.

A 37　Stirb und Werde! Naturwissenschaftliche und kulturelle Plaudereien. Jena, E. Diederichs, 1913. [VI +] 325 S.
[Inhalt: Die Farben der Urwelt. – Moldavit. Die Geschichte eines Steins. – Drei Kapitel vom Strahlungsdruck: Der Strahlungsdruck und das Rätsel des Lebens. Der Strahlungsdruck in der Dichtung. Der Strahlungsdruck auf den Intelligenzstäubchen. – Kunckel mein Ahnherr. – Der goldene Stern (Aus dem Siebenhäuser Tal in Schreiberhau). – Ist gegenseitige Hilfe ein Grundprinzip der organischen Entwicklung? – Gibt es wirklich »Kunstformen in der Natur«? – Zum Naturschutz. – Ein altes Tierbuch. – Auf den Spuren des Pithekanthropus. — Gibt es eine Vererbung erworbener Eigenschaften? – Vom heiligen Kinde! – Was macht unsere Schule mit dem angeborenen Talent? – Wie und warum soll man Naturwissenschaft ins Volk tragen?].

A 38　Tierwanderungen in der Urwelt. Stuttgart, Kosmos (Franckh), 1914. 96 S. Mit 1 farb. Umschlagbild und zahlreichen [= 19] Abb. nach Zeichnungen von Heinrich Harder.

A 39　Die deutsche Landschaft in Vergangenheit und Gegenwart. Berlin-Charlottenburg, Vita Deutsches Verlagshaus. [1915]. 112 S. Mit 1 farb. Kunstblatt und über 130 [= 136] Bildern [...] hg. von Franz Goerke.
(Leuchtende Stunden, Bd. 8).

A 40　Der Mensch der Zukunft. Stuttgart, Kosmos (Franckh), 1915. 90 S. Mit einem farbigen Umschlagbild und Zierleisten nach Zeichnungen von Willy Planck.

1.　16., neu durchgesehene Aufl. Stuttgart, Kosmos (Franckh), [1928]. 80 S.

A 41　Von Wundern und Tieren. Neue naturwissenschaftliche Plaudereien. Stuttgart, Deutsche Verlags-Anstalt, 1915. VIII + 276 S.
[Inhalt: Eine Räubergeschichte aus dem Termitenbau. – Amadinens illuminierte Kinderstube. – Die Vorfahren des Schmetterlings. – Der Kampf um den Maulwurf. – Das unheimliche Gila-Tier. – Die drei Augen der Blindschleiche. – Neues von den Wundern des Olm. – Die unsterbliche Amöbe. – Goldene Tiere. – Liberia und das seltenste Tier auf der Briefmarke. – Der Waldrapp, ein verschollenes deutsches Tier. – Der Gespensterzug der Lemminge. – Die Entdeckung von Landwirbeltieren ohne Lunge. – Der Vliesigel, das seltsamste Tier Neuguineas. – Tendaguru und der Rekord der Saurier. – Der Schatz von Halberstadt. – Sirenen. – Die Entdeckung des Riesenklippdachses. – Der Mammutschnitzer von Predmost. – Die Furcht vor dem Menschen. – Wie das Tier der fleischfressenden Pflanze ein Schnippchen schlug. – Tiere als Schützen. – Unterseeische Schiffsangriffe durch Tiere. – Aus der Flottenkunst der Tiere. –

Das älteste Festungstor. – Eine Liebesgeschichte zwischen Unterseeboot und Aeroplan.]

A 42   DER STAMMBAUM DER INSEKTEN. Stuttgart, Kosmos (Franckh), [1916]. 92 S. Mit [13] Abb. nach Zeichnungen von Heinrich Harder und Rud. Oeffinger [und ill. OU].

A 43   SCHUTZ- UND TRUTZBÜNDNISSE IN DER NATUR. Stuttgart, Kosmos (Franckh), 1917. 77 S. Mit vielen [= 14] erläuternden Abb. [u. ill. OU].

A 44   EISZEIT UND KLIMAWECHSEL. Stuttgart, Kosmos (Franckh), 1919. 77 S. [Mit ill. OU].

A 45   NATURWISSENSCHAFTLICHE PLAUDEREIEN. Charlottenburg, Volkshochschulverlag, 1920. (Volkstümlich-wissenschaftliche Lehr- und Lernbücher, hg. von Max Apel, Heft 5). 39 S.

A 46   NATUR UND KUNST. 2 Bände. Dresden, Carl Reißner, 1921. (Ausgewählte Schriften, 2. Reihe). [Nicht weiter erschienen].
Band 1: AUF DEM MENSCHENSTERN. XVI + 344 S.
Band 2: WELTBLICK. VIII + 351 S.
[Vgl. zu Band 1: A 32 und A 58, Band 5, und zu Band 2: A 21 und A 58, Band 4].

A 47   AUS URTAGEN DER TIERWELT. Stunden im Zoologischen Garten. Dresden, Carl Reißner, 1922. 186 S. (Das Leben der Tiere in Einzeldarstellungen). [Laut S. 186 bildet den Kern des Buches der Aufsatz: »Stunden im Zoologischen Garten« in: WELTBLICK: A 21, S. 200–240, »in einer völlig veränderten und erweiterten, auf mehr als das Doppelte des Umfangs gebrachten Gestalt«].

A 48   AUS DER WELTGESCHICHTE DES TIERS. Dresden, C. Reißner, 1923. XII + 312 + 132 S. Mit 22 Bildern und 11 Tafeln. (Das Leben der Tiere in Einzeldarstellungen). [Neuausgabe (Titelauflage) des 1. und 2. Bandes des Werkes: DAS TIERBUCH, vgl. A 28 und A 29; zu Band 3 vgl. A 35].

A 49   DER SINGENDE BAUM. Neue Geschichten aus dem Paradiese. Dresden, C. Reißner, 1924. 316 S.
[Inhalt: Die Mystik des Feigenbaums. – Ein Amazonenangriff unter Wasser. – Zur Urgeschichte der Schlagsahne. – Von einem stillen Örtchen und wie das Insekt seinen Weg fand. – Ein nächtliches Abenteuer auf der Koralleninsel. – Der emanzipierte Embryo. – Der Astralleib der Oikopleura. – Ambrosia. – Das Gespenst in der Malermuschel. – Hamsternde Vögel. – Die falsche Kehle des Walfischs. – Brandungsaugen. – Die Pflanze mit dem Ypsilon. – Manneken-Pis. – Allerleirauh im Papierschloß. – Blühende Steine. – Paradiesvögel des Meeres. – Gefälschte Orchideen. – Die Kornhexe. – Die größte Suppenfrage der Natur. – Die vierfache Versicherung der Myrmecophana. – Triungulinus oder der Ritt zum Breiberg. – Geheimnisvolle Fernwirkungen bei Tieren. – Atlantis. – Wenn wir nun vertrockneten. – Warum es bei uns keine Papageien gibt. – »Berufe nicht die wohlbekannte Schar«. – Die grün geringelte Animierwurst. – Torpedofresser.].

1. Vgl. A 58, Band 2.

A 50   TIERSEELE UND MENSCHENSEELE. Stuttgart, Kosmos (Franckh),
        [1924]. 76 S. Mit 7 Abb. im Text [u. mit ill. OU].

A 51   VON DRACHEN UND ZAUBERKÜSTEN. Abenteuer aus dem Kampf
        mit dem Unbekannten in der Natur. Jugend- und Volksausgabe.
        Jena, E. Diederichs, 1925. [II +] 192 S. Mit 8 Tafeln und einer
        Karte.
        [Inhalt: Der Drache im Schwabenland = A 12, S. 88–126: Vom klassischen
        Boden des Ichthyosaurus. – Geirfugls Glück und Ende = A 22, S. 68–103. –
        Ein Abenteuer im australischen Busch = A 12, S. 223–260: Ein lebendes Tier
        der Urwelt. – Das Geheimnis des Südkontinents = A 12, S. 127–163: Das
        Geheimnis des Südpols. Alle Aufsätze sind stark umgearbeitet worden!].

A 52   ERWANDERTE DEUTSCHE GEOLOGIE: DIE SÄCHSISCHE SCHWEIZ.
        Berlin, J. H. W. Dietz Nachf., 1925. 64 S. 5 Tafeln [mit 10 Photos].

A 53   DIE ABSTAMMUNG DER KUNST. Stuttgart, Kosmos (Franckh),
        [1926]. 64 S. Mit 14 Tafelbildern und einem farbigen Umschlag-
        bild.

A 54   IM BERNSTEINWALD. Stuttgart, Kosmos (Franckh), 1927. 78 S.
        Mit 41 Abb. und einem farbigen Umschlagbild.

A 55   LICHTGLAUBE. Stunden eines Naturforschers. Leipzig, Phil.
        Reclam jun. [1927] (RUB 6761–6764). 321 S. Mit Bildnis.
        [Inhalt: Lichtglaube (Ein Gespräch mit dem Ichthyosaurus). – Wenn der
        Mensch nun vom Pinguin stammte . . .? – Aus der guten alten Zeit der Nah-
        rungsbeschlagnahme. – »Sorgenbrecher sind die Reben« (Vom kneipenden Tier).
        – Ein Kapitel vom braven Schwein. – Rätsel im Vogelei (Eine Osterstudie). –
        Das Tier im Weltkrieg. – Die Mysterien der Tiefsee (Zur Erinnerung an eine
        große deutsche Tat). – Das Bild des Paradieses. – Natur dem Volk (Eine
        Zwischenrede). – Ignorabimus.].

A 56   NATURWENDE. Tagebuchblätter. Ausgewählte Abschnitte des
        Werkes »Aus der Schneegrube« [= A 18] in neuer, zeitgemäßer
        Bearbeitung und Erweiterung. Berlin, Deutsche Buch-Gemein-
        schaft, [1927]. 314 S.

A 57   DRACHEN. Sage und Naturwissenschaft. Eine volkstümliche
        Darstellung. Stuttgart, Kosmos (Franckh), [1929]. 80 S. Mit
        16 Bildern.

A 58   AUSGEWÄHLTE WERKE. Neubearbeitete und illustrierte Ausgabe.
        Auswahl und Bearbeitung der photographischen Illustrationen
        von Hugo Steiner-Prag. 6 Bände. Leipzig, E. Haberland, [1930].
    1. DIE EROBERUNG DES MENSCHEN. Ziele und Grenzen unserer
        Kenntnis vom Ursprung des Menschen im Lichte einer idealisti-
        schen Weltauffassung. 304 S. 34 Abb. auf 19 Tafeln (3 farbige
        Tafeln von Hugo Steiner-Prag, Willi Geiger u. Alois Kolb, und
        31 Photos).
    2. DER SINGENDE BAUM. Neue Geschichten aus dem Paradies. 372 S.
        29 Abb. auf 19 Tafeln (9 farbige Tafeln von Hugo Steiner-Prag
        u. Fritz Franke, und 20 Photos).
    3. AUS DER SCHNEEGRUBE. Der Geist im eisigen All. 352 S. Mit

30 Abb. auf 16 Tafeln (2 farbige Tafeln von Hugo Steiner-Prag und Willi Geiger, und 28 Photos).

4. WELTBLICK. Der Schrei des großen Pan. 359 S. Mit 29 Abb. auf 16 Tafeln (3 farbige Tafeln von Hugo Steiner-Prag, Willi Geiger u. Alois Kolb, und 26 Photos).

5. AUF DEM MENSCHENSTERN. Gedanken zu Würmern, Menschen, Dichtern, dem Frühling und noch einigem. 433 S. Mit 29 Abb. auf 16 Tafeln (2 farbige Tafeln von Hugo Steiner-Prag u. Willi Geiger, und 27 Photos).

6. DIE SCHÖPFUNGSTAGE. Das erste Blatt der Bibel und unsere Naturwissenschaft.
AUS URTAGEN DER TIERWELT. Das Schicksal des Tieres in der Hand des Menschen. 331 S. Mit 34 Abb. auf 18 Tafeln (2 farbige Tafeln von Hugo Steiner-Prag u. Willi Geiger, und 32 Photos).

A 59 DAS LEBEN DER URWELT. Aus den Tagen der großen Saurier. Leipzig, G. Dollheimer, 1931, 348 S. Mit 141 Abb. und 40 Tafeln von Hugo Wolff-Maage.

1. DAS LEBEN DER URWELT. Neu bearbeitet. 181.–190. T. Hannover, Fackelträger-Verlag, [1954]. 319 S. Mit Abb. und 16 Bl. Abb.

A 60 DER TERMITENSTAAT. Schilderung eines geheimnisvollen Volkes. Stuttgart, Kosmos (Franckh), 1931. 79 S. Mit 21 Abb. und farbigem Umschlagbild von W. Goertzen.

A 61 WAS MUSS DER NEUE DEUTSCHE MENSCH VON NATURWISSENSCHAFT UND RELIGION FORDERN? Ein Vortrag. Berlin-Charlottenburg, Buchholz und Weißwange Verlagsbuchhandlung [1934]. 48 S.

B. Beiträge in Sammelbänden, Vorworte, Einführungen u. ä.

B 1 HEINRICH HEINES SÄMTLICHE WERKE. Mit einer Biographie des Dichters und Einleitungen von Wilhelm Bölsche. Ausgabe in 6 Bänden. Leipzig, H. Dürselen [1887], [sp.: Berlin, R. Trenkel]. Band 1: [8 +] XIV [+ 6] + 440 S. [S. [I] – XI: W. B., Biographie; S. [XIII] – [6]: W. B., Einleitungen]. Band 2: XII + 452 S. [W. B., Einleitungen: S. [VII] – XII]. Band 3: XII + 490 S. [W. B., Einleitungen: S. [V] – X]. Band 4: X + 421 S. [W. B., Einleitungen: S. [V] – X]. Band 5: VII [+1] + 540 S. [W. B., Einleitungen: S. [V] – VII]. Band 6: X + 374 S. [W. B., Einleitungen: S. V – X].

1. 2. Aufl. Berlin, R. Trenkel, 1892. [Erweiterte u. berichtigte Neuausgabe]. 6 Bde. XXXIV + 440 S.; XIV + 468 S.; XIV + 490 S.; XII + 421 S.; IX + 540 S.; XII + 480 S.

B 2 WILHELM HAUFFS SÄMTLICHE WERKE. Mit einer Biographie des Dichters und Einleitungen von Wilhelm Bölsche. Ausgabe in

5 Bänden. Leipzig, 1887–1888 [sp.: Berlin, R. Trenkel]. Band 1: VIII + 280 S. [W. B. Einl.: S. [V] – VII]. Band 2: XII + 228 S. [W. B., Einl.: S. [VII] – XII]. Band 3: VI + IV + 198 S. [W. B., Einl.: S. [I] – IV]. Band 4: V + III + 360 S. [W. B., Einl. S. [I] – III]. Band 5: V + IV + 456 S. [W. B., Einl.: S. [I] – IV, S. [I] – III [zwischen S. [330] u. [331].]. [W. B., Biographie: S. [I] – XII am Schluß des Bandes.].

   1. 2. Abdruck: Berlin, R. Trenkel, 1892.

   2. WILHELM HAUFF, LIECHTENSTEIN. [...]. Mit Einl. von W. B. In 3 Tln. Leipzig, H. Dürselen [sp.: Berlin, R. Trenkel], 1888. IV + 326 S. [W. B., Einl. S. [I]–IV.]

B 3   FREIE BÜHNE FÜR MODERNES LEBEN. Hrsg. von Otto Brahm. Ab Jg. 3: Freie Bühne für den Entwickelungskampf der Zeit. Berlin, S. Fischer. Jg. I, H. 1 erschien am 29. 1. 1890. W. B. war »Schriftleiter in Vertretung«: Jg. I, H. 28 u. 29 (13. u. 20. 8. 90), H. 32–33 (10. u. 17. 9. 90), H. 39–48 (29. 10.–31. 12. 90), Jg. II, H. 1–2 (7. 1.–14. 1. 91). Er war »verantwortlich für die Redaction« ab H. 3 des II. Jg. (21. 1. 91) bis Jg. IV, H. 10 (October 1893).

B 4   CURT GROTTEWITZ. DIE ZUKUNFT DER DEUTSCHEN LITTERATUR IM URTEIL UNSERER DICHTER UND DENKER. Eine Enquête. Berlin, Verlag von Max Hochsprung, 1892. 128 S. [S. 78–79: Beitrag von W. B.].

B 5   ALEXANDER VON HUMBOLDT. ANSICHTEN DER NATUR MIT WISSENSCHAFTLICHEN ERLÄUTERUNGEN. Leipzig, Phil. Reclam, 1892 (RUB 2948–50). 435 S. Mit Bildn. [Hg. von W. B.: Einleitung: S. 5–16].

   1. [Neue Auflage]. Leipzig, Phil. Reclam jun. [1920] (RUB 2948 –50 a/b). 435 S. Mit Bildn. [Hg. von W. B.: Einleitung: S. 5–16].

*B 5a FLUGBLATT, herausgegeben zur Spaltung der »Freien Volksbühne« im September 1892. Redigiert von Julius Hart, Wilhelm Bölsche und Wilhelm Tilgner. 3 Seiten [12 Spalten]. 2°. [Berlin].

B 6   LUDWIG UHLAND, GEDICHTE UND DRAMEN. Mit einer Biographie von Wilhelm Bölsche. Ausgabe in einem Bande. Berlin, R. Trenkel, [1893]. XXVI + 444 S.
[W. B.'s Biographie auf S. IX–XXVI].

B 7   DER EGOISMUS. Unter Mitwirkung von Frau Lou Andreas-Salomé, Wilhelm Bölsche, [...], hg. von Arthur Dix. Leipzig, Freund und Wittig, 1899. VII + 410 S.
[S. 9–44: W. B. »Der Egoismus in der Natur«].

B 8   DAS NEUNZEHNTE JAHRHUNDERT IN BILDNISSEN. Mit Beiträgen von Paul Ankel, [und vielen anderen]. Hg. von Karl Werckmeister. 5 Bände. Berlin, Kunstverlag der Photographischen Gesellschaft, 1898–1901. 916 S. mit 600 Tafeln. 2°.

[W. B. lieferte 62 Beiträge; Seitenzahlen zwischen runden Klammern:

Bd. 1: D. F. Arago (35–36), J. J. Berzelius (72–73), F. W. Bessel (95–96), L. v. Buch (41–42), R. W. Bunsen (72–73), G. Cuvier (34–35), M. Faraday (118–119), K. F. Gauss (141–143), H. Helmholtz (13–14), F. W. Herschel (75–76), A. v. Humboldt (29–33), W. v. Humboldt (33–34), J. Liebig (74–75), E. Mitscherlich (117–118), J. Müller (94–95), K. Ritter (40–41), W. Weber (134–135).

Bd. 2: K. E. v. Baer (245–246), M. E. Chevreul (293–294), C. R. Darwin (237–242), J. Fraunhofer (287–288), J. L. Gay-Lussac (291–292), E. Haeckel (246–247), T. Huxley (266–267), C. Lyall (242–243), H. v. Mohl (310–311), L. Oken (243–244), E. G. Saint-Hilaire (289–290), M. J. Schleiden (307–308), T. Schwann (309–310), S. T. v. Soemmering (269–270), H. Spencer (249–250), L. N. Vauquelin (292–293), K. Vogt (267–269), A. R. Wallace (248–249).

Bd. 3: C. Bernard (403–405), A. Bonpland (397–398), A. E. Brehm (451–453), J. C. Calhoun (396–397), P. de Candolle (398–399), W. B. Carpenter (431–432), R. Leuckart (450–451), H. C. Oersted (363–364), K. T. E. v. Siebold (453–454), J. Tyndall (429–430).

Bd. 4: H. Barth (596–597), J. Franklin (697–698), J. P. Joule (537–539), D. Livingstone (598–599), J. Lubbock (688–689), J. H. Mädler (625–626), J. C. Maxwell (539–540), G. Nachtigal (546–547), G. Schweinfurth (656–657), J. H. Speke (655–656), H. M. Stanley (579–580).

Bd. 5: H. Burmeister (775–776), R. Clausius (839–840), C. G. Ehrenberg (713–714), K. Gegenbaur (802–803), J. Moleschott (751–752), R. Owen (834–835)].

B 9   LUDWIG BÜCHNER, KALEIDOSKOP. Skizzen und Aufsätze aus Natur und Menschenleben. Gießen, E. Roth, 1901. [IV+] XXXII + 407 S.
[Mit Vorwort: »Zur Geschichte der volkstümlichen Naturforschung«, von W. B.: S. I–XXXII].

B 10   [CHRISTOPH MARTIN] WIELANDS AUSGEWÄHLTE WERKE IN VIER BÄNDEN. Hrsg. von W. B. Leipzig, Max Hesse's Verlag, [1902]. LXII + 196 + 170 + 168 + 299 S. Mit 5 Abb.
[Die Einleitung von W. B. steht auf S. [VII] – LXII].

B 11   NOVALIS' [FRD. V. HARDENBERG] AUSGEWÄHLTE WERKE IN 3 BÄNDEN. Hg. und mit Einl. versehen von Wilhelm Bölsche. Leipzig, Max Hesse [1903]. XLVIII + 168 + 159 + 216 S. Mit 3 Abb.
[Einleitungen von W. B.: Bd. 1: S. [III] – XLVII u. S. [3] – 12; Bd. 2: S. [3] – 9; Bd. 3: S. [3] – 4.].

    1. WILHELM BÖLSCHE, NOVALIS. Leipzig, Max Hesse [1903]. [Sonderdruck aus B 11, Bd. 1]. 47 S.

2. Novalis, Sämtliche Gedichte. Mit einer Einl. v. W. B. Leipzig, Max Hesse, 1903 (Max Hesses Volks-Bücherei, Nr. 85) [Sonderdruck aus B 11]. 118 S.

3. Novalis, Heinrich von Ofterdingen. Mit einer Einl. v. W. B. Leipzig, Max Hesse, [1904] (Hesses Volks-Bücherei, Nr. 109 –110) [Sonderdruck aus B 11]. 159 S.

B 12 Des Angelus Silesius Cherubinischer Wandersmann. Nach der Ausgabe letzter Hand von 1675 vollständig hg. und mit einer Studie »Über den Wert der Mystik für unsere Zeit« eingeleitet von Wilhelm Bölsche. Jena, E. Diederichs, 1905. [4+] LXXXVIII + 248 S. [W. B., Einleitung: S. I – LXXXVIII].

B 13 Carus Sterne [= Ernst Krause], Werden und Vergehen. Eine Entwicklungsgeschichte des Naturganzen in gemeinverständlicher Fassung. 6. neubearb. Aufl., hg. von Wilhelm Bölsche. Berlin. Gebr. Borntrager, 1905–06. 2 Bde. XXIV + 551 S., VI + 592 S. Mit zahlreichen Ill.
[S. VII–XVII: Vorwort von W. B.: »Zur Erinnerung an Carus Sterne«].
[Laut Vorwort hat Bölsche »eine ziemliche Anzahl Änderungen am Text schon jetzt vorgenommen«: S. XVI].

B 14 Curt Grottewitz, Sonntage eines grossstädtischen Arbeiters in der Natur. Berlin, Buchhandlung Vorwärts, 1906. 79 S.
[Mit Einl. v. W. Bölsche: Zur Erinnerung an Curt Grottewitz: S. [3] – 13].

B 15 Heinrich Hart, Gesammelte Werke. Hg. von Julius Hart unter Mitwirkung von Wilhelm Bölsche, Hans Beerli, Wilhelm Holzamer, Franz Hermann Meißner. Berlin, E. Fleischer, 1907. 4 Bde. XVI + 388 S., [VI +] 376 S., [VIII +] 332 S., VIII + 355 S. Mit Porträt.

B 16 Curt Grottewitz. Unser Wald. Ein Volksbuch. Hg. von Wilhelm Bölsche. Berlin, Buchhandlung Vorwärts, 1907. 160 S. mit [20] Tafeln.
[Vorwort von W. B.: S. 5–6].

B 17 Rudolph Penzig, Ohne Kirche. Eine Lebensführung auf eigenem Wege. Jena/Leipzig, E. Diederichs, 1907. [2 +] XVIII + 282 S.
[Enthält: »Geleitwort« von W. B.: S. I–XVIII].

B 18 Johann Wolfgang von Goethe, Werke [...] hg. von Karl Heinemann. Bd. 29–30: Schriften zur Naturwissenschaft. Auswahl. Bearb. v. Wilhelm Bölsche. Leipzig, Bibliographisches Institut [1907–8]. 483 u. 506 S.
[Bölsche verfaßte: Bd. 29: Einl. des Herausgebers: S. 7–38; Anmerkungen: S. 445–480. Bd. 30: Einl. des Herausgebers: S. 8–14; Anmerkungen: S. 419–466].

B 19   MANN UND WEIB. Ihre Beziehungen zueinander und zum Kultur-
leben der Gegenwart. Unter Mitwirkung von Th. Achelis,
I. Bloch, W. Bölsche u. a. volkstümlich dargestellt und hg. von
R[obby] Koßmann und Julius Weiß. Stuttgart [usw.], Union
Deutsche Verlagsgesellschaft. [o. J. = 1908]. 3 Bände.
Band II: Mann und Weib in ihren Beziehungen zueinander.
XII + 672 S.
[S. 25–99: W. B., »Die gegenseitige Anlockung der Geschlechter
in der Liebe«.]

B 20   TIERNOVELLEN von Bölsche, Musset, Pfeffel [u. v. a.]. Berlin,
Buchverlag fürs Deutsche Haus, 1908 (Die Bücher des Deutschen
Hauses. hg. von Rudolf Presber, 3. Reihe, 62. Bd.). 296 S. Ill. von
Stutz.
[Enthält auf S. 11–19: W. B., »Die Eintagsfliege« [aus A 10]].

B 21   IM KAMPF UM DIE WELTANSCHAUUNG. Kundgebung des Goethebundes vom 3. Mai 1908. Berlin, Concordia Deutsche Verlags-
anstalt Hermann Ehbock, [1908]. 50 S.
[Enthält auf S. 32–45: W. B.'s Ansprache [über »ein Grund-
problem unserer Zeit, [...] die Entwicklungslehre«]]. [Voll-
ständig in A 32].

B 22   WIDMUNGSBLÄTTER AN HANS-HEINR. RECLAM beim Erscheinen
der Nr. 5000 von Reclams Universal-Bibliothek. Leipzig, Ph.
Reclam [1909]. [VIII +] 1234 S. Gr. 4°. Mit über 1225 Faks.
von Autographen.
[S. 101: faks. Beitrag von W. B., datiert: 12. Mai 1908.].

B 23   CHARLES DARWIN, GEDENKSCHRIFT ZUR JAHRHUNDERTFEIER SEI-
NER GEBURT. Hg. vom Kosmos, Gesellschaft der Naturfreunde,
und vom Verein der Geschichtsfreunde, Stuttgart. Stuttgart,
Franckh, 1909. IV + 48 S. Mit 19 Abb. und 1 Portr.
[Enthält: S. 25–29: W. B., »Darwin als Reisender«. Mit 2 Abb.].
[Vgl. C 348].

B 24   DARWIN, SEINE BEDEUTUNG IM RINGEN UM WELTANSCHAUUNG
UND LEBENSWERT. 6 Aufsätze. Berlin-Schöneberg, Buchverlag der
»Hilfe«, 1909. 123 S.
[Enthält: S. 5–29: W. B., »Darwins Vorgänger«.].

B 25   DIE WUNDER DER NATUR. Schilderungen der interessantesten
Natur-Schöpfungen und -Erscheinungen in Einzeldarstellungen.
Band I–III. Berlin, Dt. Verlagshaus Bong u. Co. [1912–13].
VIII + 440 S., VIII + 430 S., VIII + 412 S. Mit zahlreichen Abb.
und 122 farbigen Tafeln.
[W. B. verfaßte: Band I, S. 9–13: »Der heilige Käfer«; S. 330
–337: »Diatomeen«. Band II, S. 30–37: »Vögel, die nicht fliegen
können«; S. 111–115: »Das Chamäleon«.].

    1. WUNDER DER NATUR. Ein Buch von Schönheit und Größe des

Alls. Neubearb. Sonderausgabe in 1 Band. Berlin, Bong, 1934.
287 S. Mit 321 Abb.

B 26   DIE SCHULE DER ZUKUNFT. Acht Vorträge gehalten auf der Ver-
sammlung des Goethebundes in Berlin am 3. Dezember 1911.
Berlin-Schöneberg, Fortschritt, 1912. 102 S.
[Enthält: S. 27–71: W. B., »Schule und Vererbung«.].

B 27   FESTSCHRIFT ZUR JAHRHUNDERTFEIER DES BOTEN AUS DEM RIESEN-
GEBIRGE. Hirschberg, 1912. 112 S.
[Enthält: W. B., »Heimatschutz des Naturbildes im Riesenge-
birge«: S. 62–66.].

B 28   ALEXANDER VON HUMBOLDT, DER KOSMOS. Auswahl von Wilhelm
Bölsche. Berlin, Deutsche Bibliothek, 1913. XXV + 325 S. [W. B.,
Einleitung: S. V–XXII].

B 29   WALTHER HAECKEL, ERNST HAECKEL IM BILDE. Eine physiogno-
mische Studie zu seinem 80. Geburtstage. Mit einem Geleitwort
von W. Bölsche. Berlin, G. Reimer 1914. 24 Tafeln mit 17 Blättern Text und 1 Faks.

B 30   LIEBESGABEN AUS DEM DEUTSCHEN REICHE. Wien, Österreichische
Rundschau, 1915. [Auf S. 17: W. B., »Sturm« [Aphorismus].].

B 31   DAS LAND GOETHES 1914–1916. Ein vaterländisches Gedenk-
buch. Hg. vom Berliner Goethebund. Stuttgart, Deutsche Verlags-
Anstalt, 1916. X + 136 S. Gr. 4°. Mit zahlreichen Tafeln. [Auf
S. 10: W. B., [Prosabeitrag].].

B 32   NEUE WELTEN. Die Eroberung der Erde in Darstellungen großer
Naturforscher. Hg. und eingel. v. Wilhelm Bölsche. Berlin,
Deutsche Bibliothek, [1917]. XXIV + 644 S. Mit 24 Kunstbei-
lagen. [W. B., Einführung: S. IX–XXIV].

B 33   GUSTAV THEODOR FECHNER, DIE TAGESANSICHT GEGENÜBER DER
NACHTANSICHT. DAS BÜCHLEIN VOM LEBEN NACH DEM TODE.
Ausgew. und eingel. v. Wilhelm Bölsche. Berlin, Deutsche Biblio-
thek, [1919]. 300 S. [W. B., Einleitung: S. 9–27].

B 34   FRIEDRICH ALBERT LANGE, GESCHICHTE DES MATERIALISMUS UND
KRITIK SEINER BEDEUTUNG IN DER GEGENWART. [...] ausgew.
und eingel. von Wilhelm Bölsche. Berlin, Deutsche Bibliothek,
[1920] 426 S. [W. B., Einleitung: S. 9–26].

B 35   DES DEUTSCHEN JUNGBORN. Ein Buch zur Stärkung deutscher
Seelen, hg. von der Deutschen Allgemeinen Zeitung. Berlin,
Weihnachten 1921 (W. Büxenstein Druckereigesellschaft, Berlin
SW.).
[Enthält von W. B.: »Lichtglaube« [Prosa], S. 9–13]. [Vgl. A 55].

B 36   ARNO HOLZ UND SEIN WERK. Deutsche Stimmen zu seinem
60. Geburtstag, hg. v. Ferdinand Avenarius, Max Liebermann
und Max von Schilling. Berlin, Werk-Verlag, 1923. [Auf S. 49:
Beitrag von W. B.]

B 37   DIE WEITE WELT. Ein Buch der Reisen und Abenteuer, Erfindun-
        gen und Entdeckungen. Unter Mitarbeit von [...] hg. v. Hanns
        Günther [Walter de Haas]. Band 1. Zürich, Rascher u. Co.,
        1923. 480 S. Mit 278 Bildern und 2 farb. Tafeln.
        [Enthält: W. B.: »Sterbende Tiere«: S. 184–196].

B 38   DER MORGEN. Ein Almanach des Verlages Carl Reissner in Dres-
        den 1926. Dresden, C. Reissner, 1926. 160 [+ 2 + 20] S. Mit
        100 Abb. und Faks.
        [Enthält: W. B., »Das Gespenst in der Malermuschel«, S. 12–17.
        [Vgl. C 444 und A 49]].

B 39   CURT GROTTEWITZ UND WILHELM BÖLSCHE, DER MENSCH ALS
        BEHERRSCHER DER NATUR. Berlin, Der Bücherkreis, 1928. 189 S.
        Mit 34 Abb.

B 40   LUDWIG BÜCHNER, KRAFT UND STOFF. Mit einer Einl. und Anm.
        hg. von Wilhelm Bölsche. Neudruck der Urausgabe. Leipzig,
        Alfred Kröner [1932]. XXVIII [+ IV] + 222 S. (Kröners Taschen-
        ausgabe, Band 102). [W. B., Einleitung: S. VII–XXVIII].

B 41   HEINRICH HEINE, PARISER TAGEBUCH. Mit einer biographischen
        Einleitung von Wilhelm Bölsche. Mengen, Heinrich Heine-Ver-
        lag, 1948. 143 S.
        [W. B.'s Vorwort auf S. 7–20 ist die »Biographie« in B 1, Band 1,
        S. I–XI].

B 42   WILHELM SPOHR, O IHR TAGE VON FRIEDRICHSHAGEN! Erinne-
        rungen aus der Werdezeit des deutschen literarischen Realismus.
        Berlin, Verlag »Lied der Zeit«, 1949. 95 S. Mit Bildn. und Zeich-
        nungen.
        [Enthält von Bölsche: S. 20: Zeichnung, S. 26: »Gastfreundschaft
        der Harts« [aus A 17, S. 77–78], S. 34: »Verse« [1924] auf einer
        Postkarte an Bruno Wille, S. 34: Inschrift auf Bild für Paul
        Kampffmeyer, S. 34: Fragment aus einem Brief an einen Freund,
        S. 34–5: Aus einem Brief über Johannes Schlaf, S. 35–6: Aus
        einem Brief über das Buch »Das Leben der Urwelt«, S. 36–7:
        Brief aus dem Jahre 1920 an Wilhelm Spohr über Haeckel, S. 49:
        Brief vom 14. 1. 21 an Wilhelm Spohr, S. 53: Zeichnung, Tafel
        der S. 81 gegenüber: gezeichnete Postkarte].

B 43   DER GOLDENE SCHNITT. Große Essayisten der Neuen Rundschau
        1890–1960. [Hg. von Christoph Schwerin]. [Frankfurt/M],
        S. Fischer Verlag, [1960]. 748 S.
        [Enthält: W. B., »Ernest Renan« auf S. 22–25 [vgl. C 106]].

B 44   BERLINER BOHÈME. Anderthalb Jahrhunderte Geniekarussell. Hg.
        von Felix Henseleit. [Berlin], Druckhaus Tempelhof [= Ullstein],
        1961. 52 S.
        [Enthält: W. B., »das kam und ging« [A 17, S. 77–78]].

B 45   HUGO VON HOFMANNSTHAL [und] ARTHUR SCHNITZLER, BRIEF-
        WECHSEL. Hg. von Therese Nickl und Heinrich Schnitzler.
        [Frankfurt/M], S. Fischer Verlag, 1964. 411 S.
        [Enthält: W. B., Brief vom 24. 3. 1892 an Hugo von Hofmanns-
        thal, auf S. 330 [Vgl. B 49]].

B 46   EUGEN DIEDERICHS. SELBSTZEUGNISSE UND BRIEFE VON ZEITGE-
        NOSSEN. Mit einer Vorrede von Rüdiger Robert Beer. Zusammen-
        stellung und Erläuterungen: Ulf Diederichs. [Düsseldorf], Eugen
        Diederichs Verlag, [1967]. 363 S. Mit 8 Bildseiten sowie
        14 Textill. und Faks.
        [Enthält: W. B., Brief vom 23. VI. 1897 an Eugen Diederichs:
        S. 93–94].

B 47   BERTHA VON SUTTNER, LEBENSERINNERUNGEN. [Hg. und bearb.
        v. Fritz Böttger]. Berlin, Verlag der Nation. [1968]. 668 S. Mit
        zeitgenössischen Abb.
        [Enthält: Faks. eines Briefes von Wilhelm Bölsche an Bertha
        von Suttner vom 17. 6. 1892, auf S. 308].

B 48   DER GERECHTFERTIGTE HAECKEL. Einblicke in seine Schriften
        aus Anlaß des Erscheinens seines Hauptwerkes »Generelle Mor-
        phologie der Organismen« vor 100 Jahren. Eingel., zusammenge-
        stellt und mit einem Ausklang von Gerhard Heberer. Stuttgart,
        Gustav Fischer, 1968. X + 588 S.
        [Enthält: W. B., »Eine nichtgehaltene Grabrede. Ein letztes Wort
        zu Ernst Haeckel«: S. 23–42 [= A 22, Band 1, 14–44]].

B 49   ALMANACH. DAS DREIUNDACHTZIGSTE JAHR. Hugo von Hof-
        mannsthal, Briefwechsel mit Max Rychner, mit Samuel und
        Hedwig Fischer, Oscar Bie und Moritz Heimann. Redaktion:
        Knut Beck und J. Hellmut Freund. [Frankfurt/M], S. Fischer
        Verlag, 1973. 252 S.
        [Enthält: W. B., Brief vom 15. 12. 1891 an Hugo von Hofmanns-
        thal und Brief vom 24. 3. 1892 an Hugo von Hofmannsthal:
        S. 53–54. [Vgl. B 45]].

B 50   THEORIE DES NATURALISMUS. Hg. von Theo Meyer. Stuttgart,
        Phil. Reclam jun. [1973] (UB 9475–78) 326 S.
        [Enthält: W. B., »Die Abstammung des Menschen«. [A 20], TA
        auf S. 98–100, W. B., »Die naturwissenschaftlichen Grundlagen
        der Poesie«. [A 3], TA auf S. 128–137, W. B., »Goethes Wahl-
        verwandtschaften im Lichte moderner Naturwissenschaft«
        [C 23], TA auf S. 249–251, W. B., »Gerhart Hauptmanns Weber-
        tragödie« [C 101], TA auf S. 280–281.]

B 51   AUFTAKT ZUR LITERATUR DES 20. JAHRHUNDERTS. Briefe aus dem
        Nachlaß von Ludwig Jacobowski. Hrsg. v. Fred B. Stern.
        2 Bände. Heidelberg, Lambert Schneider, [1974]. Darmstadt,

Veröffentlichung der Deutschen Akademie für Sprache und Dichtung: 47. 576 und 352 S.
[Enthält 3 Briefe von Wilhelm Bölsche an Ludwig Jacobowski im Abschnitt VIII: »Die Friedrichshagener und die Neue Freie Volksbühne«: Band I, S. 205, Brief Nr. 218 vom 22. 9. 1897; Band I, S. 205–206, Brief Nr. 219 vom 30. 11. 1898; Band I, S. 206, Brief Nr. 220 vom 30. 1. 1899].

C. Aufsätze in Zeitschriften und Zeitungen.

1876–1880

C 1   Nachrichten aus den Natur-Anstalten: Köln. *Isis*, Berlin, Jg. 1, Nr. 1 (6. 4. 76), 9; Nr. 3 (4. 5. 76), 29; Nr. 8 (13. 7. 76), 69; Nr. 9 (27. 7. 76), 77; Nr. 15 (19. 10. 76), 125; Nr. 17 (9. 11. 76), 140.

C 2   Nachrichten aus den Natur-Anstalten: Köln. *Isis*, Jg. 2, Nr. 1 (4. 1. 77), 11; Nr. 3 (1. 2. 77), 27; Nr. 16 (2. 8. 77), 133; Nr. 25 (6. 12. 77), 204.

C 3   Zur Geschichte der Zoologischen Gärten. *Isis*, Jg. 2, Nr. 5 (1. 3. 77), 38–40; Nr. 6 (15. 3. 77), 46–7.

C 4   Nachrichten aus den Natur-Anstalten: Köln. *Isis*, Jg. 3, Nr. 15 (18. 7. 78), 120.

C 5   Ueber den Farbenwechsel bei Laubfröschen. *Isis*, Jg. 3, Nr. 16 (1. 8. 78), 124–25.

C 6   Die Erdkröte in der Gefangenschaft. *Isis*, Jg. 4, Nr. 5 (30. 1. 79), 37–39.

C 7   Zur Naturgeschichte der Buntkröten. *Isis*, Jg. 4, Nr. 13 (27. 3. 79), 101–2; Nr. 14 (3. 4. 79), 109–110.

C 8   Nachrichten aus den Naturanstalten: Köln. *Isis*, Jg. 4, Nr. 22 (29. 5. 79), 179; Nr. 47 (20. 11. 79), 383.

C 9   Nachrichten aus den Naturanstalten: Köln. *Isis*, Jg. 5, Nr. 16 (22. 4. 80), 289.

1887

C 10   Vischer und Fechner als Aesthetiker. *Die Gegenwart*, Berlin. Jg. 16, Bd. 32, Nr. 40 (1. 10. 87), 215–18.

C 11   Selbstanzeige [»Die naturwissenschaftlichen Grundlagen der Poesie«: A 3]. *Der Kunstwart*, München, Jg. 1, 3 Stück [5. 11. 87], 28.

1888

C 12   Victor Hehn über Goethe. *Unsere Zeit*, Leipzig. Jg. 1888, Band I,
        Januar 88, 55–64 [Rez. von Hehns »Gedanken über Goethe«].

C 13   Charles Darwin und die moderne Ästhetik. *Der Kunstwart*,
        Jg. 1, 9. Stück [5. 2. 88], 125–26.

C 14   In Sachen des Heine-Denkmals. *Der Kunstwart*, Jg. 1, 10. Stück
        [20. 2. 88], 144–45.

C 15   Ein Lied der Menschheit [v. Heinrich Hart] [Rez.]. *Die Gegen-
        wart*, Jg. 17, Bd. 33, Nr. 15 (14. 4. 88), 232–34.

C 16   Selbstanzeige [»Heinrich Heine«: A 4]. *Der Kunstwart*, Jg. 1,
        15. Stück [5. 5. 88], 205–6.

C 17   Telepathie. Das Märchen von einer neuen Wissenschaft. *Nord
        und Süd*, Breslau. Bd. 46, H. 137 (Aug. 1888), 245–55.

1889

C 18   Eduard von Hartmann's »Philosophie des Schönen«. Eine Grab-
        rede auf die schematisirende Aesthetik der Gegenwart. *Kriti-
        sches Jahrbuch*, Hamburg. Jg. 1, H. 1 (1889), 9–29.

C 19   Nero. Ein Roman von Ernst Eckstein [Rez.]. *Kritisches Jahr-
        buch*, Jg. 1, H. 1 (1889), 107–10.

C 20   Suam quique. Roman von Ernst Wichert. [Rez.]. *Kritisches
        Jahrbuch*, Jg. 1, H. 1 (1889), 120–22.

C 21   Die Gred. Roman aus dem alten Nürnberg von Georg Ebers.
        [Rez.]. *Kritisches Jahrbuch*, Jg. 1, H. 1 (1889), 125–27.

C 22   Frigga's Ja. Erzählung von Fritz Dahn [Rez.]. *Kritisches Jahr-
        buch*, Jg. 1, H. 1 (1889) 139–41.

C 22 a Neue Bücher [Rez. zu Ernst Wichert, »Suam cuique«; Adolf
        Bartels, »Gedichte«; Viktor von Strauß, »Das Glück«; Hermann
        Friedrichs, »Liebeskämpfe«; Marie Hanstein, »Die Alfinge«;
        ***, »Randstriche und Nesselreime«].
        Deutsche Roman-Zeitung, Berlin. Jg. 26, Band 2, Nr. 20 [o. D. =
        etwa 17. 2. 1889], Feuilleton, Sp. 499–502.

C 22 b Neue Bücher. II [Rez. zu: Theodor Curti, »Stimmungen und
        Gedanken«; Fritz Lienhard, »Naphtali«; Joseph Viktor von
        Scheffel, »Gedichte aus dem Nachlaß«; Joseph Stöckle, »Ich
        fahr' in die Welt. Joseph Viktor von Scheffel«; Elisabeth Bober-
        tag, »Aus meiner Dichtermappe«; Friedrich Röber, »Der Wiener
        Kongreß«].
        Deutsche Roman-Zeitung, Jg. 26, Bd. 2, Nr. 21 [o. D. = etwa
        24. 2. 1889], Feuilleton, Sp. 571–574.

C 22 c Neue Bücher. [Rez. zu: L. Rafael, »Gedichte«; Karl August
        Hückinghaus, »Gedichte«; Paul Barsch, »Fliegende Blätter. Neue
        Lieder«; Paul Fritsche, »Bilderbuch eines Schwermütigen«;

Richard von Hartwig, »Dichtungen«; Johannes Trojan, »Von Drinnen und Draußen«].
Deutsche Roman-Zeitung, Jg. 26, Band 4, Nr. 41 [o. D. = etwa 14. 7. 1889], Feuilleton, Sp. 140–144.

C 22 d Neue Bücher. [Rez. zu: Ernst Ludwig Rochholz, »Reichstreu– Denkfrei«; Gustav Weck, »Unsre Todten«; Günther von Frei- berg, »Dijon-Rosen«; Friedrich Rust, »Aus neuer Zeit«; Stephan Milow, »Aus dem Süden«].
Deutsche Roman-Zeitung, Jg. 26, Band 4, Nr. 42 [o. D. = etwa 21. 7. 1889], Feuilleton, Sp. 214–215.

C 23 Goethes Wahlverwandtschaften im Lichte moderner Naturwis- senschaft. *Die Gesellschaft*, Leipzig. Jg. 5, 3. Qu. [Sept. 1889], 1330–40.

C 24 Ein Roman aus der Küche der Jüngsten (»Adam Mensch«. Ro- man von Hermann Conradi. Leipzig, Friedrich Wilhelm). [Rez.].
Deutsche Roman-Zeitung, Jg. 27, Band I, Nr. 1 [o. D. = etwa: 6. 10. 1889], Sp. 68–71.

  1. [Neudruck in der Zeitschrift:] *Kritisches Jahrbuch*, Jg. 1, H. 2 (1890), S. 108–11.

C 25 Ein deutsches realistisches Drama [Rez. v. G. Hauptmanns »Vor Sonnenaufgang«]. *Die Gegenwart*, Jg. 18, Bd. 36, Nr. 41 (12. 10. 89), 234–36. [Vgl. A 17].

1890

C 26 Der historische Roman. Ein Rückblick zur Klärung des Augen- blicks. *Kritisches Jahrbuch*, Jg. 1, H. 2 (1890), 13–27.

C 27 Frau Minne. Ein Künstler-Roman von Theophil Zolling [Rez.] *Kritisches Jahrbuch*, Jg. 1, H. 2 (1890), 93–4.

C 28 Welt-Untergang. Geschichtliche Erzählung aus dem Jahre 1000 nach Christus von Felix Dahn [Rez.]. *Kritisches Jahrbuch*, Jg. 1, H. 2 (1890), 94–5.

C 29 Papa Hamlet von Bjarne P. Holmsen. [Rez.]. *Kritisches Jahr- buch*, Jg. 1, H. 2 (1890), 103–6.

C 30 Alarich. Roman aus der Völkerwanderung von Woldemar Urban [Rez.]. *Kritisches Jahrbuch*, Jg. 1, H. 2 (1890), 111.

C 31 Quisisana. Roman von Reinhold Ortmann [Rez.]. *Kritisches Jahrbuch*, Jg. 1, H. 2 (1890), 111–12.

C 32 Kaiser Max und seine Jäger. Dichtung von Rudolf Baumbach [Rez.]. *Kritisches Jahrbuch*, Jg. 1, H. 2 (1890), 117–18.

C 33 Die tolle Comteß. Roman in zwei Bänden von Ernst von Wolzo- gen [Rez.]. *Kritisches Jahrbuch*, Jg. 1, H. 2 (1890), 118–20.

C 34 Neue Dichtungen [Rez. zu: Th. Fontane, »Gedichte«; H. Seidel, »Glockenspiel«; Ludwig Pfau, »Gedichte«; H. Hart, »Das Lied der Menschheit«; »Der Rhapsode von Dimbovitza«.]. *Deutsche Rundschau*, Berlin. Jg. 16, Bd. 62, [Jan. 90], 149–53.

C 35   Ziele und Wege der modernen Aesthetik. Eine kritische Betrachtung. *Moderne Dichtung*, Brünn. Jg. 1, H. 1, Nr. 1 (1. 1. 90), 29–34.

C 36   Dahn's Weltuntergang [Rez.]. *Moderne Dichtung*, Jg. 1, H. 1, Nr. 1 (1. 1. 90), 54–5.

C 37   Theodor Fontane als Lyriker. Zu des Dichters 70. Geburtstag. *Die Gegenwart*, Jg. 19, Bd. 37, Nr. 1 (4. 1. 90), 5–7.

C 38   Ebers' Josua [Rez.]. *Moderne Dichtung*, Jg. 1, H. 3, Nr. 3 (1. 3. 90), 176–79.

C 39   Neue Romane und Novellen [Rez. zu: R. Voß, »Daniel, der Konvertit«; R. Voß, »Erlebtes und Geschautes«; Hans Hoffmann, »Von Frühling zu Frühling«; A. Baron v. Roberts, »Revanche«; Th. Zolling, »Frau Minne«]. *Deutsche Rundschau*, Jg. 16, Bd. 63, (April 90), 153–58.

C 40   Der Lyriker Julius Hart. Eine kritische Studie. [Rez. v. »Homo sum«]. *Moderne Dichtung*, Jg. 1, H. 6, Nr. 6 (1. 6. 90), 377–82.

C 41   Gerhart Hauptmann. *Moderne Dichtung*, Jg. 1, Bd. 2, H. 1, Nr. 7 (1. 7. 90), 421–23.

C 42   Köln. Ein Städtebild vom Rhein. *Westermanns Illustrierte Deutsche Monatshefte*, Braunschweig. Jg. 34, Bd. 68, (Aug. 90), 614–36.

C 43   Moderne Medizin. Betrachtungen zum Congreß. *Freie Bühne*, Berlin. Jg. 1, H. 28 [13. 8. 90], 745–48.

C 44   Ein Buch vom deutschen Roman [Rez. v. H. Mielke, »Der deutsche Roman des 19. Jahrhunderts«]. *Freie Bühne*, Jg. 1, H. 29 [20. 8. 90], 777–81.

C 45   Tolstoi bei den Spiritisten. *Freie Bühne*, Jg. 1, H. 30 [27. 8. 90], 806–7.

C 46   Naturforschende Aesthetiker und ästhetisirende Naturforscher. Eine »unlustige« Betrachtung. [Rez. zu: E. Hallier, »Aesthetik der Natur« und L. Jacobowski, »Die Anfänge der Poesie«]. *Freie Bühne*, Jg. 1, H. 31 [3. 9. 90], 820–23.

C 47   Lombroso [Rez. v. »Der geniale Mensch«]. *Freie Bühne*, Jg. 1, H. 33 [17. 9. 90], 875–77.

C 48   »Widerstrebe nicht dem Uebel« in der Litteratur. Eine Vorrede zur Wintercampagne. *Freie Bühne*, Jg. 1, H. 34 [24. 9. 90], 889–92.

C 49   Freie Volksbühne. *Freie Bühne*, Jg. 1, H. 34 [24. 9. 90], 899–900.

C 50   Die Poesie der Großstadt. *Das Magazin für die Litteratur des In- und Auslandes*, Dresden. Jg. 59, Nr. 40 (4. 10. 90), 622–25.

     1. [Referat von C 50 mit zahlreichen Zitaten]. *Der Kunstwart*, Jg. 4, 2. Stück, 2. Oktoberheft 1890, 22–24.

C 51   Der Naturforscherblick. Eine Zukunftsträumerei. *Freie Bühne.* Jg. 1, H. 36 [8. 10. 90], 937–40.

C 52   Humboldt frei! Gedanken zur volkstümlichen Wissenschaft [zu: A. v. Humboldts »Kosmos«]. *Freie Bühne*, Jg. 1, H. 39 [29. 10. 90], 1014–17.

C 53   Tolstoi in der Malerei. *Freie Bühne*, Jg. 1, H. 39 [29. 10. 90], 1022.

C 54   Berliner Freie-Bühnen-Briefe I: Allgemeines. Bleibtreu's »Schicksal«. Anfänge der Freien Volksbühne. *Moderne Dichtung*, Jg. 1, Bd. 2, H. 5, Nr. 11 (1. 11. 90), 707–10.

C 55   »Hinaus über den Realismus!« Ein Wort an die Siebenmeilenstiefler in der Kunst. *Freie Bühne*, Jg. 1, H. 40 [5. 11. 90], 1047–50.

C 56   Ein neues Talent [Rez. v. Walther Siegfried, »Tino Moralt«]. *Freie Bühne*, Jg. 1, H. 40 [5. 11. 90], 1055.

C 57   Zur Erwiderung [auf Momme Nissens Aufsatz: »Noch einmal Tolstoi in der Malerei« in H. 42, S. 1103/5]. *Freie Bühne*, Jg. 1, H. 42 [19. 11. 90], 1106–7.

C 58   Freie Litterarische Gesellschaft [Notiz zur Gründung]. *Freie Bühne*, Jg. 1, H. 42 [19. 11. 90], 1111.

C 59   Von Fechner zu Hamerling. Ein Kapitel vom Forschergeist und vom Dilettantengeist. [Rez. v. Rob. Hamerling, »Atomistik des Willens«, u. G. T. Fechner und W. Preyer, »Wissenschaftliche Briefe«]. *Freie Bühne*, Jg. 1, H. 43 [26. 11. 90], 1128–31.

C 60   Hamerling's »Atomistik des Willens« [Rez.]. *Freie Bühne*, Jg. 1, H. 44 [3. 12. 90], 1149–53.

C 61   Der »Dramatiker« Conrad Alberti [über Albertis Drama: »Brot«]. *Freie Bühne*, Jg. 1, H. 45 [10. 12. 90], 1159–60.

C 62   Heinrich Heine bei Georg Brandes [Rez. v. Bd. 6 von Brandes' »Litteratur des 19. Jahrhunderts in ihren Hauptströmungen«]. *Freie Bühne*, Jg. 1, H. 46 [17. 12. 90], 1177–81.

C 63   Freie Litterarische Gesellschaft [Notiz zu einem Vortragsabend]. *Freie Bühne*, Jg. 1, H. 47 [24. 12. 90], 1207.

C 64   Ein Roman über die Unsterblichkeit [Rez. v. E. Bellamy, »Fräulein Ludington's Schwester«]. *Freie Bühne*, Jg. 1, H. 48 [31. 12. 90], 1230–31.

1891

C 65   Schliemann. *Freie Bühne*, Jg. 2, H. 1 [7. 1. 91], 12–14.

C 66   Die Weltanschauung der Jahrhundertwende. *Freie Bühne*, Jg. 2, H. 2 [14. 1. 91], 33–35.

C 67   Kabale und Liebe auf der Freien Volksbühne [Kritik]. *Freie Bühne*, Jg. 2, H. 3 [21. 1. 91], 93–4.

C 68   Die Freie Litterarische Gesellschaft [Notiz]. *Freie Bühne*, Jg. 2, H. 3 [21. 1. 91], 99.

C 69   Der »billige« Schopenhauer. [Zu Reclams Neuausgabe der »Welt als Wille und Vorstellung«]. *Freie Bühne*, Jg. 2, H. 4 [28. 1. 91], 105–8.

C 70   Neue Novellen. [Rez. v. Hans Hopfen, »Neue Geschichten des Majors«; Marg. v. Bülow. »Neue Novellen«; Isolde Kurz, »Florentiner Novellen«]. *Deutsche Rundschau*, Jg. 16, Bd. 66, (Febr. 1891), 305–10.

C 71   Sudermann auf der »Freien Volks[-]Bühne« [über die Aufführung am 8. 2. des Schauspiels »Die Ehre«]. *Freie Bühne*, Jg. 2, H. 6 [11. 2. 91], 145–47.

C 72   [Notiz über Wilhelm von Polenz' Novelle: »Die Versuchung«]. *Freie Bühne*, Jg. 2, H. 6 [11. 2. 91], 149.

C 73   [Notiz über den Tod des Mitarbeiters Heinrich Kana]. *Freie Bühne*, Jg. 2, H. 6 [11. 2. 91], 149.

C 74   Die Freie Litterarische Gesellschaft [Notiz über die Krisis in der Gesellschaft]. *Freie Bühne*, Jg. 2, H. 7 [18. 2. 91], 175.

C 75   Naturwissenschaftliche Märchen. [Rez. v. Curd Laßwitz, »Seifenblasen«]. *Freie Bühne*, Jg. 2, H. 8 [25. 2. 91], 195–99.

C 76   Eine neue Aesthetik der Natur. [Rez. v. Ernst Hallier, »Aesthetik der Natur«]. *Die Gegenwart*, Jg. 20, Bd. 39, Nr. 10 (7. 3. 91), 150–52.

C 77   Der Jugendunterricht und die Thatsachen der Embryologie. [1. Aufsatz]. *Freie Bühne*, Jg. 2, H. 11 [18. 3. 91], 257–61. [Vgl. C 80].

C 78   Zola's L'Argent. [Rez.]. *Freie Bühne*, Jg. 2, H. 12 [25. 3. 91], 281–86.

C 79   Eine Zeitschrift für Arbeiterkinder. [»Die Jugend«, hg. v. Bruno Wille]. *Freie Bühne*, Jg. 2, H. 12 [25. 3. 91], 295–96.

C 80   Der Jugendunterricht und die Thatsachen der Embryologie. [2. Aufsatz]. *Freie Bühne*, Jg. 2, H. 13 [1. 4. 91], 310–14.

C 81   Ein Wörtchen an Wilhelm Jordan. [Rez. v. W. Jordan, »Deutsche Hiebe«], *Freie Bühne*, Jg. 2, H. 15 [15. 4. 91], 381–83.

C 82   [Notiz: Hans Schliepmann] [Rez. zu dessen »Betrachtungen über Baukunst«]. *Freie Bühne*, Jg. 2, H. 16 [22. 4. 91], 408–9.

C 83   Der Schillerpreis. [War Theodor Fontane und Klaus Groth verliehen]. *Freie Bühne*, Jg. 2, H. 17 [29. 4. 91], 417–21.

C 84   Otto Schröder. [Rez. v. Schröders »Vom papiernen Stil«]. *Freie Bühne*, Jg. 2, H. 17 [29. 4. 91], 432–33.

C 85   Heiteres »zur Psychologie der Zukunft«. [Rez. v. Karl Bleibtreu, »Zur Psychologie der Zukunft«]. *Freie Bühne*, Jg. 2, H. 20 [20. 5. 91], 503–5.

C 86   »Die moderne Litteratur in biographischen Einzeldarstellungen«.
        [Rez.]. *Freie Bühne*, Jg. 2, H. 23 [10. 6. 91], 577–78.

C 87   Neue Romane und Novellen. [Rez. v. Paul Heyse, »Weih-
        nachtsgeschichten«; Theodor Fontane, »Quitt«; A. Baron v. Ro-
        berts, »Die schöne Helena«; W. Siegfried, »Tino Moralt«; Arne
        Garborg, »Bei Mama«]. *Deutsche Rundschau*, Jg. 17, Bd. 68,
        (Juli 1891), 149–154.
    1. TA der Rezension von Fontanes »Quitt« in: Theodor Fontane,
        »Romane und Erzählungen«, Berlin, Aufbau, Band 5 [1973²],
        S. 628–630.

C 88   Wilhelm Weber [Nachruf]. *Freie Bühne*, Jg. 2, H. 26 [1. 7. 91],
        633–37.

C 89   Tuisko-Land und die Descendenzlehre in der Mythologie. [Rez.
        v. Ernst Krause, »Tuisko-Land, der arischen Stämme und Götter
        Urheimath«]. *Die Sonntagsbeilage zur Vossischen Zeitung*, Berlin,
        Jg. 1891, Nr. 28 (12. 7. 91), Sp. 4–6 u. Nr. 29 (19. 7. 91), Sp. 8–10.

C 90   Ein etymologische Lösung der sozialen Frage. [Rez. v. A. Fiebig,
        »Nur durch die Muttersprache führt der Weg zum sozialen
        Frieden«]. *Freie Bühne*, Jg. 2, H. 30 [29. 7. 91], 748–50.

C 91   Zur Aesthetik der Confusion [über Curt Grottewitz, »Die Über-
        windung des Milieus« im *Magazin*, Jg. 60, Nr. 29 (18. 7. 91),
        455–57]. *Freie Bühne*, Jg. 2, H. 31 [5. 8. 91], 771–73.

C 92   Jesus und Judas. [Rez. v. Felix Holländer, »Jesus und Judas«].
        Freie Bühne, Jg. 2, H. 33 [19. 8. 91], 819–21.

C 93   Wallfahrt zum Meister Diefenbach. [Ein Maler und »Heiland«
        in der Nähe von München]. *Freie Bühne*, Jg. 2, H. 39 [30. 9. 91],
        953–58.

C 94   Johannes Schlaf's »In Dingsda«. [Rez.]. *Freie Bühne*, Jg. 2, H. 40
        [7. 10. 91], 986–87.

C 95   [Der Mordprozeß Heinze. Notiz]. *Freie Bühne*, Jg. 2, H. 40
        [7. 10. 91], 989–90.

C 96   Ein sozialistischer Kritiker Zola's. [Über Paul Lafargues Aufsatz:
        »›Das Geld‹ von Zola« in: *Die Neue Zeit*, Stuttgart. Jg. 10,
        1891/92, Band 1, Nr. 1–4: Oktober 1891]. *Freie Bühne*, Jg. 2,
        H. 42 [21. 10. 91], 1037–40.

C 97   Vom deutschen Schriftstellerstand. [Über F. Avenarius' Aufsatz
        über den »Deutschen Schriftstellerstand« im *Kunstwart*], *Freie
        Bühne*, Jg. 2, H. 43 [28. 10. 91], 1049–53.

C 98   Häckel's Anthropogenie in neuem Gewande. Aphorismen [Abh.].
        Freie Bühne, Jg. 2, H. 45 [11. 11. 91], 1097–1101, u. H. 50 [16.
        12. 91], 1217–21.

C 99   Sechs Kapitel Psychologie nach Ibsen. [Rez. v. Lou Andreas-
        Salomé, »Henrik Ibsens Frauen-Gestalten«]. *Freie Bühne*, Jg. 2,
        H. 50 [30. 12. 91], 1272–74.

C 100 Wankt unsere moderne naturwissenschaftliche Weltanschauung? Eine Zeitstudie. *Freie Bühne*, Jg. 3, H. 1 [Jan. 92], 62–72.

C 101 Gerhart Hauptmanns Webertragödie. [Rez. v. Hauptmanns »De Waber«]. *Freie Bühne*, Jg. 3, H. 2 [Febr. 92], 180–86.

C 102 Neues zur Erinnerung an Gustav Theodor Fechner. [Rez. v. J. E. Kuntze, »G. T. Fechner«]. *Freie Bühne*, Jg. 3, H. 4 [April 92], 358–66.

C 102a Therese Raquin. [Besprechung des Dramas von Emile Zola. Aufführungen an der »Freien Volksbühne« am 10., 17. und 24. April 1892 im Belle-Alliance-Theater, Berlin]. *Freie Volksbühne*, Berlin. Hg. v. Dr. Bruno Wille. Jg. [1], 1892, Heft 2 [erschien etwa Anfang April 1892], S. 2–8.

C 103 Ein moderner Retter der Religion. [Rez. v. Martin Keibel, »Die Religion und ihr Recht gegenüber dem modernen Moralismus«]. *Freie Bühne*, Jg. 3, H. 6 [Juni 92], 608–12.

C 104 Vom verlorenen Sohn des Darwinismus. Aphorismen zur darwinistischen Weltanschauung. [Rez. v. Alfred R. Wallace, »Der Darwinismus«]. *Freie Bühne*, Jg. 3, H. 7 [Juli 92], 709–16.

C 105 [Rez. zu Felix Adler, »Die ethischen Gesellschaften«]. *Freie Bühne*, Jg. 3, H. 8 [Aug. 92], 1001–4.

C 106 Ernest Renan. Aphorismen [Abh.]. *Freie Bühne*, Jg. 3, H. 9 [Sept. 92], 1113–15. [Vgl. B 43].

C 107 [Bericht über August Strindbergs Übersiedlung nach Friedrichshagen]. *Freie Bühne*, Jg. 3, H. 9 [Sept. 92], 1116.

C 108 Vom ethischen Konzil zu Berlin. Ein Epilog zur Begründung des deutschen Vereins für ethische Kultur. *Freie Bühne*, Jg. 3, H. 11 [Nov. 92], 1192–1201.

C 109 Vier Weihnachtsbücher höheren Stils [Rez. zu: Gerhart Hauptmann, »Kollege Crampton«; Johannes Schlaf, »Meister Oelze«; Max Halbe, »Eisgang«; John Henry Mackay, »Die Menschen der Ehe«]. *Freie Bühne*, Jg. 3, H. 12 [Dez. 92], 1321–1326.

C 110 [Rezension der Aufführung des Dramas »Manometer auf 99!« von Franz Held bei der »Fresko-Bühne«]. *Freie Bühne*, Jg. 3, H. 12 [Dez. 99], 1329–30.

1893

C 111 Naturwissenschaftlicher Unterricht in der Schule. Vortrag [...]. *Freie Bühne*, Jg. 4, H. 1 [Jan. 93], 29–38.

C 112 Neuere Schriften. [Rez. zu: Hans Schmidkunz, »Psychologie der Suggestion«; H. Ploß, »Das Weib in der Natur- und Völkerkunde«; E. Budde, »Naturwissenschaftliche Plaudereien«;

O. Snell, »Hexenprozesse und Geistesstörung«]. *Deutsche Rund-schau*, Jg. 19, Bd. 74, (Febr. 93), 312–315.

C 113 Die Angst vor der »Aufklärung!« [Rez. v. Ernst Haeckels »Der Monismus als Band zwischen Religion und Wissenschaft«]. *Freie Bühne*, Jg. 4, H. 2 [Febr. 93], 206–209.

C 114 Die Metaphysik in der modernen Physiologie [Rez. zu Karl Hauptmann, »Beiträge zu einer dynamischen Theorie der Lebe-wesen. I. Die Metaphysik in der modernen Physiologie«]. *Freie Bühne*, Jg. 4, H. 3 [März 93], 273–289.

C 115 »Dämmerung«. [Kritik von Ernst Rosmers Drama »Dämme-rung«]. *Freie Bühne*, Jg. 4, H. 4 [Apr. 93], 462–466.

C 116 Neue Romane [Rez. zu: O. E. Hartleben, »Die Geschichte vom abgerissenen Knopf«; H. Bahr, »Neben der Liebe«; J. Meier-Graefe, »Nach Norden«]. *Freie Bühne*, Jg. 4, H. 5 [Mai 93], 590–592.

C 117 Neue Romane [Rez. zu: W. v. Polenz, »Der Pfarrer von Breiten-dorf«]. *Freie Bühne*, Jg. 4, H. 6 [Juni 93], 685–688.

C 118 Die Gefahren der Nietzscheschen Philosophie [reagiert auf: Lud-wig Stein, »Friedrich Nietzsches Weltanschauung und ihre Ge-fahren«. *Deutsche Rundschau*, März und Mai 1893, auch als Buch erschienen]. *Freie Bühne*, Jg. 4, H. 6 [Juni 93], 719–722.

C 118 a Der Darwinismus vor Gericht. *Freie Bühne*, Jg. 4, H. 8 [Aug. 93], 900–3. [Anonym erschienen].

C 119 Zum Fall »Hamann-Häckel«. Ein paar subjective Bemerkungen. *Freie Bühne*, Jg. 4, H. 9 [Sept. 93], 1050–56.

C 119 a Der Ausgang des Prozesses Häckel-Hamann (mit Briefen Ha-manns an Häckel), *Freie Bühne*, Jg. 4, H. 10 [Okt. 93] 1131–37. [Anonym erschienen].

1894

C 120 Haeckel. Zu seinem sechzigsten Geburtstag. *Neue Deutsche Rundschau*, Berlin [= Fortsetzung der *Freien Bühne*], Jg. 5, H. 2 [Febr. 94], 113–21.

C 121 Zur Entwicklungslehre und Ethnographie [Rez. dreier Werke]. *Deutsche Rundschau*, Jg. 20, Bd. 80, (Juli 94), 152–55. [Rez. v.: W. Haacke, »Die Schöpfung der Thierwelt«; K. v. d. Steinen, »Unter den Naturvölkern Central-Brasiliens«; A. Weismann, »Die Allmacht der Naturzüchtung«].

C 122 Die Studentin und der ideale Geist unserer Universitäten. *Die Frau*, Berlin. Jg. 1, H. 10, (Juli 94, 647–52.

C 123 Das Geheimnis Friedrich Nietzsches. [Rez. v. Lou Andreas-Salo-mé, »Nietzsche in seinen Werken«; Wilhelm Weigand, »F. Nietz-

sche«]. *Neue Deutsche Rundschau*, Jg. 5, H. 9 [Sept. 94] 1026
–33.

C 124 Neue Entdeckungen zur Urgeschichte der Frau. *Die Frau*, Jg. 2,
H. 1 (Okt. 94), 11–17.

1895

C 125 Der Stammbaum der Säugethiere [Rez. v. K. A. von Zittel,
»Handbuch der Paläontologie«, Band 5]. *Die Sonntagsbeilage
zur Vossischen Zeitung*, Berlin. Jg. 1895, Nr. 6 (10. 2. 95), Sp.
3–5 und Nr. 7 (17. 2. 95), Sp. 7–10.

C 126 Unsterblichkeit. *Die Zukunft*, Berlin. Jg. 3, Bd. 10, Nr. v. 2. 3.
95, 428–433.

C 127 Herman Grimm's »Homer« [Rez. v. H. Grimm, »Homers
Ilias«]. *Deutsche Rundschau*, Jg. 22, Bd. 85, (Dez. 95), 467–72.

C 128 Mädchenlektüre. *Die Zukunft*. Jg. 4, Bd. 13, Nr. v. 21. 12. 95,
572–76.

1896

C 129 Neueste Lyrik. [Rez. d. »Anthologie neuerer deutscher Lyrik«
von Carl Busse; Besprechung von R. Dehmels Lyrik]. *Der sozialistische Akademiker*, Berlin. Jg. 2, Nr. 1 (Jan. 96), 18–24.

C 130 Die Humanität im Kampf mit dem Fortschritt. Aphorismen zu
dem Buche eines Arztes [Alfred Ploetz, »Die Tüchtigkeit unserer
Rasse und der Schutz der Schwachen«]. *Neue Deutsche Rundschau*, Jg. 7, H. 2 (Febr. 96), 125–137.

C 131 Zum 18. März. Aphorismen [Betrachtung]. *Der sozialistische
Akademiker*, Jg. 2, Nr. 3 (März 96), 145–148.

C 132 Strasburger's Rivierabuch [Rez. zu Eduard Strasburger, »Streif-
züge an der Riviera«]. *Deutsche Rundschau*, Jg. 22, Band 87,
(Mai 96), 313–316.

C 133 Sozialismus und Darwinismus. *Der sozialistische Akademiker*,
Jg. 2, Nr. 5 (Mai 96), 267–277.

C 134 Naturwissenschaftliche Aufgaben für Frauen. *Die Frau*, Jg. 3,
H. 11 (August 96), 673–678.

C 135 »Freie Universitäten« und »Volks-Universitäten« in Deutschland.
Ein Wort zur Verständigung. *Der sozialistische Akademiker*,
Jg. 2, Nr. 8 (Aug. 96), 465–471, Nr. 9 (Sept. 96), 531–537,
Nr. 10 (Okt. 96), 614–622, Nr. 11 (Nov. 96), 686–692. [Vgl.
A 17: »Freie Universitäten«].

C 136 Zur Naturgeschichte des modernen Romans. *Neue Deutsche
Rundschau*, Jg. 7, H. 9 (Sept. 96), 894–901. [Zu Emile Zolas
Romanen].

C 137 Haeckel's Phylogenie [Rez. zu Ernst Haeckel, »Systematische Phylogenie«]. *Deutsche Rundschau*, Jg. 23, Band 89, (Okt. 96), 155–157.

C 138 Der Naturalismus als Volkskunst. *Neuland*, Berlin. Jg. 1, Bd. 1 [Nr. v. Dez. 1896], 202–208.

1897

C 139 Brockhaus und Meyer [Rez. zu Brockhaus' »Conversations-Lexikon«[14] u. Meyer's »Conversations-Lexikon«[5]]. *Deutsche Rundschau*, Jg. 23, Bd. 90, (Jan. 97), 151–157.

C 140 Die sozialen Grundlagen der modernen Dichtung. *Sozialistische Monatshefte* Jg. 1 (= *Der sozialistische Akademiker*, Jg. 3), Nr. 1 (Jan. 97), 23–28, Nr. 2 (Febr. 97), 100–105, Nr. 10 (Okt. 97), 564–567, Nr. 12 (Dez. 97), 663–670.

C 141 Du Bois-Reymond. *Das Magazin für Litteratur*, Jg. 66, Nr. 2 (14. 1. 97), Sp. 36–44.

C 142 Arne Garborg. *Sozialistische Monatshefte*, Jg. 1 (3), Nr. 3 (März 97), 133–138.

C 143 Die neuen Gebote [3 Gedichte]. *Sozialistische Monatshefte*, Jg. 1 (3), Nr. 5 (Mai 97), 284–286. [Vgl. C 204 u. A 15].

C 144 Neue Essays von Herman Grimm. *Deutsche Rundschau*, Jg. 23, Bd.91, (Juni 97), 469–472. [Bespricht: »Beiträge zur deutschen Culturgeschichte«].

   1. [Laut Auskunft der Staatsbibliothek Preußischer Kulturbesitz, Marburg, identisch mit der anonymen Rezension in: *Blätter für litterarische Unterhaltung*, Leipzig, Jg. 1897, Nr. 45 vom 4. 11. 97, S. 719.]

C 145 Erinnerungen an Karl Vogt. *Neue Deutsche Rundschau*, Jg. 8, H. 6 (Juni 97), 551–561. [Vgl. A 12].

C 146 Zola. *Sozialistische Monatshefte*, Jg. 1 (3), H.6 (Juni 97), 326–335.

C 147 Fechner. Ein Charakterbild. *Deutsche Rundschau*, Jg. 23, Band 92, (Sept. 97), 344–369. [Vgl. A 17].

1898

C 148 Herman Grimm. Zu seinem siebzigsten Geburtstage. *Deutsche Rundschau*, Jg. 24, Bd. 94, (Jan. 98), 38–55.

C 149 Arachne. Historischer Roman von Georg Ebers. [Rez.]. *Deutsche Rundschau*, Jg. 24, Bd. 94, (März 98), 474–5. [Vgl. A 17].

C 150 Die Ziele und Ideale in der modernen Polarforschung. *Westermanns Illustrierte Deutsche Monatshefte*, Jg. 42, Bd. 84, (April 98), 126–136.

C 151　Paul Heyse als Lyriker. [Rez. zu P. Heyse, »Neue Gedichte und Jugendgedichte«]. *Deutsche Rundschau,* Jg. 24, Bd. 95, (Mai 98), 275–280.

C 152　Naturwissenschaftliche Märchen [Rez. v. Kurt Laßwitz, »Auf zwei Planeten«]. *Neue Deutsche Rundschau,* Jg. 9, Heft 5 (Mai 98), S. 504–514. [Vgl. A 12].

C 153　Zwei Capitel moderner Naturwissenschaft. *Die Zeit, Wochenschrift.* Wien. Bd. 16, Nr. 203 (20. 8. 98), 117–118. [TA aus A 10].

C 154　Georg Ebers. *Deutsche Rundschau,* Jg. 25, Bd. 97, (Okt. 98), 132–137. [Vgl. A 17].

C 155　Theodor Fontane. Aphorismen [Abh.]. *Sozialistische Monatshefte,* Jg. 2 (4), Nr. 10 (Okt. 98), 445–452. [Vgl. A 17].

C 156　Charles Robert Darwin. *Mutter Erde,* Berlin. [Jg. 1,] Bd. 1, Nr. 3 [o. D. = etwa Okt. 98], 57–58.

C 157　Selbstanzeige (»Das Liebesleben in der Natur. Eine Entwicklungsgeschichte der Liebe«) [Vgl. A 10]. *Die Zukunft,* Jg. 6, Bd. 25, Nr. v. 8. 10. 98, 89–91.

C 158　Die Urgeschichte des Magens. *Deutsche, Welt, Wochenschrift der Deutschen Zeitung,* Berlin. Jg. 1, Nr. 10 (6. 11. 98), 147–51; Nr. 12 (20. 11. 98), 179–83. [Vgl. A 12].

C 159　Aus Bölsches »Liebesleben in der Natur«. *Der Kunstwart,* Jg. 12, 1. Hä., H. 4 (2. Novemberheft 1898), 137–40. [TA aus A 10].

1899

C 160　Heinrich und Julius Hart. *Die Gesellschaft,* Minden. Jg. 15, Bd. 1, 1. Qu. (Januar 1899), 38–48. [Vgl. A 17].

C 161　Keplers Traum vom Mond. *Deutsche Welt,* Jg. 1, Nr. 18 (1. 1. 99), 277–80; Nr. 20 (15. 1. 99), 309–12; Nr. 21 (22. 1. 99), 323–25. [Vgl. A 19].

C 162　Kerner von Marilaun's Pflanzenleben. [Rez.]. *Deutsche Rundschau,* Jg. 25, Bd. 98, (Febr. 1899), 315–16.

C 163　Bazillus-Gedanken. *Neue Deutsche Rundschau,* Jg. 10, H. 2 (Febr. 1899), 195–214. [Vgl. A 12].

C 164　Ernst Häckel. *Mutter Erde,* [Jg. 1,] Bd. 1, Nr. 23 [o. D.: etwa März 1899], 457–58.

C 165　Fridtjof Nansen und seine Genossen. [Rez. v.: B. Nordahl, »Wir Framleute«; H. Johansen, »Nansen und ich auf 86° 14'«]. *Deutsche Rundschau,* Jg. 25, Bd. 99, (April 1899), 154–56.

C 166　Rekonstruktion vorweltlicher Tiere. *Mutter Erde,* [Jg. 1,] Bd. 2, Nr. 27 [o. D.: etwa April 1899], 26–30.

C 167 Ludwig Büchner. *Die Wage*, Wien. Jg. 2, Nr. 20 (14. 5. 99), 332–34.

C 168 Die Legende vom Weltuntergang in der heutigen Naturforschung. *Deutsche Welt*, Jg. 1, Nr. 38 (21. 5. 99), 598–601; Nr. 39 (28. 5. 99), 614–17; Nr. 42 (18. 6. 99), 661–63; Nr. 43 (25. 6. 99), 679–82. [Vgl. A 12: »Wenn der Komet kommt!«].

C 169 Ein neuer Mammut-Fund in Böhmen. *Mutter Erde*, [Jg. 1,] Bd. 2, Nr. 38 [o. D.: etwa Juni 1899], 221.

C 170 Die Eroberung des Menschen. *Neue Deutsche Rundschau*, Jg. 10, H. 8 (Aug. 1899), 823–39.

C 171 Goethe und unsere Zeit [Antwort auf eine Umfrage]. *Das Litterarische Echo*, Berlin. Jg. 1, H. 22 (15. 8. 99), Sp. 1387.
   1. In: *Die Gesellschaft*, Jg. 15, Bd. 3, H. 5 [1. Septemberheft 1899], 353–54.

C 172 Goethe. Zum 150. Geburtstag. *Der Freidenker*, Wiesbaden. Jg. 7, Nr. 17 (1. 9. 99), 125–27.

C 173 Himmelsbild und Weltanschauung. *Die Zeit*, Bd. 20, Nr. 261 (30. 9. 99), 215–16.

C 174 Maeterlincks Blaubart [Rez. v. Maeterlincks Drama: »Blaubart und Ariane oder die vergebliche Befreiung«]. *Sozialistische Monatshefte*, Jg. 3 (5), Nr. 10 (Okt.1899), 518–21.

C 175 Die Schönheit in der Tierwelt. *Deutsche Welt*, Jg. 2, Nr. 3 (15. 10. 99), 37–40; Nr. 4 (22. 10. 99), 53–55; Nr. 5 (29. 10. 99), 67–70; Nr. 6 (5. 11. 99), 83–86.

C 176 Häckel über die Welträtsel. *Die Zeit*, Bd. 21, Nr. 265 (28. 10. 99), 55–57.

C 177 Novalis und das neue Jahrhundert. [Rez. der Ausgaben von Novalis' »Werken« von Ernst Heilborn und von Bruno Wille]. *Deutsche Rundschau*, Jg. 26, Bd. 101, (Nov. 1899), 188–92. [Vgl. A 17].

C 178 Lebende Tiere. *Mutter Erde*, [Jg. 2,] Bd. 3. Nr. 8 [o. D.: etwa Nov. 1899], 148–50.

C 179 Herman Grimm's »Michelangelo«. [Rez.]. *Deutsche Rundschau*, Jg. 26, Bd. 101, (Dez. 1899), 513–14.

C 180 Kunstformen der Natur. *Mutter Erde*, [Jg. 2,] Bd. 3, Nr. 13 [o. D.: etwa Dez. 1899], 241–44.

C 181 Heinrich Heine. Zum 13. Dezember 1899. *Frankfurter Zeitung*, Frankfurt/M., Jg. 1899, Nr. 342 (10. 12. 99), 1. Morgenblatt, S. [1]–3; Nr. 343 (11. 12. 99), 1. Morgenblatt, S. [1]. [Vgl. A 17].

C 182 Dem neunzehnten Jahrhundert. *Frankfurter Zeitung*, Frankfurt/M., Jg. 1899, Nr. 362 (31. 12. 99), 1. Morgenblatt, S. [1]–2; Jg. 1900, Nr. 2 (3. 1. 1900), 1. Morgenblatt, S. [1]–2. [Vgl. A 17].

1900

C 183   Der Marabu. *Mutter Erde.* [Jg. 2,] Bd. 3, Nr. 17 [o. D. = etwa Jan. 1900], 321–2.

C 184   Aus dem Leben und Werke Ernst Häckels. *Neue Deutsche Rundschau,* Jg. 11, H. 1 (Jan. 1900), 43–75; H. 2 (Febr. 1900), 177–204. [Vgl. A 11].

C 185   Wunderwelt der Radiolarien. Ein Blick in die Tiefsee. *Westermanns Illustrierte Deutsche Monatshefte,* Jg. 44, Bd. 87, (Febr. 1900), 679–693; (März 1900), 794–806. [Vgl. A 19].

C 186   Darwinistische Probleme am Südpol. *Die Zeit,* Bd. 22, Nr. 280 (10. 2. 1900), 85–87.

C 187   Paul Heyse. Zum siebzigsten Geburtstage. *Deutsche Rundschau,* Jg. 26, Bd. 102, (März 1900), 353–358.

C 188   Der Streit um die Haut des Riesenfaultiers. *Deutsche Welt,* Jg. 2, Nr. 26 (25. 3. 1900), 403–406; Nr. 27 (1. 4. 1900), 421–424; Nr. 28 (8. 4. 1900), 437–440. [Vgl. A 19].

C 189   Herbert Spencer zum 80. Geburtstag. *Leipziger Tageblatt und Anzeiger,* Leipzig. Jg. 1900, Nr. 215 v. 29. 4. 1900, 2. Beilage.

C 190   Ernst Häckels »Welträtsel«. *Vorwärts,* Berlin, Jg. 1900, Nr. 104 v. 6. 5. 1900, 4. Beiblatt, S. [1]–[2].

C 191   Zur Philosophie des Nackten. *Die Zeit,* Bd. 23, Nr. 295 v. 26. 5. 1900, 118–120.

C 192   Die Philosophie des Fahrrads. [Auch Rez. v.: E. Bertz, »Philosophie des Fahrrads«]. *Das Litterarische Echo,* Jg. 2, H. 18 (15. 6. 1900), Sp. 1249–1254.

C 193   Eine populäre Himmelskunde. Das Weltgebäude von M. Wilh. Meyer [Rez.]. *Deutsche Rundschau,* Jg. 26, Bd. 104, (Juli 1900), 155–157.

C 194   Von der Menschwerdung. *Mutter Erde,* [Jg. 2,] Bd. 4 [o. D.: Juli–Aug. 1900], Nr. 43, 329–332, Nr. 44, 345–348, Nr. 45, 364–367, Nr. 46, 392–395, Nr. 47, 404–407, Nr. 48, 430–434. [Vorabdruck aus A 10, Bd. 2].

C 195   Der erste Vogel. *Deutsche Welt,* Jg. 2, Nr. 41 (8. 7. 1900), 644–647; Nr. 42 (15. 7. 1900), 661–664; Nr. 43 (22. 7. 1900), 675–678; Nr. 45 (5. 8. 1900), 708–711. [Vgl. A 19].

C 196   Das Liebesleben in der Natur. *Wiener Mode,* Wien. Jg. 14, H. 20 (15. 7. 1900), 849–851. [TA aus A 10].

C 197   Wirklichkeitsunterricht, eine Forderung unserer Zeit. *Die Woche,* Berlin. Jg. 2, Nr. 33 (18. 8. 1900), 1441–42.

   1.   Nachdruck in: *Heimgarten,* Graz. Jg. 25, H. 11 (Aug. 1901) 840–843.

C 198   Marie von Ebner-Eschenbach. Zu ihrem siebzigsten Geburtstage. *Deutsche Rundschau,* Jg. 26, Band 104, (Sept. 1900), 321–332. [Vgl. A 17].

C 199 Die Qualle. *Mutter Erde*, [Jg. 2,] Bd. 4, Nr. 52 [o. D.: Ende
September 1900], 501–502.

C 200 Kreuziget den Naturalismus! [Abh. über Gerhart Hauptmann;
gegen Hans Landsbergs Buch: »Los von Hauptmann!«]. *Sozialistische Monatshefte*, Jg. 4 (6), Nr. 9 (Sept. 1900), 598–601. [Vgl.
C 206; vgl. A 17, 6. Aufsatz, 2. Teil].

C 201 Im Paradies. *Die Wage*, Jg. 4, Nr. 38 (16. 9. 1900), 181–182.
[TA aus A 10].

C 202 Meyer's Literatur des 19. Jahrhunderts. [Rez. zu: Richard
M. Meyer, »Die deutsche Literatur des neunzehnten Jahrhunderts«, Bd. 3]. *Deutsche Rundschau*, Jg. 27, Bd. 105, (Okt. 1900),
150–158.

C 203 Gott und Staub. *Das Magazin für Litteratur*, Berlin. Jg. 69,
Nr. 40 (6. 10. 1900), Sp. 1001–1006. [TA aus A 10].

C 204 Die neuen Gebote [3 Gedichte]. Ein Traum [Feuilleton]. *Die
neue Gemeinschaft*, Friedrichshagen, Nr. 2 (27. 10. 1900), 5–7.
[Vgl. A 15 u. C 143].

   1. Die neuen Gebote. Ein Traum. *Der arme Teufel*, Friedrichshagen. Jg. 2, Nr. 7/8 (7. 3. 1903), 6.

C 205 Alfred Brehm, eine Charakterstudie. *Das Magazin für Litteratur.*
Jg. 69, Nr. 45 (10. 11. 1900), Sp. 1121–1128.

C 206 Hinaus über den Naturalismus? *Sozialistische Monatshefte*, Jg. 4
(6), Nr. 12 (Dez. 1900), 798–802. [Vgl. C 200].

C 207 Zwei Naturgeschichten für das Volk [Rez. v. Carus Sterne, »Werden und Vergehen«; E. Haeckel, »Kunstformen der Natur«].
Deutsche Welt, Jg. 3, Nr. 12 (23. 12. 1900), 180–183.

1901

C 208 Die Küche der Urzeit. *Die Woche*, Jg. 3, Nr. 3 (19. 1. 01), 136–7.
[Vgl. A 19].

C 209 Das Nilpferd in Vergangenheit, Gegenwart und Zukunft.
Deutsche Welt, Jg. 3, Nr. 18 (3. 2. 01), 277–280; Nr. 19 (10. 2.
01), 292–5; Nr. 20 (17. 2. 01), 311–4. [Vgl. A 19].

C 210 [Brief an Maximilian Harden] [Antikritik zu S. Saengers »Glos-
sen«, Teil 1: Rezension von Bölsches »Goethe im 20. Jahrhundert« [= A 16]]. *Die Zukunft*, Jg. 9, Bd. 34, Nr. v. 9. 3. 1901,
445–447.

C 211 Eine Lanze für den Vers im Drama. *Die Gesellschaft*, Jg. 17,
Bd. 2, H. 1 [1. Aprilheft 1901], 35–45. [Vgl. A 21].

C 212 Neue Mysterien der Tiefsee. *Neue Deutsche Rundschau*, Jg. 12,
H. 5 (Mai 01), 449–462.

C 213 Das Ende der Tierwelt. *Die Woche*, Jg. 3, Nr. 18 (4. 5. 01),
797–799. [Vgl. A 19].

C 214 Das Rätsel der Milchstraße. *Deutsche Welt*, Jg. 3, Nr. 35 (2. 6. 01), 547–550; Nr. 37 (16. 6. 01), 579–582; Nr. 38 (23. 6. 01), 595–598; Nr. 40 (7. 7. 01), 629–632. [Vgl. A 19].

C 215 Herman Grimm. *Die Woche*, Jg. 3, Nr. 25 (22. 6. 01), 1085.

C 216 Das Tierleben der Urwelt. *Die Woche*, Jg. 3, Nr. 27 (6. 7. 01), 1183–85.

C 217 Vertragen sich Naturforschung und Kirchenglauben? *Die Zeit*, Bd. 28, Nr. 354 (13. 7. 01), 22–23.

C 218 Die Pflanzen der Urwelt. *Die Woche*, Jg. 3, Nr. 30 (27. 7. 01), 1313–1315.

C 219 Herolde der »Tagesansicht«. Ein Wort zu Fechner. [Anläßlich der Neuausgabe von Fechners »Zend-Avesta«]. *Ethische Kultur*, Berlin, Jg. 9, Nr. 32 (10. 8. 01), 249–252. [Vgl. A 18: »Was wir dagegen wirklich brauchen«].

C 220 Die Affensprache. *Die Woche*, Jg. 3, Nr. 34 (24. 8. 01), 1502 –1504. [Vgl. A 19].
    1. Die Affensprache. *Der Freidenker*, Liegnitz. Jg. 14, Nr. 11/12 (1. 6. 06), 92–93.

C 221 Aussterbende Tiere. *Die Woche*, Jg. 3, Nr. 39 (28. 9. 01), 1715 –1718.

C 222 Die Entstehung der deutschen Landschaft. *Deutsche Welt*, Jg. 3, Nr. 52 (29. 9. 01), 821–4; Jg. 4, Nr. 3 (20. 10. 01), 37–40; Nr. 5 (3. 11. 01), 68–70; Nr. 6 (10. 11. 01), 84–87. [Vgl. A 19].

C 223 Vom Leben im Weltraume. *Wiener Mode*, Jg. 15, H. 2 (15. 10. 01), 86–88; H. 3 (1. 11. 01), 128–129. [Vgl. A 19].

C 224 Gedanken über die Schule. *Sozialistische Monatshefte*. Jg. 5 (7), Nr. 11 (Nov. 1901), 893–899.

C 225 Die Anfänge der Kultur bei den Tieren. *Die Woche*, Jg. 3, Nr. 45 (9. 11. 01), 1969–1971. [Vgl. A 19].

C 226 Das Gemütsleben der Tiere. *Die Woche*, Jg. 3, Nr. 48 (30. 11. 01), 2095–98.

C 227 Von der deutschen Tiefsee-Expedition [Rez. zu: »Aus den Tiefen des Weltmeeres«. Hg. v. Karl Chun]. *Deutsche Rundschau*, Jg. 28, Bd. 109, (Dez. 1901), 473–4.

C 228 Die Schule und die Sprache. *Sozialistische Monatshefte*, Jg. 5 (7), Nr. 12 (Dez. 1901), 982–985.

C 229 Das Tierleben der Großstadt. *Die Woche*, Jg. 3, Nr. 50 (14. 12. 01), 2171–73. [Vgl. A 19].

1902

C 230 Naturwissenschaftliche Litteratur. [Sammelrezension], *Das Litterarische Echo*, Jg. 4, H. 7 (Jan. 1902), Sp. 452–455. [Rez v.

S. Günther, »Geschichte der anorganischen Naturwiss. im 19. Jh.«;
J. A. Naumann, »Naturgeschichte der Vögel Mitteleuropas«; H.
de Vries, »Mutationstheorie«; O. N. Witt, »Narthekion«; J. Schei-
ner, »Der Bau des Weltalls«; G. T. Fechner, »Zend-Avesta«].

C 231   Der Affe bei Tisch. *Die Woche*, Jg. 4, Nr. 1 (4. 1. 02), 29–32.

C 232   Der Bienenstaat. *Die Woche*, Jg. 4, Nr. 14 (5. 4. 02), 608–611.

C 233   Neue Kämpfe um Darwin. *Neue Deutsche Rundschau*, Jg. 13,
H. 5 (Mai 1902), 449–467.

C 234   Vom Krebs, der »vom Himmel fällt«. *Deutsche Welt*, Jg. 4,
Nr. 34 (25. 5. 02), 532–35; Nr. 35 (1. 6. 02), 548–551; Nr. 37
(15. 6. 02), 580–583. [Vgl. A 19].

C 235   Aus der Geschichte des Vogelnestes. *Vom Fels zum Meer*, Berlin.
Jg. 21, H. 23 [o. D.: Anfang Juli 1902], 1591–96.

C 236   Der Affenmensch von Java. *Die Hütte*, Dresden. Jg. 1, H. 7
(1. Juliheft 1902), 182–190. [Aus A 12].

C 237   Die Entstehung der Sächsischen Schweiz. *Die Hütte*, Jg. 1, H. 9
(1. Aug.-Heft 1902), 247–250; H. 10 (2. Aug.-Heft 1902), 282
–287; H. 11 (1. Sept.-Heft 1902), 314–320.

C 238   Virchow. *Die Zeit*, Bd. 32, Nr. 415 (13. 9. 02), 164–166. [Vgl.
A 18].

C 239   Weltstadtpoesie. *Das Litterarische Echo*, Jg. 5, H. 1 (Okt. 1902),
Sp. 1–5. [Vgl. A 21].

C 240   Aus dem Schicksalsbuch der Tierwelt in den Polarländern. *Die
Hütte*, Jg. 1, H. 13 (1. Okt.-Heft 1902), 379–386. [Vgl. A 12].

C 241   Ein Freundschaftsbild aus dem Tierreich. *Über Land und Meer*,
Leipzig. Jg. 45, Bd. 89, Nr. 1 [5. 10. 02], 11–14.

C 242   Aus: »Das Liebesleben in der Natur«. *Der arme Teufel*, Friedrichshagen. Jg. 1, Nr. 20 (25. 10. 02), 2. [TA aus A 10].

C 243   Eine vergleichende Erdkunde [Rez. zu: Fr. Ratzel, »Die Erde
und ihr Leben« I]. *Deutsche Rundschau*, Jg. 39, Bd. 113, (Nov.
1902), 312–5.

C 244   Kunst und Natur. *Die Hütte*, Jg. 1, H. 15 (1. Nov.-Heft 1902),
436–439. [Vgl. A 17].

C 245   Das Geheimnis der Nachtkerze. *Deutsche Welt*, Jg. 5, Nr. 9
(30. 11. 02), 131–4; Nr. 10 (7. 12. 02), 148–151; Nr. 14 (4. 1. 03),
211–214; Nr. 15 (11. 1. 03), 227–230. [Vgl. A 18].

C 246   Weihnachten in der Naturgeschichte. *Die Hütte*, Jg. 1, H. 18
(2. Dez.-Heft 1902), 525–527.

C 247   Zur »Gefahr« freier Universitäten für Frauen. *Centralblatt des
Bundes deutscher Frauenvereine*, Köpenick. Jg. 4, Nr. 18 (15. 12.
02), 140–141.

C 248   Vierzig Jahre Darwinismus. *Die Neue Zeit*, Stuttgart. Jg. 21,
Nr. 14 [31. 12. 02], 427–432. [Vgl. A 18].

C 249 Naturforschung und Optimismus. *Deutschland*, Berlin, Jg. 1, Bd. 1, H. 4 (Jan. 1903), 459–479. [Vgl. A 18].

C 250 Geheimnisvolle Tiere. *Über Land und Meer*, Jg. 45, Bd. 89, Nr. 17 [25. 1. 03], 407–410.

C 251 Ein Besuch bei unserm Fingertier. *Die Woche*, Jg. 5, Nr. 7 (14. 2. 03), 291–2. [Vgl. A 21].

C 252 März-Träumerei. *Die Hütte*, Jg. 1, H. 24 (2. März-Heft 1903), 705–6. [Aus A 17].

C 253 Eine Milliarde Jahre. *Deutsche Welt*, Jg. 5, Nr. 25 (22. 3. 03), 387–389; Nr. 27 (5. 4. 03), 420–423; Nr. 29 (19. 4. 03), 452–455; Nr. 30 (26. 4. 03), 467–470.

C 254 August Weismanns wissenschaftliches Testament [Rez. zu A. Weismann, »Vorträge über Deszendenztheorie«]. *Deutsche Rundschau*, Jg. 39, Bd. 115, (Mai 1903), 309–14.

C 255 Drachenmärchen und Drachenwahrheit. *Wiener Mode*, Jg. 16, H. 15 (1. 5. 03), 702–4; H. 16 (15. 5. 03), 752–54. [Vgl. A 21].

C 256 Die Bilder in der Höhle [im Vezèrethal]. *Deutsche Welt*, Jg. 5, Nr. 36 (7. 6. 03), 566–569; Nr. 38 (21. 6. 03), 597–600; Nr. 39 (28. 6. 03), 612–16. [Vgl. A 18].

C 257 Die älteste Spur des Menschen. *Die Woche*, Jg. 5, Nr. 25 (20. 6. 03), 1112–4. [Vgl. A 21].

C 258 Wirklichkeitspoesie. *Neue Deutsche Rundschau*, Jg. 14, H. 7 (Juli 1903), 673–692. [Vgl. A 18].

C 259 Doppelwesen. *Über Land und Meer*, Jg. 45, Bd. 90, Nr. 41 [12. 7. 03], 929–930.

C 260 Zur Geschichtsphilosophie des Bienenstaates. *Frankfurter Zeitung*, Frankfurt/M., Jg. 1903, Nr. 208 (29. 7. 03), 1. Morgenblatt, S. [1]–3; Nr. 209 (30. 7. 03), 1. Morgenblatt, S. [1]–3. [Vgl. A 21].

C 261 Im Innern der Erde. *Die Woche*, Jg. 5, Nr. 32 (8. 8. 03), 1427 –9. [Vgl. A 21].

C 262 Im Reich der Quallen. *Die Woche*, Jg. 5, Nr. 37 (12. 9. 03), 1665–67.

C 263 Naturwissenschaft und Poesie. *Das Litterarische Echo*. Jg. 6, H. 1 (1. 10. 03), Sp. 1–8. [Vgl. A 21].

C 264 Gedanken über die Schule. *Die Zeit*, Bd. 37, Nr. 470 (3. 10. 03), 6–8 u. Nr. 471 (10. 10. 03), 16–18. [Vgl. A 21].

C 265 Der Hummel-Trompeter. *Über Land und Meer*, Jg. 46, Bd. 91, Nr. 1 [4. 10. 03], 10–11.

    1. auch in: *Der Monat*, Oktav-Ausgabe von *Über Land und Meer*, Jg. 20, H. 2 (Nov. 1903), 143–145.

C 266 Vorweltliche Tiere. *Vom Fels zum Meer*, Jg. 23, H. 5 [o. D.: etwa Nov. 1903], 345–350.

C 267   Der neue Naumann [Rez. zu Naumanns: »Naturgeschichte der Vögel Mitteleuropas«], *Deutsche Rundschau*, Jg. 30, Bd. 117, (Dez. 1903), 473–5.

C 268   Ein versteinertes Tier und ein lebendiger Gedanke. *Deutsche Welt*, Jg. 6, Nr. 11 (13. 12. 03), 165–7; Nr. 12 (20. 12. 03), 179 –82; Nr. 15 (10. 1. 04), 228–30; Nr. 16 (17. 1. 04), 246–9. [Vgl. A 21].

C 269   Neues über den Stammbaum des Menschen. *Frankfurter Zeitung*, Frankfurt/M., Jg. 1903, Nr. 352 v. 20. 12. 03, 1. Morgenblatt, S. [1]–3; Nr. 354 v. 22. 12. 03, 1. Morgenblatt, S. [1]–2. [Vgl. A 21].

1904

C 270   Wilhelm Bölsche schreibt über sein neues Buch »Der Sieg des Lebens«. *Kosmos*, Stuttgart, Jg. 1, 1904, S. XXI [o. D.], [auch: S. XXIX].

C 271   Zukunft der Menschheit. *Die Neue Rundschau*, Berlin. Jg. 15, H. 1 (Januar 1904), 27–40.

C 272   Eine neue Tierwelt. *Über Land und Meer*, Jg. 46, Bd. 91, Nr. 17 [24. 1. 04], 388.
    1. auch in: *Der Monat*, Jg. 21, 1904/05, Bd. 1, 391–393.

C 273   Ernst Haeckel. Zu seinem siebzigsten Geburtstage. *Deutsche Rundschau*, Jg. 30, Bd. 118, (Febr. 1904), 273–286.

C 274   Zum siebzigsten Geburtstag Ernst Haeckels. *Die Woche*, Jg. 6, Nr. 7 (13. 2. 04), 279–280.

C 275   Haeckel und die Jahrhunderte. Ein Prolog. *Der Freidenker*, Liegnitz. Jg. 12, Nr. 4 (15. 2. 04), 26–27.

C 276   Selbstanzeige [»Die Abstammung des Menschen«: A 20]. *Kampf*, Berlin, hg. v. Senna Hoy. N. F., Nr. 6 (12. 3. 04), 180–181.

C 277   Glasschwämme. *Die Woche*, Jg. 6, Nr. 11 (12. 3. 04), 488–490.

C 277 a   [Notiz] [Erklärung zur Gründung des Bundes »Heimatschutz«]. *Deutsche Welt*, Jg. 6, Nr. 25 (20. 3. 04), 399–400.

C 278   Neue Tiere. Aus dem Wunschzettel unserer Zoologischen Gärten. *Deutsche Welt*, Jg. 6, Nr. 29 (17. 4. 04), 451–4; Nr. 30 (24. 4. 04), 469–71; Nr. 32 (8. 5. 04), 499–502; Nr. 33 (15. 5. 04), 515–9. [Vgl. A 21].

C 279   Die Farben der Natur. *Über Land und Meer*, Jg. 46, Bd. 92, Nr. 29 [17. 4. 04], 654.
    1. auch in: *Der Monat*, Jg. 20, H. 8 (Mai 1904), 365–67.

C 280   In der Kinderstube des Frosches. *Die Woche*, Jg. 6, Nr. 19 (7. 5. 04), 847–851.

C 281   Menschenaffen. *Vom Fels zum Meer*, Jg. 23, H. 22 [o. D.: etwa Juli 1904], 1519–23.

C 282 Der tote und der lebendige Mond. *Über Land und Meer*, Jg. 46, Bd. 92, Nr. 41 [10. 7. 04], 928.
C 283 Mücken und Fliegen. *Die Woche*, Jg. 6, Nr. 29 (16. 7. 04), 1275–77.
C 284 Die Auferstehung des Religiösen durch die Kunst. *Der Kunst-wart*, Jg. 17, Bd. 2, H. 21, (1. Augustheft 1904), 364–8; H. 22 (2. Augustheft 1904), 425–434.
  1. auch: *Der Freidenker*, Liegnitz, Jg. 12, Nr. 18 (15. 9. 04), 137–9; Nr. 20 (15. 10. 04), 153–4; Nr. 23 (1. 12. 04), 177–9.
C 285 Klein und Groß im Rätsel des Lebens. *Deutsche Welt*, Jg. 6, Nr. 47 (21. 8. 04), 740–42; Nr. 49 (4. 9. 04), 773–76; Nr. 50 (11. 9. 04), 787–9; Nr. 51 (18. 9. 04), 805–8. [Vgl. A 22 u. C 290].
C 286 Vom wandernden Fisch. *Die Woche*, Jg. 6, Nr. 37 (10. 9. 04), 1638–40.
C 287 Die Staroperation bei einem Molch. *Über Land und Meer*, Jg. 47, Bd. 93, Nr. 1 [2. 10. 04], 6.
  1. auch: *Der Monat*, Jg. 21, H. 10 (Juli 1905), 134–6.
C 288 Ein Drama unter der Erde. *Über Land und Meer*, Jg. 47, Bd. 93, Nr. 9 [27. 11. 04], 198.
  1. auch: *Über Land und Meer, Oktav-Ausgabe*, Jg. 22, H. 1 (Okt. 1905), 88–89.

1905

C 289 E. Haeckel. *Die Gartenlaube*, Leipzig, Jg. 53, Nr. 3 [o. D.: Januar 1905], 57–60.
C 290 Klein und Groß im Rätsel des Lebens. *Kosmos*, Jg. 2, H. 1 (Jan. 1905), 6–18. [Vgl. C 285].
C 291 Geirfugl. Die Tragödie eines Tieres. *Deutsche Welt*, Jg. 7, Nr. 14 (1. 1. 05), 211–14; Nr. 15 (8. 1. 05), 227–30; Nr. 16 (15. 1. 05), 244–47; Nr. 18 (29. 1. 05), 275–78. [Vgl. A 22 und A 51].
C 292 Selbstanzeige [v. »Von Sonnen und Sonnenstäubchen«: A 19]. *Die Zukunft*, Jg. 13, Bd. 50, Nr. v. 1. 1. 05, 39–40.
C 293 Opossum. *Die Woche*, Jg. 7, Nr. 11 (18. 3. 05), 472–75.
C 294 Die Schönheitslinie der Natur. *Wiener Mode*, Jg. 18, H. 13 (1. 4. 05), 660–61; H. 14 (15. 4. 05), 714–16; H. 15 (1. 5. 05), 766–67; H. 16 (15. 5. 05), 818–19.
C 295 Stachelwesen. *Die Woche*, Jg. 7, Nr. 27 (8. 7. 05), 1176–79.
C 296 Die Mneme. *Deutsche Welt*, Jg. 7, Nr. 44 (30. 7. 05), 692–95; Nr. 45 (6. 8. 05), 709–11; Nr. 46 (13. 8. 05), 728–30; Nr. 47 (20. 8. 05), 740–42; Nr. 48 (27. 8. 05), 755–59. [Vgl. A 22].
C 297 Die ersten Angler. *Über Land und Meer*, Jg. 47, Bd. 94, Nr. 49 [3. 9. 05], 1128. [Vgl. A 33].

1. In: *Über Land und Meer*, *Oktav-Ausgabe*, Jg. 22, H. 3 (Dez. 1905), 260–62.

C 298 Leuchtende Pflanzen. *Über Land und Meer*, Jg. 48, Bd. 95, Nr. 1, [1. 10. 05], 6. [Vgl. A 33].

1. In: *Über Land und Meer*, *Oktav-Ausgabe*, Jg. 22, H. 4 (Jan. 1906), 368–69.

C 299 Die Schwimmtechnik des Ichthyosaurus. *Über Land und Meer*, Jg. 48, Bd. 95, Nr. 5 [29. 10. 05], 110. [Vgl. A 33].

1. In: *Über Land und Meer*, *Oktav-Ausgabe*, Jg. 23, H. 7 (April 1907), 147–49.

C 300 Die leuchtenden Pflanzen und Goethes »Farbenlehre«. *Frankfurter Zeitung*. Frankfurt/M., Nr. 306 v. 4. 11. 1905, 1. Morgenblatt, S. 2. [TA v. C 298].

C 301 Lesen. *Der Säemann*, Leipzig. Jg. 1, 1905 [o. D.: etwa Dezember 1905?], 413–418. [Aus: A 21, S. 319–26].

C 302 Das Geheimnis der Flamme. Eine Träumerei unter dem Weihnachtsbaum. *Über Land und Meer*, Jg. 48, Bd. 95, Nr. 11 [10. 12. 05], 274–75.

1. In: *Arena* [Oktav-Ausgabe von: *Über Land und Meer* für den Einzelverkauf], Jg. 5, H. 5 [Febr. 1910], 471–74.

1906

C 303 Schlafendes Leben. *Die Woche*, Jg. 8, Nr. 1 (6. 1. 06), 17–19.

C 304 Das Schuppentier mit den Zähnen im Magen. *Über Land und Meer*, Jg. 48, Bd. 95, Nr. 16 [14. 1. 06], 392. [Vgl. A 33].

1. In: *Über Land und Meer*, *Oktav-Ausgabe*, Jg. 22, H. 6 (März 1906), 67–68.

C 305 Ein Larvenzustand bei einem Säugetier. *Über Land und Meer*, Jg. 48, Bd. 95, Nr. 18 [28. 1. 06], 440. [Vgl. A 33].

1. In: *Über Land und Meer*, *Oktav-Ausgabe*, Jg. 22, H. 8 (Mai 1906), 238–40.

C 306 Hinter dem Skorpion. *Deutsche Welt*, Jg. 8, Nr. 19 (4. 2. 06), 291–94; Nr. 20 (11. 2. 06), 307–10; Nr. 22 (25. 2. 06), 341–44; Nr. 23 (4. 3. 06), 358–60; Nr. 24 (11. 3. 06), 374–77. [Vgl. A 32].

C 307 Der Zweck der Pfahlbauten. *Über Land und Meer*, Jg. 48, Bd. 95, Nr. 22 [25. 2. 06], 534–35. [Vgl. A 33].

C 308 Drei Reisewerke [Rez. v. C. G. Schillings, »Mit Blitzlicht und Büchse«; E. u. L. Selenka, »Sonnige Welten«; P. u. F. Sarasin, »Reisen in Celebes«]. *Deutsche Rundschau*, Jg. 32, Bd. 126, (März 1906), 398–406.

C 309 Techniker unter den Tieren. *Die Woche*, Jg. 8, Nr. 9 (3. 3. 06), 381–82.

C 310 Die Schöpfungstage. *Die Gartenlaube*, Jg. 54, 1906, Nr. 14, 291–95; Nr. 16, 345–49; Nr. 18, 384–89; Nr. 22, 462–65; Nr. 26,

549–53; Nr. 29, 617–21. [alle Hefte: o. D.: April–Juni 1906]. [Vgl. A 25].

C 311 Heizende Vögel. *Über Land und Meer*, Jg. 48, Bd. 96, Nr. 29 [15. 4. 06], 700. [Vgl. A 33].
    1. In: *Über Land und Meer, Oktav-Ausgabe*, Jg. 22, H. 10 (Juli 1906), 35–37.

C 312 Das Geheimnis der Fußspur. *Über Land und Meer*, Jg. 48, Bd. 96, Nr. 37 [10. 6. 06], 915–17. [Vgl. A 33].
    1. In: *Über Land und Meer, Oktav-Ausgabe*, Jg. 22, H. 12 (Sept. 1906), 275–77.

C 313 Der Biberkäfer. *Über Land und Meer*, Jg. 48, Bd. 96, Nr. 39 [24. 6. 06], 954. [Vgl. A 33].
    1. In: *Über Land und Meer, Oktav-Ausgabe*, Jg. 24, H. 2 (Nov. 1907), 149–51.

C 314 Zwerge der Urwelt. *Über Land und Meer*, Jg. 48, Bd. 96, Nr. 41 [8. 7. 06], 1003–4. [Vgl. A 33].

C 315 Bei Gerhart Hauptmann. *Die Woche*, Jg. 8, Nr. 29 (21. 7. 06), 1260–66. [Vgl. A 32].

C 316 Ein Bekenntnis [Bölsches Austritt aus der Landeskirche]. *Deutsche Kultur*, Leipzig. Jg. 2, H. 17 (Aug. 1906), 322.

C 317 Plankton. *Deutsche Welt*, Jg. 8, Nr. 47 (19. 8. 06), 740–43; Nr. 48 (27. [sic] 8. 06), 757–60; Nr. 49 (2. 9. 06), 772–75; Nr. 51 (16. 9. 06), 803–6; Nr. 52 (23. 9. 06), 820–23. [Vgl. A 32].

C 318 Vergessene! *Über Land und Meer*, Jg. 48, Bd. 96, Nr. 50 [9. 9. 06], 1192.

C 319 Frühling aus dem Erdbeben. *Über Land und Meer*, Jg. 49, Bd. 97, Nr. 1 [7. 10. 06], 12. [Vgl. A 33].

C 320 Bei Karl Hauptmann. *Die Woche*, Jg. 8, Nr. 45 (10. 11. 06), 1968–72. [Vgl. A 32].

C 321 Aus einer Tierstadt. *Über Land und Meer*, Jg. 49, Bd. 97, Nr. 11 [16. 12. 06], 290–91. [Vgl. A 33].
    1. In: *Über Land und Meer, Oktav-Ausgabe*, Jg. 24, H. 1 (Okt. 1907), 64–66.

C 322 Auge und Leuchtorgan. *Für alle Welt*, Leipzig. Jg. 12, H. 28 (28. 12. 06), 676–77.

1907

C 323 Vom Schweigen im Wald und dem Einhorn. *Über Land und Meer*, Jg. 49, Bd. 97, Nr. 16 [20. 1. 07], 408. [Vgl. A 33].
    1. In: *Über Land und Meer, Oktav-Ausgabe*, Jg. 23, H. 11 (Aug. 1907), 163–65.

C 324 Friedrichshagen in der Literatur. *Moderne Kunst*, Berlin, Jg. 21, [H. 6], [Febr. 1907], 165–168. [Vgl. A 32].

C 325 Der Adel des Kinns und die Menschenfresser von Krapina. *Über Land und Meer*, Jg. 49, Bd. 97, Nr. 21 [24. 2. 07], 524–26. [Vgl. A 33].

  1. In: *Über Land und Meer, Oktav-Ausgabe*, Jg. 23, H. 9 (Juni 1907), 356–58.

C 326 Was heißt Monismus? *Die Gartenlaube*, Jg. 55, Nr. 9, 183–86; Nr. 10, 206–9, [o. D.: etwa März 1907]. [Vgl. A 32].

C 327 Wie unsere Biene Amerika entdeckte. *Über Land und Meer*, Jg. 49, Bd. 98, Nr. 27 [7. 4. 07], 674–6. [Vgl. A 33].

  1. In: *Über Land und Meer, Oktav-Ausgabe*, Jg. 23, H. 10 (Juli 1907), 52–54.

C 328 Brandung. *Über Land und Meer*, Jg. 49, Bd. 98, Nr. 30 [28. 4. 07], 754–56. [Vgl. A 33].

  1. In: *Die neue Welt,* Hamburg [Beilage u. a. zum »Vorwärts«]. Jg. 1910, Nr. 21 [o. D.: etwa Mitte Mai 1907], 164–67.

  2. In: *Über Land und Meer, Oktav-Ausgabe*, Jg. 23, H. 13 [sic], [September 1907?], 364–70.

C 329 Auf den Spuren der tropischen Eiszeit. [Rez. zu: Hans Meyer, »In den Hoch-Anden von Ecuador«]. *Deutsche Rundschau*, Jg. 33, Bd. 131, (Juni 1907), 412–427. [Vgl. A 32].

C 330 Chemotaxis. *Über Land und Meer*, Jg. 49, Bd. 98, Nr. 36 [9. 6. 07], 907–8. [Vgl. A 33].

  1. In: *Über Land und Meer, Oktav-Ausgabe*, Jg. 24, H. 9 (Juni 1908), 323–37.

C 331 Goethe und der Elefant. *Die Woche*, Jg. 9, Nr. 28 (13. 7. 07), 1222–24.

C 332 Bei Pater Wasmann. *Morgen*, Berlin. Jg. 1, Nr. 11 (23. 8. 07), 341–46. [Vgl. A 32].

C 333 Praktische Entwickelungslehre: Die stachellose Opuntie. *Morgen*, Jg. 1, Nr. 15 (20.9. 07), 459–63. [Vgl. A 32].

C 334 Praktische Entwickelungslehre: Svalöf. *Morgen*, Jg. 1, Nr. 17 (4. 10. 07), 521–26. [Vgl. A 32].

C 335 Zeitsinn bei Tieren. *Über Land und Meer*, Jg. 50, Bd. 99, Nr. 1 [6. 10. 07], 14. [Vgl. A 33].

  1. In: *Über Land und Meer, Oktav-Ausgabe*, Jg. 24, H. 4 (Jan. 1908), 370–73.

C 336 Etwas vom Giftigel. *Über Land und Meer*, Jg. 50, Bd. 99, Nr. 4 [27. 11. 07], 105–6. [Vgl. A 33].

  1. In: *Über Land und Meer, Oktav-Ausgabe*, Jg. 24, H. 5 (Febr. 1908), 460–62.

C 337 Warum der Elefant seinen Rüssel hat. *Über Land und Meer*, Jg. 50, Bd. 99, Nr. 11 [15. 12. 07], 288–90. [Vgl. A 33].

  1. In: *Über Land und Meer, Oktav-Ausgabe*, Jg. 24, H. 6 (März 1908), 48–51.

C 338 Heine im Abendrot seines Jahrhunderts. *Xenien*, Leipzig. Jg. 1,
Nr. 1 (Jan. 1908), 29–45. [Aus: A 17].

C 339 Über Wilhelm Busch. *Sozialistische Monatshefte*, Jg. 12 (14), H. 6
(19. 3. 08), 349–54. [Vgl. A 32].

C 340 Was Tieren schmeckt. *Über Land und Meer*, Jg. 50, Bd. 100,
Nr. 29 [19. 4. 08], 706. [Vgl. A 33].

   1. In: *Über Land und Meer, Oktav-Ausgabe*, Jg. 24, H. 11 (August
1908), 161–63.

C 341 Das Frühlingsrätsel. *Die Gartenlaube*, Jg. 56, Nr. 16, 338–340;
Nr. 20, 418–420; Nr. 25, 519–521. [o. D.: Ende April bis Ende
Juni 1908]. [Vgl. A 32].

C 342 Maßregeln im Kampf der Weltanschauung. *Morgen*, Jg. 2, Nr. 22
(29. 5. 08), 677–85. [Vgl. A 32: »Ein ernstes Wort« und B 21
(Auszug!)].

C 343 Tatsachen über die Rückseite des Mondes. *Über Land und
Meer*, Jg. 50, Bd. 100, Nr. 36 [7. 6. 08], 879–80.

   1. In: *Über Land und Meer, Oktav-Ausgabe*, Jg. 24, H. 12 (Sept.
1908), 263–265.

   2. *Arena*, Jg. 4, [H. 2], Mai 1909, 139–144.

C 344 Im Sargassomeer der Urzeit. *Über Land und Meer*, Jg. 50,
Bd. 100, Nr. 48 [30. 8. 08], 1145–46.

   1. *Die Neue Welt*, Jg. 1909, Nr. 7, 51–53 [o. D., wohl Februar
1909].

C 345 Der Schmetterling im Eisschrank. *Über Land und Meer*, Jg. 51,
Bd. 101, Nr. 1 [4. 10. 08], 3. [Vgl. A 33].

C 346 Farben der Urwelt. *Deutsche Welt*, Jg. 11, Nr. 6 (8. 11. 08),
84–87; Nr. 7 (15. 11. 08), 103–6; Nr. 8 (22. 11. 08), 114–18;
Nr. 9 (29. 11. 08), 133–36; Nr. 10 (6. 12. 08), 149–52. [Vgl.
A 37].

C 347 Der größte Flieger vor dem Menschen. *Die Woche*, Jg. 10, Nr. 46
(14. 11. 08), 1993–96. [Vgl. A 33: »Der wunderbarste Flieger vor
Zeppelin«].

C 348 Darwin als Reisender. *Kosmos*, Jg. 5, H. 12 (Dez. 1908), 377–81.
[Vgl. B 23].

C 349 Zizi Bamboula und die Kreuzung von Mensch und Affe. *Neues
Wiener Journal*, Wien, Nr. 5453 vom 25. 12. 1908, S. 6–7. [Vgl.
A 33].

1909

C 350 Das Automobil in der Wüste Gobi. [Rez. zu: Luigi Barzini,
»Peking–Paris im Automobil«]. *Deutsche Rundschau*, Jg. 35,
Bd. 138, (Jan. 1909), 80–85.

C 351 Daseinskampf und gegenseitige Hilfe in der Entwicklung. *Kosmos*, Jg. 6, H. 1 (Jan. 1909), 14–16, H. 2 (Febr. 1909), 42–46. [Vgl. A 37].

C 352 Der Pemmatodiskus. *Über Land und Meer*, Jg. 51, Bd. 101, Nr. 14 [3. 1. 09], 343–44. [Vgl. A 33].

C 353 Darwin. Zu seinem hundertsten Geburtstage. *Deutsche Rundschau*, Jg. 35, Bd. 138, (Febr. 1909), 192–202.

C 354 Maßregeln gegen die monistische Weltanschauung. *Der Freidenker*, Liegnitz. Jg. 17, Nr. 3 (1. 2. 09), 21–23.

C 355 Darwins Persönlichkeit. *Die Umschau*, Frankfurt/M. Jg. 13, Nr. 6 (6. 2. 09), 113–9.

C 356 Bruno Willes Roman von der Abendburg. *Universum*, Leipzig, Jg. 25, H. 20 [18. 2. 09], 457–58.

C 357 Algonkium, die letzte Lebensspur. *Über Land und Meer*, Jg. 51, Bd. 102, Nr. 27 [4. 4. 09], 616. [Vgl. A 33].

C 358 Sonne und Seele. *Die Woche*, Jg. 11, Nr. 20 (15. 5. 09), 825–28.

C 359 Der Mensch von Heidelberg. *Berliner Tageblatt*, Berlin. Nr. 319, A.–A. vom 26. 6. 1909, S. [1]–[2]. [Vgl. A 33].

C 360 Stunden mit dem Mond. *Deutsche Welt*, Jg. 11, Nr. 39 (27. 6. 09), 612–14; Nr. 40 (4. 7. 09), 628–31; Nr. 41 (11. 7. 09), 642–44; Nr. 43 (25. 7. 09), 675–78; Nr. 44 (1. 8. 09), 692–95. [Vgl. A 33].

C 361 Menschen- und Affenschädel. *Berliner Tageblatt*, Berlin. Nr. 322, A.–A. vom 28. 6. 1909, S. [1]–[2].

C 362 Lamarck. [Rez. v. J. Lamarck, »Zoologische Philosophie«]. *Allgemeine Zeitung*, München, *Beiblatt* Nr. 29 v. 17. 7. 1909, S. 663 –64.

C 363 Paradiese. *Über Land und Meer*, Jg. 51, Bd. 102, Nr. 44 [1. 8. 09], 1016–17. [Vgl. A 33].

   1. In: *Arena*, Jg. 5, H. 2 (Nov. 1909), 201–204.

C 364 Eros und Achilles in der Astronomie. *Arena*, Jg. 5, H. 1 (Oktober 1909), 101–4. [Vgl. A 33].

   1. In: *Über Land und Meer*, Jg. 54, Band 107, Nr. 2 [8. 10. 11], 48.

   2. In: *Arena*, Jg. 7, H. 6 (März 1912), 637–40.

C 365 Die Duplizität der Entdeckungen. *Die Woche*, Jg. 11, Nr. 38 (18. 9. 09), 1597–1600.

C 366 Die Abendburg [von Bruno Wille]. *Frankfurter Zeitung*, Frankfurt/M., Nr. 316 vom 14. 11. 1909, 1. Morgenblatt, S. [1]–2.

1910

C 367 Der Ursprung des Lebens. *Kosmos*, Jg. 7, H. 1 (Jan. 1910), 4–8; H. 3 (März 1910), 90–93; H. 6 (Juni 1910), 210–215. [Vgl. A 37].

C 368 Im Zeichen der Sintflut. *Die Woche*, Jg. 12, Nr. 6 (5. 2. 10), 213–16.

C 369 Die Kometennacht. *Tägliche Rundschau*, Berlin. *Unterhaltungsbeilage* Nr. 85 v. 13. 4. 1910, 337–38.

C 370 Komet und Weltuntergang. *Der Demokrat*, Berlin. Jg. 2, Beilage zu Nr. 19 v. 4. 5. 1910, S. [1]–[2]. [TA aus A 34, S. 38–43].

C 371 Transhimalaja. [Rez. zu: Sven Hedin, »Transhimalaja«]. *Deutsche Rundschau*, Jg. 36, Bd. 144, (Juli 1910), 111–118.

C 372 Das weiße Nashorn. *Über Land und Meer*, Jg. 52, Bd. 104, Nr. 40 [3. 7. 10], 982–83.
    1. *Arena*, Jg. 6, H. 1 (Oktober 1910), 59–62.

C 373 Das Insekt im Kampf mit der Kultur. *Über Land und Meer*, Jg. 53, Bd. 105, Nr. 1 [2. 10. 10], 18–19.
    1. In: *Arena*, Jg. 6, H. 5 (Februar 1911), 481–86.

1911

C 374 Die Glasmeteoriten. *Kosmos*, Jg. 8, H. 1 (Jan. 1911), 5–8; H. 3 (März 1911), 91–93; H. 5 (Mai 1911), 177–181.

C 375 Der Zahn von Sondé. *Über Land und Meer*, Jg. 53, Bd. 106, Nr. 29 [17. 4. 11], 758.

C 376 Auf den Spuren des Pithekanthropus. *Frankfurter Zeitung*, Frankfurt/M. Nr. 126 vom 7. 5. 1911, 1. Morgenblatt, S. [1]–[3].

C 377 Unser zoologischer Garten. *Berliner Tageblatt*, Berlin, Nr. 330, A.–A. v. 1. 7. 1911 u. Nr. 333, A.–A. vom 3. 7. 1911.

C 378 Sirenen. *Über Land und Meer*, Jg. 53, Bd. 106, Nr. 45 [6. 8. 11], 1172–74. [Vgl. A 41].
    1. In: *Arena*, Jg. 7, H. 4 [Jan. 1912], 413–416.

C 379 Spreehanns [Rez. von H. Fechner, »Spreehanns«]. *Der Tag*, Berlin, Nr. 295 vom 16. 12. 1911.

C 380 B. Joh. Kunckel, meinem Ahnen. *Berliner Lokal-Anzeiger*, Berlin. Nr. 654 vom 24. 12. 1911, Weihnachtsbeilage, S. [1]–[2]. [Vgl. A 37].

C 381 Eine Räubergeschichte aus dem Termitenbau. *Über Land und Meer*, Jg. 54, Bd. 107, Nr. 14 [31. 12. 11], 394–95.

1912

C 382 Neue Tatsachen zum Geheimnis der Vererbung. *Kosmos*, Jg. 9, H. 2 (Febr. 1912), 47–50; H. 5 (Mai 1912), 157–161; H. 8 (Aug. 1912), 288–291; H. 10 (Okt. 1912), 383–87. [Vgl. A 37].

C 383 Tiere als Baumeister, Hausbesitzer und Mieter. *Über Land und Meer*, Jg. 54, Bd. 108, Nr. 35 [26. 5. 12], 296–97.

C 384 Neues von den Wundern des Olm. *Über Land und Meer*, Jg. 54, Bd. 108, Nr. 38 [16. 6. 12], 384–85. [Vgl. A 41].

C 385 Volkstümliche Naturwissenschaft. *Kosmos*, Jg. 9, H. 7 (Juli 1912), 235–240. [Vgl. A 37].

C 386 Der Waldrapp, ein verschollenes deutsches Tier. *Über Land und Meer*, Jg. 54, Bd. 108, Nr. 42 [14. 7. 12], 482. [Vgl. A 41].

C 387 Von der Naturschutzparkbewegung. *Die Lese*, Stuttgart. Jg. 3, Nr. 30 [etwa Ende Juli 1912], 476–77.

C 388 Die Entdeckung des Riesenklippdachses. *Über Land und Meer*, Jg. 54, Bd. 108, Nr. 46 [11. 8. 12], 579. [Vgl. A 41].

C 389 Die künstliche Umwandlung tierischer Instinkte. Ein neuer Fortschritt der Biologie. *Der Tag*, Berlin. Nr. 211 v. 8. 9. 1912.

C 390 Die drei Augen der Blindschleiche. *Über Land und Meer*, Jg. 54, Bd. 108, Nr. 50 [8. 9. 12], 670. [Vgl. A 41].

C 391 Der neue Brehm. *Berliner Tageblatt*, Berlin. Nr. 497 vom 29. 9. 1912, 2. Beiblatt, S. [1]–[2].

C 392 Goldene Tiere. *Über Land und Meer*, Jg. 55, Bd. 109, Nr. 1 [6. 10. 12], 6. [Vgl. A 41].

C 393 Der Vliesigel, das seltsamste Tier Neuguineas. *Über Land und Meer*, Jg. 55, Bd. 109, Nr. 5 [3. 11. 12], 135–36. [Vgl. A 41].

C 394 Der Koloradokäfer und die Vererbung menschlichen Kulturgewinns. *Über Land und Meer*, Jg. 55, Bd. 109, Nr. 6 [10. 11. 12], 160–62.

C 395 Trocknet unsre Erde aus? *Über Land und Meer*, Jg. 55, Bd. 109, Nr. 7 [17. 11. 12], 190–91. [Vgl. A 49: »Wenn wir nun vertrockneten«].

1913

C 396 Kunstformen der Natur. *Das monistische Jahrhundert*, München. Jg. 1, H. 22 (2. Februar-Heft 1913), 733–740. [Vgl. A 37].

C 397 Tendaguru und der Rekord der Saurier. *Über Land und Meer*, Jg. 55, Bd. 109, Nr. 21 [23. 2. 13], 572–73. [Vgl. A 41].

C 398 Liberia und das seltenste Tier auf der Briefmarke. *Über Land und Meer*, Jg. 55, Bd. 110, Nr. 30 [27. 4. 13], 811–12. [Vgl. A 41].

C 399 Die Entdeckung von Landwirbeltieren ohne Lunge. *Über Land und Meer*, Jg. 55, Bd. 110, Nr. 43 [27. 7. 13], 1178. [Vgl. A 41].

C 400 Klimawechsel, eine Sommerbetrachtung. *Kosmos*, Jg. 10, H. 8 (August 1913), 281–82.

C 401 Moldavit, Geschichte eines Steines. *Basler Nachrichten*, Basel. *Sonntagsblatt*, Nr. 33 (17. 8. 1913), S. 3–4; Nr. 34 (24. 8. 1913), S. 3–4; Nr. 35 (31. 8. 1913), S. 3–4; Nr. 36 (7. 9. 1913), S. 3–4. [Vgl. A 37].

C 402 Das Riesenei in der Sahara. *Über Land und Meer*, Jg. 56, Bd. 111, Nr. 1 [5. 10. 13], 18–19.

C 403 Der Kampf um den Maulwurf. *Über Land und Meer*, Jg. 56, Bd. 111, Nr. 8 [23. 11. 13], 211–12. [Vgl. A 41].

C 404 Die unsterbliche Amöbe. *Über Land und Meer*, Jg. 56, Bd. 111, Nr. 12 [21. 12. 13], 332. [Vgl. A 41].
   1. In: *Die Lese*, Jg. 7, Nr. 30 [Ende Juli 1916], 59–61.
   2. In: *Mikrokosmos*, Stuttgart. Jg. 10, H. 4 [Jan. 1917], 91–95.
   3. In: *Vorwärts*, Berlin, Sonntag-Beilage Nr. 3 zu Nr. 20 vom 21. 1. 17, S. [2]–[3].

1914

C 405 Kosmischer Staub. *Über Land und Meer*, Jg. 56, Bd. 111, Nr. 15 [11. 1. 14], 403.

C 406 Die Heinzelmännchen der Sonne. *Über Land und Meer*, Jg. 56, Bd. 111, Nr. 20 [15. 2. 14], 524.

C 407 Der goldene Stern (Aus dem Siebenhäuser Tal in Schreiberhau) [Gedicht]. *Die Lese*, Jg. 5, Nr. 9 [Anfang März 1914], 141–143. [Vgl. A 37].

C 408 Das unheimliche Gila-Tier. *Über Land und Meer*, Jg. 56, Bd. 111, Nr. 24 [15. 3. 14], 624. [Vgl. A 41].

C 409 Die Mammutschnitzer von Predmost. *Über Land und Meer*, Jg. 56, Bd. 112, Nr. 28 [12. 4. 14], 724–25. [Vgl. A 41].

C 410 Meere der Zukunft. *Der Greif*, Stuttgart. Jg. 1, Bd. 2 (Mai 1914), 100–108.

C 411 Der Schatz von Halberstadt. *Über Land und Meer*, Jg. 56, Bd. 112, Nr. 34 [24. 5. 14], 884–85. [Vgl. A 41].

C 412 Amadinens illuminierte Kinderstube. *Über Land und Meer*, Jg. 56, Bd. 112, Nr. 42 [19. 7. 14], 1093. [Vgl. A 41].

C 413 Die Furcht vor dem Menschen. *Über Land und Meer*, Jg. 56, Bd. 112, Nr. 47 [23. 8. 14], 1217–18. [Vgl. A 41].

1915

C 414 Tiere als Schützen. *Über Land und Meer*, Jg. 57, Bd. 113, Nr. 24 [14. 3. 15], 432–33. [Vgl. A 41].

C 415 Unterseeische Schiffsangriffe durch Tiere. *Über Land und Meer*, Jg. 57, Bd. 114, Nr. 31 [2. 5. 15], 566. [Vgl. A 41].

C 416 Aus der Flottenkunst der Tiere. *Über Land und Meer*, Jg. 57, Bd. 114, Nr. 38 [20. 6. 15], 703–4; Nr. 41 [11. 7. 15], 754. [Vgl. A 41].

C 417 Die Erfindung des Soldaten in der Natur [Die Termiten]. *Berliner Morgenpost*, Berlin. Nr. 183 v. 4. 7. 1915, 6. Beilage, S. [1]–[2].

C 418 Wie das Tier der fleischfressenden Pflanze ein Schnippchen schlug. *Über Land und Meer*, Jg. 57, Bd. 114, Nr. 46 [15. 8. 15], 856–58. [Vgl. A 41].

C 419   Eine Liebesgeschichte zwischen Unterseeboot und Aeroplan. *Über Land und Meer*, Jg. 57, Bd. 114, Nr. 52 [26. 9. 15], 964–65. [Vgl. A 41].

C 420   Das älteste Festungstor. *Über Land und Meer*, Jg. 58, Bd. 115, Nr. 5 [31. 10. 15], 90–91. [Vgl. A 41].

C 421   Wie Tiere sich zum Krieg verproviantieren. *Berliner Morgenpost*, Berlin. Nr. 319 v. 17. 11. 1915, 2. Beilage, S. 9.

C 422   Eine Erinnerung an Gabriel Max. *Berliner Tageblatt*, Berlin. Nr. 640 vom 15. 12. 1915, A.–A., S. [2]–[3].

1916

C 423   Ein deutscher Forscher. Zum Gedächtnis an Hermann Klaatsch († 7. 1. 1916). *Berliner Tageblatt*, Berlin. Nr. 28 vom 16. 1. 1916 A.–A., 2. Beiblatt.

C 424   Artillerie in der Natur. *Universum*, Jg. 32, H. 17 [27. 1. 16], 343–47.

C 425   Reitende Tiere. *Über Land und Meer*, Jg. 58, Bd. 115, Nr. 21 [20. 2. 16], 397–98. [Vgl. A 49: neuer Titel: »Triungulinus oder der Ritt zum Breiberg«].

C 426   »Berufe nicht die wohlbekannte Schar«. *Über Land und Meer*, Jg. 58, Bd. 116, Nr. 27 [2. 4. 16], 507–8. [Vgl. A 49].

C 427   Die Steinaxt aus dem Schützengraben. *Über Land und Meer*, Jg. 58, Bd. 116, Nr. 34 [21. 5. 16], 642–43.

C 428   Hamsterfragen. *Über Land und Meer*, Jg. 58, Bd. 116, Nr. 37 [11. 6. 16], 700–2. [Vgl. A 49: neuer Titel: »Die Kornhexe«].

C 429   Die Geschichte einer Kriegslist. *Über Land und Meer*, Jg. 58, Bd. 116, Nr. 44 [30. 7. 16], 821–22. [Vgl. A 49: neuer Titel: »Die grüngeringelte Animierwurst«].

C 430   Torpedofresser. *Über Land und Meer*, Jg. 58, Bd. 116, Nr. 49 [3. 9. 16], 916–17. [Vgl. A 49].

C 431   Ein Amazonenangriff unter Wasser. *Über Land und Meer*, Jg. 59, Bd. 117, Nr. 1 [1. 10. 16], 16. [Vgl. A 49].

C 432   Die größte Suppenfrage der Natur. *Über Land und Meer*, Jg. 59, Bd. 117, Nr. 5 [29. 10. 16], 98–99. [Vgl. A 49].

C 433   Das Schwein. *Velhagen und Klasings Monatshefte*, Bielefeld. Jg. 31, Bd. 1, Nov. 1916, 353–57. [Vgl. A 55: »Ein Kapitel vom braven Schwein«].

C 434   Der Nautilus. *Universum*, Jg. 33, H. 5 [2. 11. 16], 95–97.

C 435   Die Vorfahren des Schmetterlings. *Über Land und Meer*, Jg. 59, Bd. 117, Nr. 7 [12. 11. 16], 140–42. [Erstdruck in: A 41, S. 21 –29].

C 436   Der Gespensterzug der Lemminge. *Über Land und Meer*, Jg. 59, Bd. 117, Nr. 10 [3. 12. 16], 188–89. [Erstdruck in A 41: S. 111 –120].

C 437 Haeckel's Doktordissertation. Zum sechzigjährigen Doktorjubi-
läum des Forschers. *Berliner Tageblatt*, Berlin. Nr. 117 v. 5. 3.
1917, A.–A., S. [2].

C 438 Zur Naturgeschichte der Schlagsahne. *Über Land und Meer*,
Jg. 59, Bd. 117, Nr. 26 [25. 3. 17], 494. [Vgl. A 49: Titel: »Zur
Urgeschichte der Schlagsahne«].

C 439 Ein Vogel, der sein Nest am Leibe trägt. *Die Wochenschau*,
Essen. Jg. 9, Nr. 13 (31. 3. 17), 406–8.

C 440 Die Pflanze mit dem Ypsilon. *Über Land und Meer*, Jg. 59,
Bd. 118, Nr. 32 [6. 5. 17], 602–4. [Vgl. A 49].

C 441 Die Mystik des Feigenbaums. *Über Land und Meer*, Jg. 59,
Bd. 118, Nr. 36 [3. 6. 17], 677–78. [Vgl. A 49].

C 442 Ein Abenteuer auf der Koralleninsel. *Über Land und Meer*,
Jg. 59, Bd. 118, Nr. 41 [8. 7. 17], 772–74. [Vgl. A 49].

C 443 Ambrosia. *Über Land und Meer*, Jg. 59, Bd. 118, Nr. 47 [19. 8.
17], 882–83. [Vgl. A 49].

C 444 Das Gespenst in der Malermuschel. *Über Land und Meer*, Jg. 60,
Bd. 119, Nr. 1 [7. 10. 17], 10. [Vgl. A 49 und B 38].

C 445 Gefälschte Orchideen. Neue Geschichte einer Kriegslist in der
Natur. *Über Land und Meer*, Jg. 60, Bd. 119, Nr. 6 [11. 11. 17],
98–99. [Vgl. A 49].

1918

C 446 Regnende Tiere. *Über Land und Meer*, Jg. 60, Bd. 119, Nr. 16
[20. 1. 18], 250–51. [Vgl. A 49: neuer Titel: »Manneken-Pis«].

C 447 Von einem stillen Örtchen und wie das Insekt seinen Weg fand.
Über Land und Meer, Jg. 60, Bd. 119, Nr. 21 [24. 2. 18], 322.
[Vgl. A 49].

C 448 Hamsternde Vögel. *Über Land und Meer*, Jg. 60, Bd. 120, Nr. 29
[21. 4. 18], 427–28. [Vgl. A 49].

C 449 Wer rettet den Müggelsee? *Berliner Tageblatt*, Berlin. Nr. 290 v.
9. 6. 1918, M.–A., 2. Beiblatt. [Mitverfasser: Bruno Wille].

C 450 Am kleinen Müggelsee. Die gerettete Landschaft. *Vossische Zeitung*, Berlin. Nr. 348 v. 10. 7. 1918, Beilage [signiert: »Mss.«].
[Laut dem »Dietrich« ist Bölsche der Verfasser].

C 451 Ein Buch vom Leben. [Rez. v. R. Hesse und F. Doflein, »Tierbau
und Tierleben«]. *Deutsche Rundschau*, Jg. 45, Bd. 177, (Dez.
1918). 424–28.

C 452 Nahrungsbeschlagnahme in der Natur. *Velhagen und Klasings
Monatshefte*, Jg. 33, H. 4 (Dez. 1918), 381–85. [Vgl. A 55].

C 453 Rätsel des Vogeleis. *Zu neuen Ufern*. Ein Jungmädchen- und Frauenbuch unserer Zeit, Berlin. [Jg. 1, 1919], 107–127. [Vgl. A 55].

C 454 Gibt es ein Tier, das künstlich verbesserte Werkzeuge benutzt? *Kosmos*, Jg. 16, H. 1 (Jan. 1919), 5–8.

C 455 Warum es bei uns keine Papageien gibt. *Über Land und Meer*, Jg. 61, Bd. 122, Nr. 29 [20. 4. 19], 389–90. [Vgl. A 49].

C 456 Der Brehm [Rez.]. *Deutsche Rundschau*, Jg. 45, Bd. 179, (Juni 1919), 416–436.

C 457 Allerleirauh im Papierschloß. *Über Land und Meer*, Jg. 61, Bd. 122, Nr. 36 [8. 6. 19], 488. [Vgl. A 49].

C 458 Das Werden der Organismen. *Tägliche Rundschau*, Berlin. *Un- terhaltungsbeilage* Nr. 129 v. 21. 6. 19, 271–72.

C 459 Blühende Steine. *Über Land und Meer*, Jg. 61, Bd. 122, Nr. 39 [29. 6. 19], 533–34. [Vgl. A 49].

C 460 »Bialowies« [Wald im Bezirk Grodno]. *Tägliche Rundschau*, Berlin. *Unterhaltungsbeilage* Nr. 158 v. 26. 7. 19, 339.

C 461 Atlantis. *Über Land und Meer*, Jg. 61, Bd. 122, Nr. 47 [24. 8. 19], 658. [Vgl. A 49].

C 462 Alexander von Humboldt. Zum 150. Geburtstag, 14. September 1769. *Der Kunstwart und Kulturwart*, München. Jg. 32, H. 23 (1. Sept.-Heft 1919), 186–190.

C 463 Paradiesvögel des Meeres. *Über Land und Meer*, Jg. 61, Bd. 122, Nr. 52 [28. 9. 19], 728. [Vgl. A 49].

C 464 Der emanzipierte Embryo. *Über Land und Meer*, Jg. 62, Bd. 123, Nr. 2 [12. 10. 19], 34–35. [Vgl. A 49].

C 465 Geheimnisvolle Fernwirkungen bei Tieren. *Über Land und Meer*, Jg. 62, Bd. 123, Nr. 4 [26. 10. 19], 77–78. [Vgl. A 49].

C 466 Die vierfache Versicherung der Myrmekophana. *Über Land und Meer*, Jg. 62, Bd. 123, Nr. 8 [23. 11. 19], 166–67. [Vgl. A 49].

C 467 Ernst Haeckel. Eine Erinnerung. *Kosmos*, Jg. 16, H. 12 (Dez. 1919), 288–92.

C 468 Die falsche Kehle des Walfischs. *Über Land und Meer*, Jg. 62, Bd. 123, Nr. 11 [13. 12. 19], 230–31. [Vgl. A 49].

C 469 Fontane und die Jungen. *Vorwärts*, Berlin. Nr. 664 v. 30. 12. 1919, M.-A., S. [2]–[3]. [Aus: A 17].

1920

C 470 Die Oase von Steinheim. *Illustrirte Zeitung*, Leipzig. Bd. 154, Nr. 3994 vom 15. 1. 1920, 72.

C 471 Brandungsaugen. *Über Land und Meer*, Jg. 62, Bd. 123, Nr. 17 [25. 1. 20], 374–75. [Vgl. A 49].

C 472   Der Astralleib der Oikopleura. *Über Land und Meer*, Jg. 62,
         Bd. 123, Nr. 21 [22. 2. 20], 462–64.[Vgl. A 49].
C 473   Han[n]s Fechner. Zum 60. Geburtstag. *Berliner Tageblatt*, Ber-
         lin. Nr. 261 v. 5. 6. 1920, A.-A., S. [2]–[3].
C 474   War der Urmensch ein Zwerg? *Kosmos*, Jg. 17, H. 9 (Sept. 1920),
         223–26.

1921–1928

C 475   Zukunft der Erde. *Vorwärts*, Berlin. Nr. 1 v. 1. 1. 1921, 4. Bei-
         blatt, S. [1]. [TA aus: »Der Mensch der Zukunft«: A 40].
C 476   Carl Hauptmann † [Nachruf]. *Sächsische Staatszeitung*, Dres-
         den. Nr. 34 v. 11. 2. 1921, S. 2–3.
C 477   Ob Naturforschung und Kunst sich schaden? *Hellweg*, Essen.
         Jg. 2, H. 43 v. 25. 10. 1922, 841–44.
C 478   Gerhart Hauptmann. *Das Echo*, Berlin, Jg. 41, Nr. 2054 v. 23.
         11. 1922, 4628–30. [TA aus: »Auf dem Menschenstern«: A 32].
C 479   Zur Frage der schlesischen Wisente. *Wir Schlesier*, Schweidnitz.
         Jg. 5, Nr. 8 v. 15. 1. 1925, 126–27.
C 480   Meer, Feuer und Eis im Riesengebirge. *Deutsches Land*, Dresden.
         Jg. 2, H. 12 (Dez. 1925), 640–42.
C 481   Pelztiere, die aussterben. *Am Brunnen*, Familienkalender für das
         Jahr 1926, Schweidnitz [o. J. = Ende 1925?], 88–92.
C 482   Alkoholismus im Tierreich. *Die Bergstadt*, Breslau. Jg. 15, H. 2
         (Febr. 1926), 112–18. [Vgl. A 55: »»Sorgenbrecher sind die Re-
         ben«. Vom kneipenden Tier«].
C 483   Von Ichthyosauren und Pinguinen als Ahnherren der Menschen.
         Wilhelm Bölsche am Mikrophon. [Bericht von P. Wittko über
         Bölsches Rundfunkvortrag]. *Der deutsche Rundfunk*, Berlin,
         Jg. 5, H. 35 v. 28. 8. 1927, S. 2399–2400. [Vorstufe des Vortrags
         in A 55: »Lichtglaube. Ein Gespräch mit dem Ichthyosaurus«,
         S. 5–12].
C 484   Schneegrubenlandschaft. *Schlesische Monatshefte*, Breslau. Jg. 5,
         Nr. 2 (Febr. 1928), 47–50.
    1.   In: *Schlesien*, Regensburg. Jg. 9, H. 3 (Juli 1964), 147–150.
C 485   Die Sage von einer neuen Tertiärzeit. *Münchener Neueste Nach-
         richten*, München. Nr. 74 v. 15. 3. 1928, S. [1]–2, Feuilleton.
C 486   Lehrer und »Dichter«. *Kölnische Zeitung*, Köln. *Beilage zur
         Sonntagsausgabe* Nr. 196 v. 8. 4. 1928, S. [1].

1929

C 487   Julius Hart. Zu seinem 70. Geburtstag am 9. April. *Berliner
         Tageblatt*, Berlin. Nr. 161 v. 5. 4. 1929, A.-A., S. [2]–[3].

C 488 Das gelöste Rätsel des Kuckucks. *Münchener Neueste Nachrichten*, München. Nr. 230 v. 25. 8. 1929, S. [1]–2.

C 489 Tier und Mensch. *Illustrirte Zeitung*, Leipzig, Bd. 173, Nr. 4422 v. 12. 12. 1929, S. 834.

1930

C 490 Die letzten Tage der Schweizer Pfahlbauten. *Münchener Neueste Nachrichten*, München. Nr. 98 v. 10. 4. 1930, S. [1]–2.

*1. Laut dem »Dietrich« steht derselbe Aufsatz auch in: *Rheinisch-Mainische Volkszeitung*, Frankfurt/M., v. 10. 6. 1931, und in: *Weser-Zeitung*, Bremen v. 11. 7. 1931. [Vgl. C 505].

C 491 Natur und »Unnatur«. *Die Woche*, Jg. 32, Nr. 15 (12. 4. 30), 427–28.

C 492 Zur Schönheit des Riesengebirges. Ein paar Gedanken. *Der Wanderer im Riesengebirge*, Breslau. Jg. 50, Nr. 6 v. 1. 6. 30, 84–85.

C 493 Tier und Umwelt. *Das Tier*, Berlin. Jg. 2, H. 10 (Juli 1930), 182–88.

C 494 Geheimnis der fliegenden Blüte. *Velhagen und Klasings Monatshefte*, Jg. 44,. Bd. 2, H. 10 (Juli 1930), 511–521.

C 495 Schutz und Erschließung der Natur. Aus einer Rede, die bei der 50-Jahrfeier der Ortsgruppe Schreiberhau gehalten wurde. *Der Wanderer im Riesengebirge*, Jg. 50, Nr. 10 v. 1. 10. 1930, 158–60.

C 496 Vom jungen »alten« Bölsche. *Universum*, Jg. 47, H. 9 (27. 11. 30), 181–82.

C 497 Naturwissenschaftliche Bücher [Sammelrezension von 15 naturwiss. Werken]. *Berliner Tageblatt*, Berlin, Nr. 577 v. 7. 12. 1930, M.–A., 4. Beiblatt, S. [2], Nr. 580 v. 9. 12. 1930, A.–A., 2. Beiblatt, S. [4].

1931

C 498 Der naturwissenschaftliche Entwicklungsgedanke bei Goethe. *Deutscher Almanach für das Jahr 1932*. Leipzig, Ph. Reclam, [1931], 149–157.

C 499 Wie ich zur Naturwissenschaft kam. *Die Ernte*, Hannover-Kirchrode. Jg. 12, H. 1 [Anfang Jan. 1931], 33–35.

C 500 Wie das erste Kosmosbändchen entstand. *Kosmos*, Jg. 28, H. 1 (Jan. 1931), 24–27. [betrifft: »Die Abstammung des Menschen«: A 20].

C 501 »Liebesleben in der Natur«. Aus den Werdetagen meines Buches. *Münchener Neueste Nachrichten*, München. Nr. 1 v. 2. 1. 1931, S. [1]–2. [Betrifft: A 10].

C 502 Dem Erneuerer des Brehm zum 60. Geburtstag, Carl W. Neu-
mann. *Universum*, Jg. 47, H. 7 (22. 1. 31.), 351.
C 503 Wie ich Schlesier wurde. *Schlesische Monatshefte*, Jg. 8, Nr. 5
(Mai 1931), 189–196. [Vgl. C 525].
    1. TA in: *Merian*, Hamburg. Jg. 6, H. 10 (Okt. 1953), S. 73 [Titel:
    »Heimstatt für alle Literatur«].
C 504 Das gelöste Rätsel des Kuckucks. Auf einer Spreewaldfahrt.
Die Ernte, Jg. 12, H. 10 [Mitte Mai 1931], 25–29. [Vgl. C 488].
C 505 Die letzten Tage der Schweizer Pfahlbauten. *Die Ernte*, Jg. 12,
H. 15 [Anfang Aug. 1931], 21–25. [Vgl. C 490].

1932

C 506 [Beitrag zu der Reihe:] Goethe, eine Verpflichtung. [Rundfrage].
Leipziger Neueste Nachrichten, Leipzig. Nr. 80 v. 20. 3. 1932,
Goethe-Beilage zum hundertsten Todestag des Dichters, S. 6.
C 507 Darwin selbst. Zu seinem 50. Todestag. *Die Umschau*, Frank-
furt/M. Jg. 36, H. 16 (16. 4. 32), 305–9.
C 508 Tier und Mensch. *Die Ernte*, Jg. 13, H. 9 [Anfang Mai 1932],
29–32.
C 509 Der Natur-Epikureer. *Velhagen und Klasings Monatshefte*,
Jg. 46, Bd. 2, H. v. Juli 1932, 434–36.
C 510 Natur und »Unnatur«. *Die Ernte*, Jg. 13, H. 14 [Mitte Juli
1932], 29–32.
C 511 Versunkene Welten. *Die Ernte*, Jg. 13, H. 18 [Mitte Sept. 1932],
33–36.
    1. In: *Volk und Welt*, Hannover. Jg. 1935, H. 4 (April 1935), 23
    –26. [*Volk und Welt* ist die Fortsetzung von: *Die Ernte*].
C 512 Gerhart Hauptmann [Festrede zu seinem 70. Geburtstag am
4. 9. 1932]. *Freie Welt*, Gablonz a. N., Jg. 13 A (1. Halbjahr:
1. 7.–31. 12. 1932), 197–205. [Heft: o. D.].
C 513 Nachfolge Haeckels. *Die Umschau*, Jg. 36, H. 50 (10. 12. 32),
985–87.

1933

C 514 Georg Wegener. Zum 70. Geburtstag. *Vossische Zeitung*, Berlin,
Nr. 256 v. 30. 5. 1933, A.–A.: *Unterhaltungsblatt*, Nr. 148.
C 515 Das Rätsel um Atlantis. *Münchener Neueste Nachrichten*, Mün-
chen. Nr. 162 v. 16. 6. 1933, S. 4.
C 516 Naturschutz und sein Schatten. *Die Ernte*, Jg. 14, H. 8 [August
1933], 37–40.

1934

C 517 Haeckel als Erlebnis. *Der Biologe*, München. Jg. 3, H. 2 (Februar 1934), 34–38.

C 518 Gold und Kohle im ewigen Eis. *Die Woche*, Jg. 36, Nr. 19 (12. 5. 34), 520–524.

C 519 Wie alt ist die Liebe? *Volk und Welt* [= Fortsetzung der Zeitschrift: *Die Ernte*], Hannover, Jg. 1934, H. 6 (Juni 1934), 131 –34.

C 520 Über den rätselhaften Insektenschwarm im Herrmann-Johanna-Heim zu Schreiberhau. *Rundschau für das Riesengebirge [Schreiberhauer Wochenblatt]*, Schreiberhau. Jg. 4, Nr. 122 v. 12. 10. 1934, S. [2].

1935

C 521 Der Kobold Maki im Braunkohlenwald des Geiseltals. *Heimatkalender für den Kreis Querfurt*, Querfurt. Jg. 14, 1935, 40–45.

C 522 Wunder der Geburt. *Volk und Welt*, Jg. 1935, H. 1 (Jan. 1935), 65–67.

C 523 Deutscher Bernstein. *Velhagen und Klasings Monatshefte*, Jg. 49, Bd. 2, H. v. März 1935, 89–96.

C 524 Kennen Tiere eine Ehe? *Volk und Welt*, Jg. 1935, H. 10 (Okt. 1935), 68–71.

C 525 Wie ich Schlesier wurde. *Der Wanderer im Riesengebirge*, Jg. 55, Nr. 10 (Okt. 1935), 170–73 [Vgl. C 503: bis auf Kleinigkeiten identisch!].

C 526 Die schlafende Erde. *Volk und Welt*, Jg. 1935, H. 12 (Dez. 1935), 17–21.

1936

C 527 Wilhelm Bölsche über sich selbst. *Die Woche*, Jg. 38, H. 1 v. 1. 1. 1936, S. 36–37.

   1. Was ich erstrebte. *Natur und Geist*, Jg. 4, Nr. 2, Febr. 1936, S. 33–35.

C 528 Mäusefälle der Natur. *Volk und Welt*, Jg. 1936, Bd. 4 (April 1936), 39–42.

C 528a Lichtglaube – Ein Gespräch mit dem Ichthyosaurus. *Universum*, Jg. 52, H. 27 (2. 4. 36), 862–63. [Nachdruck aus: A 55, S. 5–12, vgl. B 35].

C 529 In einem Fingerhut voll Meeres-Sand. *Volk und Welt*, Jg. 1936, Bd. 7 (Juli 1936), 23–25.

C 530 Mondfahrt in die Tiefsee. *Universum*, Jg. 52, H. 45 (6. 8. 36), 1431–34.

    1. In: *Köhlers Illustrierter Flotten-Kalender* für 1940, Minden. Jg. 38 [1939], S. 237–245.

C 531 Klimawende. *Volk und Welt*, Jg. 1936, Bd. 9 (Sept. 1936), 61–63.

C 532 Fischweibchen, die ihre Männchen säugen ...; Die versunkene Glocke, *Universum*, Jg. 53, H. 1 (1. 10. 36), 8–9.

C 533 Das Tier als genialer Erfinder; Sportleben im Ameisenstaat. *Universum*, Jg. 53, H. 2 (8. 10. 36), 40–41.

C 534 Das Konzert der Engerlinge; Die menschenfressende Pflanze; Der Sonnenvogel. *Universum*, Jg. 53, H. 3 (15. 10. 36), 72.

C 535 Der Kuckuck und sein Prophet. *Universum*, Jg. 53, H. 4 (22. 10. 36), 102.

C 536 Der lebendige Scheinwerfer; Dreitausend Messerkatzen. *Universum*, Jg. 53, H. 5 (29. 10. 36), 129.

C 537 Der heilige Baum von Mariposa. *Universum*, Jg. 53, H. 6 (5. 11. 36), 160–61.

C 538 Riesenknochen gegen Urwelttierchen. *Universum*, Jg. 53, H. 7 (12. 11. 36), 195.

C 539 Zwei Schnäbel und ein Arbeitsgang; Insel für ein paar Monate. *Universum*, Jg. 53, H. 8 (19. 11. 36), 223.

C 540 Das Rätsel des Totenkopfs. *Universum*, Jg. 53, H. 9 (26. 11. 36), 251–52.

C 541 Am Rande der Unsterblichkeit. *Volk und Welt*, Jg. 1936, Bd. 12 (Dez. 1936), 17–19.

C 542 Pflanzliches Leben in der Tiefsee; Der kürzeste Baum; Der Patriarch der Säugetiere. *Universum*, Jg. 53, H. 10 (3. 12. 36), 279–80.

C 543 Der blutsaugende Dämon. *Universum*, Jg. 53, H. 11 (10. 12. 36), 314–15.

C 544 Frösche bauen Aquarien. *Universum*, Jg. 53, H. 12 (17. 12. 36), 350–51.

C 545 Wenn die Männer Kinder bekämen. *Universum*, Jg. 53, H. 13 (24. 12. 36), 379.

1937

C 546 Kann sich unser deutsches Klima ändern? *Schlesischer Bauernkalender*, Breslau [1937], 77–79.

C 547 Der Generalpostmeister und die Wundernuß. *Universum*, Jg. 53, H. 14 (1. 1. 37), 407.

C 548 Die magisch erhellte Kinderstube. *Universum*, Jg. 53, H. 15 (7. 1. 37), 434–35.

C 549 Vexierspiel im Tang; Wie alt deutsche Gebirge sind; Im Zirkus der Natur; Ein tierischer Bauplan. *Universum*, Jg. 53, H. 16 (14. 1. 37), 462–63.

C 550 Ob es doch Mondbewohner gibt? *Universum*, Jg. 53, H. 17 (21. 1. 37), 490–91.

C 551 Die Drachenhöhle von Mixnitz. *Universum*, Jg. 53, H. 18 (28. 1. 37), 518–19.

C 552 Adonis und der Planetoidensturz; Der wahre »See-Elefant«. *Universum*, Jg. 53, H. 19 (4. 2. 37), 546–47.

C 553 Tatzelwurm und Gilatier; Die Weckuhr des Murmeltiers; Der lachende Frosch; Das Gold im Meer. *Universum*, Jg. 53, H. 20 (11. 2. 37), 574–75.

C 554 Das Mysterium von Cucumarien. *Universum*, Jg. 53, H. 21 (18. 2. 37), 602–3.

C 555 Ein Tier erfindet Tür und Klingel. *Universum*, Jg. 53, H. 22 (25. 2. 37), 630.

C 556 Ein Schmetterling ahmt Vogelfedern nach. *Universum*, Jg. 53, H. 23 (4. 3. 37), 658–59.

C 557 Ein Fisch, der künstlich bewässert; Gibt es einen sechsten Sinn der Fledermäuse? *Universum*, Jg. 53, H. 24 (11. 3. 37), 686–89.

C 558 Die Seeschlange in Berlin. *Universum*, Jg. 53, H. 25 (18. 3. 37), 714–15.

C 559 Ein Doppelgänger des Menschen. *Universum*, Jg. 53, H. 26 (25. 3. 37), 742–43.

C 560 Die Schnecke als Architekt; Das Grillenliebespaar am Telephon; Der Baum, der auf den Fuß tritt; Die lebendige Tür. *Universum*, Jg. 53, H. 27 (1. 4. 37), 770–71.

C 561 Der Kampf mit dem Vulkanismus. *Universum*, Jg. 53, H. 28 (8. 4. 37), 798–99.

C 562 Das Volk der Pinguine. *Universum*, Jg. 53, H. 29 (15. 4. 37), 826–27.

C 563 Von der Schildkröte, die die Welt trägt; Herzschlag mit Pausen; Die Nester der Dinosaurier. *Universum*, Jg. 53, H. 30 (22. 4. 37), 854–55.

C 564 Das Geheimnis des roten Zimmers; Natürliche Straßenbeleuchtung; Schweine so groß wie Nilpferde; 200 000 Einwohner in einem Ameisenhaufen. *Universum*, Jg. 53, H. 31 (29. 4. 37), 882 –83.

C 565 Auch ein Pfingstwunder. *Volk und Welt*, Jg. 1937, Bd. 5 (Mai 1937), 53–55.

C 566 Der stärkste Knall der Weltgeschichte. *Universum*, Jg. 53, H. 32 (6. 5. 37), 910–11.

C 567 Der Fisch, der den Kopf hinten und den Schwanz vorn hat; Zwei vergessene Naturkinder im Reich der Mitte. *Universum*, Jg. 53, H. 33 (13. 5. 37), 938–39.

C 568 Blaues Blut. *Universum*, Jg. 53, H. 34 (20. 5. 37), 966–67.

C 569 Die drei Schoßkinder der Liebesgöttin [Babylon]. *Universum*, Jg. 53, H. 35 (27. 5. 37), 994–95.

C 570 Die Frage der Sphinx. *Universum*, Jg. 53, H. 36 (3. 6. 37), 1022 –23.

C 571 Der Schwarzfahrer der See; Ein Fisch bringt Schiffe zum Sinken; Der Eierknacker; Schreiende Krokodileier; Zirkus der Natur. *Universum*, Jg. 53, H. 37 (10. 6. 37), 1050–51.

C 572 Die Teufelsfalle. Von Holzmaden und ihr Wiedererwecker. *Illustrirte Zeitung*, Leipzig. Jg. 94, Nr. 4814 v. 17. 6. 1937, 794 –96.

C 573 Der schlesische Apollo. *Universum*, Jg. 53, H. 39 (24. 6. 37), 1106–7.

C 574 Sind die Hummeln Mohammedaner? *Universum*, Jg. 53, H. 40 (1. 7. 37), 1134.

C 575 Der Fisch als Angelbruder. *Universum*, Jg. 53, H. 41 (8. 7. 37), 1162.

C 576 Das Nationalvermögen im hohlen Zahn; Die Zigarren des Ichthyosaurus. *Universum*, Jg. 53, H. 42 (15. 7. 37), 1190–91.

C 577 Aus Goethes Urboden. *Universum*, Jg. 53, H. 43 (22. 7. 37), 1218–19.

C 578 Das magische Auge; Der Nebel-Dämon. *Universum*, Jg. 53, H. 44 (29. 7. 37), 1246–47.

C 579 Die Guillotine im Ameisenstaat. *Universum*, Jg. 53, H. 45 (5. 8. 37), 1274–75.

C 580 Die wahnsinnige Flunder. *Universum*, Jg. 53, H. 46 (12. 8. 37), 1302–3.

C 581 Die 50 000 Fuchsfelle Australiens. *Universum*, Jg. 53, H. 47 (19. 8. 37), 1330–31.

C 582 Argyroneta und die Taucherglocke der Natur. *Universum*, Jg. 53, H. 52 (23. 9. 37), 1470–71.

C 583 Pflanzen, die immer kleiner werden; Der Herr Bibliothekar. *Universum*, Jg. 53, H. 53 (30. 9. 37), 1498–99.

C 584 Der Koloß vom Tendaguru. *Universum*, Jg. 54, H. 1 (7. 10. 37), 10–11.

C 585 Riesenzellen oder Zellenstaat? *Universum*, Jg. 54, H. 2 (14. 10. 37), 38–39.

C 586 Alte und neue Alchimisten. *Universum*, Jg. 54, H. 3 (21. 10. 37), 66–67.

C 587 Wenn die Blätter fallen. *Universum*, Jg. 54, H. 5 (4. 11. 37), 122–23.

C 588 Thesen zum Klimawechsel. *Universum*, Jg. 54, H. 6 (11. 11. 37), 150–51.

C 589 Millionen Monde. *Universum*, Jg. 54, H. 8 (25. 11. 37), 206–7.

C 590   Über die Mark [Brandenburg]. *Die Mark*, Berlin. Jg. 33, H. 12
         (Dez. 1937), 148.

C 591   Weil sie so gut schmeckten. *Universum*, Jg. 54, H. 9 (2. 12. 37),
         234–35.

C 592   Entdecker und ihr Kobold. *Universum*, Jg. 54, H. 10 (9. 12. 37),
         266–67.

C 593   Elefanten erobern die Welt. *Universum*, Jg. 54, H. 11 (16. 12. 37),
         298–99.

     1. In: *Volk und Welt*, Jg. 1939, Bd. 3 (März 1939), 45–46 u. 55–56.

C 594   Engelsflügel. *Universum*, Jg. 54, H. 12 (23. 12. 37), 326–27.

C 595   Liebe zum Tier. *Universum*, Jg. 54, H. 13 (30. 12. 37), 354–55.

1938

C 596   Neues vom »Turner im braunen Trikot«. *Universum*, Jg. 54,
         H. 14 (6. 1. 38), 382–83.

C 597   Das Geheimnis des Kreuzschnabels. *Universum*, Jg. 54, H. 17
         (27. 1. 38), 466.

C 598   Das Mysterium des Lebens. *Volk und Welt*, Jg. 1938, Bd. 2
         (Febr. 1938), 19–21.

C 599   Das Jubiläum der Billion. Astronomie in Riesenzahlen. *Universum*, Jg. 54, H. 18 (3. 2. 38), 494–95.

C 600   Der Luftballon der Staatsqualle. *Universum*, Jg. 54, H. 19 (10. 2.
         38), 522–23.

C 601   Haben Menschen noch Dinosaurier erlebt? *Universum*, Jg. 54,
         H. 20 (17. 2. 38), 550–51.

C 602   Liebesspaziergang der Termiten. *Universum*, Jg. 54, H. 21 (24. 2.
         38), 578–79.

C 603   Linné und seine Blume. *Universum*, Jg. 54, H. 22 (3. 3. 38),
         606–7.

C 604   Ein deutscher Tropenvogel, *Universum*, Jg. 54, H. 25 (24. 3. 38),
         690.

C 605   Magische Kräfte zwischen Mensch und All. *Volk und Welt*,
         Jg. 1938, Bd. 12 (Dez. 1938), 23–25.

C 606   Die Naturschutzidee im Riesengebirge – Schätze unserer Heimat,
         die immer wieder gehütet werden müssen. *Niederschlesische Heimatblätter der Görlitzer Nachrichten*, Görlitz. Jg. 1938, Nr. 51
         (21. 12. 1938), 201–2.

1939

C 607   Naturschutz und Naturgenuß im Riesengebirge. *Der Wanderer
         im Riesengebirge*, Jg. 59, Nr. 5 (Mai 1939), 63–66.

C 608   Von der Weltstadt [Berlin] in der Kiefernheide. *Die Mark*,
         Jg. 35, H. 6 [Juni 1939], 87–88.

C 609   Die schlesische Landschaft. *Der Wanderer im Riesengebirge*,
         Jg. 59, Nr. 7/8 [Juli–August 1939], 93–95.

Anhang

Das Generalregister zur Neuen Rundschau, Jahrgang I–XX (1890
–1909), das von Oscar Arnstein zusammengestellt worden ist und 1912
bei S. Fischer erschien, gibt im »Autorenregister« (S. 1–10) hinter Bölsches Namen noch die Seitenzahlen: Jg. III, S. 328, 332, 445, 554, 558,
666, 670, 782.

Auf diesen Seiten stehen nur anonyme Beiträge zu der Rubrik: »Kritische Rundschau über Kampf und Leben der Zeit«. Leider gibt Arnstein
aber nicht an, welche Beiträge nun genau von Bölsche stammen. Auch
die beiden anderen Register im Registerband: die »Systematische Über-
sicht« (S. 11–40) und das »Sachregister« (S. 41–140) enthalten keine
Angaben zur Verfasserschaft der Beiträge auf diesen Seiten, ja, zum Teil
fehlen die Beiträge sogar in diesen beiden Registern. Im folgenden Ver-
zeichnis sind alle Beiträge verzeichnet, die auf den erwähnten Seiten
stehen und anonym sind. In den meisten Fällen ist ohne weiteres klar,
was Arnstein meint. In einem Falle aber: Jg. III, S. 782, wo vier Beiträge
stehen, ist es leider unmöglich, festzustellen, welche Aufsätze von Bölsche
sein könnten, weil im Autorenregister auch Bruno Wille als Autor zu
dieser Seite angegeben wird. Hier kann man nur auf Grund des Inhaltes
eines Beitrags zu bestimmen versuchen, welche Beiträge Bölsche und
welche Wille verfaßt haben könnte. Es ist aber auch merkwürdig, daß
Arnstein nur für die Hefte 1–7 des Jahrgangs 1892 diese Angaben
bringt, während doch auch in den übrigen Heften dieses Jahrgangs anonyme Beiträge stehen, die, was ihren Inhalt betrifft, von Bölsche stammen könnten. Da die Archive, die hier helfen könnten: das S. Fischer-
Archiv und das W. Bölsche-Archiv im Zweiten Weltkrieg untergegangen
sind, ist es unmöglich, hier zu absoluter Gewißheit zu gelangen. Es
schien mir deshalb besser, die anonymen Beiträge der Hefte 1–7 geson-
dert aufzunehmen. Es handelt sich um folgende Beiträge:

D 1   [Notiz über Lombroso und dessen »spiritistischen Damaskus-
        Tag«]. *Freie Bühne*, Jg. 3, H. 3 [März 1892], 328.
D 2   [Notiz zu Zolas Brief an den Übersetzer Halperine Kaminsky
        zu der französischen Ausgabe von Leo Tolstois sozialer Studie
        »Geld«]. *Freie Bühne*, Jg. 3, H. 3 [März 1892], 331–332.
D 3   [Notiz zum Märchendrama bei Zola, Strindberg, Hauptmann,
        und Glosse zu Wildenbruch]. *Freie Bühne*, Jg. 3, H. 3 [März
        1892], 332.

D 4   [Notiz zu Arne Garborgs Abreise nach Rom]. *Freie Bühne*, Jg. 3,
        H. 3 [März 1892], 332.

D 5   [Notiz zu der »Ausländerei in der modernen deutschen Littera-
        tur«]. *Freie Bühne*, Jg. 3, H. 4 [April 1892], 445–446.

D 6   [Notiz zu Friedrich von Bodenstedts Tod]. *Freie Bühne*, Jg. 3,
        H. 5 [Mai 1892]. 554–555.

D 7   [Notiz zu der »Entlarvung« von August Strindberg als »Plagia-
        tor« in seinem Drama »Der Vater«]. *Freie Bühne*, Jg. 3, H. 5
        [Mai 1892]. 558–559.

D 8   [Notiz zur »naturwissenschaftlichen Betrachtungsweise« des
        Wahnsinns und Rezension von Hermann Türk, »Fr. Nietzsche
        und seine philosophischen Irrwege«]. *Freie Bühne*, Jg. 3, H. 6
        [Juni 1892], 666–667.

D 9   [Rezension zu E(lla) Mensch, »Neuland, Menschen und Bücher
        der modernen Welt«]. *Freie Bühne*, Jg. 3, H. 6 [Juni 1892],
        670–671.

D 10   [Notiz zu den »Gesellschaften für ethische Kultur«, zu Felix
        Adler und zu Georg von Gizycki]. *Freie Bühne*, Jg. 3, H. 7
        [Juli 1892], 782.
        [Vermutlich von Bölsche: vgl. die Bibliographie: Nr. C 105 und
        C 108].

D 11   [Notiz zu der französischen und der englischen Übersetzung von
        John Henry Mackays Roman: »Die Anarchisten«] *Freie Bühne*,
        Jg. 3, H. 7 [Juli 1892], 782.
        [Vermutlich von Bruno Wille, vgl. seinen Aufsatz: »Eine Dich-
        tung Mackay's« in der *Freien Bühne*, Jg. 2, 1891, S. 1251–1255].

D 12   [Notiz zu der Aufführung der »Freien Volksbühne« von Ibsens
        Drama: »Gespenster«]. *Freie Bühne*, Jg. 3, H. 7 [Juli 1892], 782.
        [Vielleicht von Bruno Wille, der in der Zeitschrift »Freie Volks-
        bühne« einen Aufsatz zu Ibsens Tragödie veröffentlicht hat, wie
        in der Notiz mitgeteilt wird].

D 13   [Notiz zu der zweiten Auflage von Bölsches Heine-Ausgabe
        [vgl. B 1!]]. *Freie Bühne*, Jg. 3, H. 7 [Juli 1892], 782–783.
        [Möglicherweise eine Selbstanzeige Bölsches].

ADDENDUM

B 6 a   HEINE-ALMANACH. Protest gegen die Düsseldorfer Denkmalver-
        weigerung. Hrsg. [...] von der »Litterarischen Gesellschaft« in
        Nürnberg. Nürnberg, Verlag von Carl Koch, 1893.
        [V +] 217 S.
        W. B.'s Beitrag auf S. 102.

Vorbemerkung

Das Register verzeichnet sämtliche Eigennamen aus den Texten und der Bibliographie mit Ausnahme der Verlegernamen, die in der Bibliographie stehen. Für Texte und Nachwort sind die Seitenzahlen, für die Bibliographie die laufenden Nummern angegeben.